岩 波 文 庫

32-039-1

中 国 民 話 集

飯倉照平編訳

凡例

一　中国の五十余の諸民族のうち、漢族（漢民族）はその人口の九十数パーセントを占める。本書は、その漢族の語り伝える民話のなかから、比較的よく知られたタイプの昔話（とくにメルヘン的なもの）や、日本との比較の上で注目すべきもの四十四篇をえらんで訳出した。

漢族には、このほか地名や人物などをめぐる伝説（本書にも何篇か伝説的な話は収められているが）や笑話や風刺的な話なども数多く伝えられている。また漢族以外の少数民族の民話は、日本との比較の上からも興味深く、内容も多彩である。しかし、紙幅の制約もあって、本書では、これらの分野の民話は訳出しなかった。

二　本書に訳出した民話の原資料は、一九二〇年代から近年にかけて中国語で刊行された単行本や雑誌などであり、それぞれの出所は巻末に注記した。

おおよその傾向からすると、本書の原資料は一九二〇年代から三〇年代のものが過半をしめ、現代の新しい伝承よりは、中華人民共和国成立以前から知られていた話に重点をおいたものとなっている。そのためもあって、地域的には中国の東部や南部で採集されたものが多く、かならずしも漢族の居住範囲の広がりに対応していない。

三　中国人の名前の訳出にあたっては、初出の漢字に現代語の発音（共通語とされる北方語の発音）を付し、それ以後はなるべくカタカナ表記によるのを原則とした。名前のかわりに、家族内の順位によって老大、老二、老三などと呼ぶときは、便宜的に一郎、次郎、三郎などと訳した場合もある。地名については、日本語の音読みによった。

四　中国の伝統的な度量衡の単位のうち、よく使われる長さの「里」（リー）（旧制で約六百メートル、現行で五百メートル。日本の一里は四キロメートル）、広さの「畝」（ムー）（旧制で約六・一アール、現行で約六・七アール、十五分の一ヘクタール。日本の一畝《せ》はほぼ一アール）、重さの「斤」（チン）（旧制で約六百グラム、現行で五百グラム）は、そのまま残した。

五　原注および簡単な訳注は、本文中および各民話の末尾に記した。そのほかの必要な注記は巻末の「比較のための注と資料出所」に記した。

中国略図
(本民話集に関係する部分のみ)
黒竜江
吉林
遼寧
内モンゴル自治区
河北
北京市
天津市
寧夏回族自治区
青海
甘粛
山西
山東
陝西
河南
江蘇
上海市
安徽
湖北
四川
浙江
湖南
江西
福建
貴州
台湾
雲南
広西
チワン族自治区
広東
海南

目次

中扉のカットは、王樹村編『中国民間年画史図録』（一九九一年）から

I　村里のあたりで

河北省武強県の年画：子どものコマ遊び

1　トントン、カッタン、サラサラ

——人食いキツネと三人姉妹（内モンゴル自治区）

むかしむかし、おっかさんと三人の娘が暮らしていた。いちばん上がトントン、二番目がカッタン、三番目がサラサラと呼ばれていた（一）。

おっかさんが言った。

「トントン、カッタン、今夜は留守番をたのむよ。わたしは、おばあちゃんの誕生祝いに行ってくるからね」

トントンが声をかけた。

「おっかさん、大通りを行くのよ。裏道には人をばかすキツネ（二）がいるから」

「おやまあ、ほんとかね。人をばかすキツネなんているのかい」

カッタンが声をかけた。

「おっかさん、大通りを行くのよ。裏道には人をばかすキツネがいるから」

「おやまあ、ほんとかね。人をばかすキツネなんているのかい」

サラサラが声をかけた。

「おっかさん、裏道を行くのよ。大通りには人をばかすキツネがいるし、裏道の方が近いから」

「それじゃ、サラサラの言うとおりにするわ」

そう言って、おっかさんは出かけた。

途中まで行くと、うしろから声をかけるものがいた。

「おかみさん、ひと休みしたらどうだい」

「くたびれていないし、休みたくないよ」

と、おっかさんは返事をした。

「休まなければ、おれががぶりと食ってしまうぞ」

おっかさんがふり向くと、それは赤い目のキツネだったので、足を止めた。

「おかみさん、手にさげているのはなんだい」

「こっちは甘いお菓子、こっちは飴」

「おれに少し食わせろ」

おっかさんはお菓子を二つあげた。

「もう少し食わせろ」

おっかさんはお菓子をもう二つあげた。

「おかみさん、全部食わせろ」

「かってに食えばいいわ」

のどにつっかえたキツネは、首を高くあげると、一気にお菓子をのみこんだ。

「あれっ！　おかみさんの頭には、牛ぐらいの大きさのシラミの卵と、馬ぐらいの大きさのシラミがいるじゃないか」

「そうかい、うちの三人の娘は役立たずで、シラミを取ってくれないんだよ」

「いちばん上の娘はなんていうんだい」

「トントンだよ」

「二番目の娘はなんていうんだい」

「カッタンだよ」

「三番目の娘はなんていうんだい」

「サラサラだよ」

「シラミも、シラミの卵も、おれがひねりつぶしてやる、おれが押さえてやるさ」

……

キツネはおっかさんを押さえつけると、のどをしめて殺してしまった。

おてんとさまが沈んで、まっくらになった。

赤い目のキツネは、おっかさんの家へと向かった。

三人の子どもは、戸をしめて眠りこんでいた。

「トントン、トントン、おっかさんだよ、戸をあけておくれ」

「おっかさんじゃないからだめ」

「おっかさんはどんなだい」

「おっかさんは、左の目にイボがあるし、右の目にコブがあるの」


　ヒュールルホー………

　東の風よ、エンドウの皮を持ってこい。

　西の風よ、ソバのからを持ってこい。


キツネはそれをまぶたに貼りつけた。

「カッタン、カッタン、おっかさんだよ、戸をあけておくれ」

「おっかさんじゃないからだめ」

「おっかさんはどんなだい」

「おっかさんが着ているのは赤い上着と緑のズボンなの」


　ヒュールルホー………

東の風よ、緑の葉っぱを持ってこい。

西の風よ、赤い葉っぱを持ってこい。

キツネはそれをからだに貼りつけた。

「サラサラ、サラサラ、おっかさんだよ、戸をあけておくれ」

「待ってて、いま行くから」

トントンが声をかけた。

「おっかさんじゃないわ、よく見てごらん」

カッタンが声をかけた。

「おっかさんじゃないわ、あけないで」

サラサラが言った。

「きっとおっかさんだわ、わたしがあけてやる」

戸を少しあけると、キツネが入ってきた。

「トントン、妹たちを連れて遊びにいっておいで。おっかさんは食事の支度をするから」

トントンとカッタンは耳打ちしあった。

「やっぱり人をばかすキツネが来たんだわ」

サラサラは言った。

「ほんとのおっかさんだわ」

「おまえにはわからないんだよ」

キツネは食事の支度がおわると、戸口に立って大声で叫んだ。

「トントン、ごはんだよ。カッタン、ごはんだよ。サラサラ、ごはんだよ」

三人ともみんな部屋に戻ってきた。

トントンはお碗を手に持つと言った。

「おっかさん、なんだかキツネくさい」

「くさいのがいやなら、やめなさい」

カッタンはお碗を手に持つと言った。

「おっかさん、なんだか血の匂いがする」

「血の匂いがいやなら、やめなさい」

サラサラは言った。

「おっかさん、今朝みんなで食った揚げパンの味がする」

「いい子だね、たくさん食いなさい」

サラサラが食いおわると、寝る時間になった。

キツネが言った。

「ふとった子はおっかさんのそばに寝なさい、やせた子は壁ぎわに寝なさい」

トントンが言った。

「おっかさん、わたしはやせてるわ」

「それなら壁ぎわに寝なさい」

カッタンが言った。

「おっかさん、わたしもやせてるわ」

「それなら、おまえも壁ぎわに寝なさい」

サラサラが言った。

「おっかさん、わたしはふとってるから、おっかさんのそばに寝るわ」

寝ついて真夜中になると、キツネがサラサラを食いはじめ、ガリガリとかじる音がした。

トントンがきいた。

「おっかさん、なにを食っているの」

「おばあちゃんがとても固い豆（三）を二粒くれたんだよ」

カッタンが言った。

「おっかさん、わたしに一つちょうだい」

「一粒の、それも半分しか残っていないよ」

「じゃあ、その半分をちょうだい」

「半分もないんだよ」

「ほんのひとかけ」

「ほんのひとかけも、もうないよ。おとなしく寝なさい」

キツネがかじっていた骨を踏み台に捨てると、コトンと音がした。

トントンがきいた。

「おっかさん、なにが落ちたの」

「銀のかんざしだよ」

「わたしが炕《カン》(オンドル)からおりてさがそうか」

「そんなことしなくていいさ」

カッタンが言った。

「おっかさん、わたしがさがそうか」

「そんなことしなくていいさ。おっかさんには赤い髪の毛があって、それでしっかり結んであるから大丈夫よ」

トントンが体をおこし、手をのばしてさぐると、ふさふさした大きなしっぽをつかんだ。

「おっかさん、これはなに」

とトントンがきいた。

キツネはくるりと体の向きをかえ、どなりつけた。

「いちいちうるさいね。おばあちゃんが一束《たば》の麻をくれたんだよ。それを炕《カン》のそばに置いて、片づけるのを忘れたのさ」

外では強い風が吹きだした。中庭にある古いエンジュの木が、うなり声をあげていた。

トントンが言った。

「おっかさん、ほした着物をしまうのを忘れたの。風に吹きとばされるといけないわ」

カッタンが言った。

「おっかさん、束ねたたきぎを積むのを忘れたの。風に吹きとばされるといけないわ」

「じゃ、見に行ってくるといい。すぐに戻るんだよ」

トントンはニワトリをつかまえ、カッタンはチンをつかまえると(四)、いっしょに木にのぼった。

キツネはいつまでも待っていたが、だれも戻らなかった。夜が明けるころになって、炕《カン》の上にいるキツネは大声で叫んだ。

「トントン、ごはんだよ。カッタン、ごはんだよ」

姉と妹の二人は木の上にいた。

トントンがニワトリを叩くと、

「コッコッコッ」

と鳴いた。

カッタンが犬を叩くと、

「ワンワンワン」

と鳴いた。

キツネは外へ出て、あっちこっちと二人をさがしたが、どこにも見つからなかった。

ところが、木の根もとにある水桶に、木にのぼっている二人の姿がはっきりと映っているのに気がついた。キツネはどなりつけた。

「このろくでなしめが、どうやってのぼったんだい」

トントンは言った。

「あっちには油の瓶がさがってるわ」

カッタンは言った。

「こっちには酢の瓶がさがってるわ」

二人は言った。

「その油と酢をこすりつけながら、のぼればいいのよ」

キツネは油をこすりつけ、酢をこすりつけた。それから、のぼろうとすると、ツルッと落っこちた。もう一度のぼろうとすると、パタンとひっくり返った。

キツネはあせった。

ビューッ、ビューッ。

東の風よ、小さな斧を持ってこい。

西の風よ、小さな斧を持ってこい。

斧で切りつけながら、のぼればいい。

キツネは斧で木に段々をつけ、その段々（五）を足がかりにして、いまにものぼりつめようとした。

二人の娘は、空を飛んできたカササギに向かって叫んだ。

カササギさん、カササギさん。

鉄の綱があったら鉄の綱をください。

鉄の綱がなければ草の綱をください。

のぼってきたキツネに食われてしまいそう。

カササギが鉄の綱を投げおろしてくれたので、それにつかまって、娘たちは木の梢の上にぶらさがった。

キツネはあせって、大声で叫んだ。

カササギさん、カササギさん。

鉄の綱があったら鉄の綱をください。

鉄の綱がなければ草の綱をください。

カササギが草の綱を投げおろしてくれたので、キツネも木の梢の上にぶらさがった。

二人の娘は、こわくなって言った。

カササギさん、カササギさん。

枯れ枝をくわえて来て、火をつけて、
草の綱を焼き切ってください。

カササギが火のついた枝をくわえて来て、草の綱にくっつけた。

キツネはドスンと地面に落っこち、つぶれて肉の薄焼きパンになってしまった。

姉と妹の二人は、手をうって叫んだ。

カササギさん、カササギさん。

枝をくわえて来て巣をかけてください。

うちに住みついて、よそへは行かないで。

「チャッチャッ、チャッチャッ」

とひとしきり鳴きかわしたカササギは、グルグル飛びまわりながら、言われたとおり、その大きなエンジュの木に舞いおりた。

姉と妹の二人は木からおりると、さっそく死んだキツネを門の外へひきずっていった。

（一）トントン、カッタン、サラサラ——女の子の名前は、原文ではそれぞれ「門墩墩（メントントン。部屋の入口の開き戸を支える土台石）」、「門掛掛（メンクワクワ。入り口のかんぬき）」、「鍋刷刷（クオショワショワ。鍋を洗うタワシ）」となっている。ここでは、子どもにつける幼名に、話の内容に関連して戸締まりに注意せよという寓意が托されているのであろう。

（二）人をばかすキツネ——原文、屁流狐子毛鬼神。妖怪化した狐の意と思われる。

（三）固い豆——原文、崩牙豆。歯（牙）の欠ける豆の意で、炒って固くなったソラマメなどをさす。

（四）ニワトリ、チン——この話では、両者の役割が明確ではないが、別の類話では、用便に行くという子どもたちが逃げるのをおそれて、妖怪が子どもたちに綱（あるいは食われた子どもの腸）をつけて外へ行かせる。子どもたちは、その綱に身代りの動物をしばっておき、かわりに返事をさせて木にのぼる時間をかせぐ。この話では、もとの筋立てが変化し、動物だけが中途半端な扱いで残っているのであろう。

（五）カササギ——原文、花野鵲子。ふつうは喜鵲と呼び、中国では人の訪れを告げる吉祥の鳥として喜ばれる。「花」はマダラの意だが、カササギにはいずれも黒と白の縞模様がある。

2　ヌングアマ

——半人半獣の妖怪への〈仇討ち〉（広東省）

あるところに、一人暮らしの女の人がいた。（一）餅を持って実家へ行く途中で、突然、人を食うヌングアマ（二）に出っくわした。ヌングアマは牛のようにずんぐりした体つきをして、頭は米をはかるマスほどもあり、爪や歯が鋭く、毛むくじゃらで目を光らせ、見るからにこわい様子をしていた。

ヌングアマはおそろしそうな笑いを浮かべて、女の人に言った。

「そこに持っている餅を、ぜんぶおれに食わせろ」

「だめです。これはおばあちゃんのところへ持って行くんです」

女の人がガタガタふるえながら、そう答えると、ヌングアマは言った。

「それがだめなら、今夜は、おまえを食おう。おまえを八つ裂きにして、骨までかみ砕いてやるぞ」

女の人はこわくなって、つづけざまに叫んだ。

「助けてー、助けてー」

人につかまるのをおそれたヌングアマは、矢のようにすばやく森のなかへ逃げていった。気を失うほどびっくりした女の人は、おばあちゃんのところへ行くどころではなかった。何をする元気もなく、鹿の跳びはねるように胸をどきどきさせて家にもどった。

女の人は入口のしきいに腰をおろすと、大声で泣きだした。そして来る人ごとにヌングアマに出っくわしたことを話し、何とかならないかと泣いてたのんだ。しかし、ヌングアマと聞くと、誰も彼もこわがって顔を土色に変え、それっきり一言も口をきかなくなった。助けてもらうことなど、できそうもなかった。そこで女の人はますます激しく泣いた。

しばらくして、竹籠をかつぎ、トントン鳴る振り鼓《つづみ》を手にした雑貨屋がやって来た。人だかりのなかで、女の人が激しく泣いているのを見ると、びっくりして話しかけた。

「おかみさん、何が悲しくて、そんなに泣いているんだい」

「ヌングアマが、今夜、わたしを食べに来るの」

女の人がそう言うのを聞くと、雑貨屋は、

「おかみさん、もう泣かないで。刺繡針を二十本あげるから、これを入口の戸にさかさに立てておくといい。ヌングアマが闇夜に来て戸にさわれば、きっと手にけがをするよ」

と言い、二十本の刺繡針を置くと、また振り鼓をトントン鳴らしながら立ち去った。

女の人は、このくらいではまだヌングアマにはかなわないと思い、あいかわらず戸口に腰をおろして泣いていた。

すると、こやしにする豚や犬や牛の糞を運んでいる人が、家の前を通りかかった。女の人が涙にくれて悲しんでいるのを見て、そのわけを聞き、なぐさめて声をかけた。

「もう泣かないで、おかみさん。そんなにこわがらなくていいさ。豚の糞や犬の糞や牛の糞をあげるから、これを入口の戸にこすりつけておくといい。ヌングアマが来たら、臭くてたまらないので、逃げだすよ」

糞を運んでいる人は、女の人の許しを得て、言ったとおりに糞を戸にこすりつけてから立ち去った。

しかし、女の人はこのくらいではまだ安心できないと、あいかわらず大声で泣きつづけた。

すると、蛇をつかまえるのを商売にしている人が、籠いっぱいの蛇をゆさゆさとかつぎながら家の前を通りかかった。

「蛇はいらんかい、蛇はいらんかい」

呼び声をあげて来た蛇売りは、激しく泣いている女の人を見て、どうしたのかと尋ねた。女の人の返事を聞くと、蛇売りは言った。

「何もこわがることはないさ。力になろうじゃないか」

「おじさん、何とかして助けてください」

女の人が頭を地面にこすりつけてたのむと、蛇売りは言った。

「いちばん大きい二匹の蛇をあげるよ。木にもはいあがるし、すごい毒をもったアオハブ（三）だから、これを水がめに入れておくといい。夜になってヌングアマが来ると、手がよごれたからと水がめで手を洗う。すると、このアオハブが咬み殺すというわけさ。これで心配はないよ」

そこで蛇売りは、二匹の大きなアオハブを女の人のために水がめに入れてやった。蛇売りが立ち去ってからも、気の小さい女の人はあいかわらずめそめそと泣いていた。

すると、スッポン売りが家の前にやって来た。女の人が顔じゅう泣きはらして、ものも言えないでいるのを見たが、わけがわからない。きいてみると、たいへんなことになっていると分かり、三斤もある大きなスッポンを女の人のために鍋に入れてやり、ヌングアマをやっつけさせることにした。

スッポン売りは、立ち去りぎわに女の人に言ってきかせた。

「もう泣かないで、泣いたってヌングアマが逃げるわけじゃないし、何とか手をうたなくちゃ。スッポンを置いておくには、鍋に水を入れちゃだめ。水のなかではスッポンは咬みつかないんだ。ヌングアマは蛇に咬みつかれたら、きっと鍋のところへ来て手を洗おうとする。そしたら、またスッポンに咬みつかれるというわけさ。咬み殺せないにしても、びっくりして逃げだすのはたしかだよ」

スッポン売りが立ち去ってからも、女の人はあいかわらずこわがって戸口で泣いていた。

すると、卵売りがやって来た。

「卵はいらんかい。大きくて新しくて、百文《ひゃくもん》で八つだよ」

「あれっ、おかみさん、何が悲しくて泣いているんだい。そんなになるまで泣くなんて、よっぽどだね。亭主とけんかをしたのかい、しゅうとめと言いあいをしたのかい、それともこじゅうとめとやりあったのかい」

女の人は事のなりゆきを一から十まで、卵売りに話してきかせた。そして、こんなまじめな人なら、助けてくれないまでも、自分にとって悪いことにはなるまいと思った。

卵売りは言った。

「もう泣かないで、そんなにこわがらなくていいさ。卵を十個あげるから、かまどのなかに入れて熱い灰に埋めておくといい。ヌングアマは蛇やスッポンに手を咬まれたら、きっとかまどのなかから灰を取って血を止めようとする。その時、ヌングアマに目つぶしをくらわせるのさ」

卵売りは立ち去った。

それでも、女の人はまだ安心できなかったので、泣くのをやめなかった。

こんどは、砥石《といし》売りと物差《ものさ》し売りが家の前にやって来た。女の人がひどい様子で泣いているのを見て、そのわけを聞き、悪者のヌングアマを退治するのに手をかすことにした。

砥石売りは言った。

「百二十斤の砥石を二つあげるから、これを寝台のカーテンの上と下に置き、下のはつっかい棒でささえ、上のは紐でしばっておくといい。ヌングアマがカーテンを開けたら、小刀で上の紐を切って落とし、ヌングアマは砥石に当って死ぬというわけさ」

物差し売りも、わきから口をはさんで言った。

「金《かね》の物差しを一本あげるから、それでもヌングアマが死なない時には、金の物差しで叩き殺すといい。さあ、これであとは準備にかかるだけさ」

こうして、砥石売りと物差し売りも立ち去った。

女の人はこれで安心と思い、度胸をきめて泣くのをやめた。そして日の暮れるまでに、何もかも準備を終わった。

夜になった。女の人は一人っきりで寝台に横になり、両手にしっかりと金の物差しをにぎりしめ、とどめをさす心がまえを固めた。そして耳をすまして、ヌングアマの襲来に備えた。

二時間たち、四時間たち、女の人はずっと待ちつづけた。しかし、やってくる気配はまったくなかった。

もうじき真夜中というころであった。青い夜空にはたくさんの星がまたたき、窓から入った月の光が土間を照らし、涼しい風が通りぬけるとひんやりと肌にふれた。女の人は疲れきって眠りかけていた。

突然、ドスンドスンという足音が聞こえた。女の人はヌングアマが来たと知って、息をつめて耳をすました。手にはもちろん金の物差しをしっかりと握りしめた。

「開けろ、開けろ。開けなければ、おれが自分で開けて入り、骨ごとかみ砕いてやるぞ」

ヌングアマがそう叫んだあと、つづけてガンガンガンと戸を叩く音がした。

「アッ痛い、売女《ばいた》(四)め。針なんか立てやがって、両手が傷だらけだ。どうしよう」

手をさわってみると、そこいらじゅう糞にまみれてくさかった。

「なんてこった、こんなにまた汚しやがって。ひどいことをする生《う》まず女《め》だ」

またガンガンガンと音がして、ヌングアマは入口の戸を突き破った。

「まず手を洗ってから、仕返しをするか」

ヌングアマはそう言って、台所へ行って水がめをさがし、手を突っこんで洗おうとした。すると、いきなりアオハブが指に咬みつき、血まみれになった。あまりの痛さに、力を振りしぼって蛇を叩きつけた。

「鍋にはきれいな水があるかもしれん。手を洗いたいけど、どこが大丈夫なのかわかりゃしない」

鍋の蓋を開けて手をそっと入れてみると、こんどはスッポンが指にかみついた。泣きっつらに蜂で、たまったものではない。

「痛い、痛い。売女にだまされて、またまたえらい目にあったぞ。骨ごとかみ砕いてしまわなけりゃ、気がすまねえ」

ヌングアマはかまどのところへ行くと、手さぐりをしながら言った。

「灰をまぶして血を止めたら、何としてもあの女をやっつけなくっちゃ」

ところが、手さぐりをしているうちにパンパンという音がして、十個の卵がいっせいに爆発した。卵の殻が飛び散って、ヌングアマは目が見えなくなった。

「くそ、どこまでやりやがるんだ。えい、売女め。しつっこいったらありゃしない」

ヌングアマはかっとなって、もう手の痛いのや目の見えないのを気にしてはいられなくなった。口では文句を言いつづけながら、大またに足を運び、手さぐりで女の人の部屋へ入ろうとした。乱暴な歩き方をして、鴨居《かもい》にぶつかって目のわきを痛めたが、それでも戸を突き破って、なんとか部屋に入った。

「売女《ばいた》、生《う》まず女《め》、後家《ごけ》、よく聞け。おまえがどんな手を使ったって、まだおれを殺せなかったんだ。けがはしたけど、何とかおまえの部屋まで入りこんだ。あとちょっと、ちょっとすれば、おまえを骨ごとかみ砕いてしまうぞ。これで、おれの恨みもはらせるってわけさ」

いよいよ仕返しのために、相手を骨ごとかみ砕いてしまおうとするヌングアマは、そう言いながら、両手で寝台のカーテンを引っぱった。

女の人はとっさに紐を切って落とした。ドスンと音がして、重い砥石がヌングアマの頭にぶつかり、頭蓋骨をぶち割った。赤い血が飛び散り、悲鳴があがった。

女の人はこの時とばかり、金の物差し《かねのものさし》で叩きつづけた。一回、二回から百何十回まで叩きつづけて、女の人の手が動かなくなったころ、憎たらしいヌングアマも叩き殺されていた。

こうして女の人はヌングアマに食われずにすんだ。(五)それればかりか、ヌングアマを叩き殺して高く売ったので、その金で油や塩や砂糖や味噌や酢などを買うことができたとさ。

(一)　餅——原文、粭子。別のテキストに「糍子」とあり、「糍粑《ツーパ》」は中国南部の漢族や少数民族の食べるモチ米製品をさすので、かりに「餅」と訳した。

(二)　ヌングアマ——採集者は「ヌングアマがどんなものかを、みなさんに説明することはできない。猩猩だという人もいるが、確かではない」と付記にのべている。「猩猩」は、現在の中国では実在の動物であるオランウータンをさす場合もあるが、歴代の本草書にしるす伝承の上では、「狒狒」や「野人」などとおなじく想像上の半人半獣である。

(三)　アオハブ——原文、青竹蛇。「竹葉青」とも呼ばれる緑色の毒蛇。中国南部からベトナムのあたりにかけて棲息する。かなり攻撃的で、樹上にいることが多い。

（四）売女——原文、婊子《ピアオツ》。女性に対する蔑称で、「妓女」の意。二行あとに出てくる「生まず女」も、同様の蔑称で、原文の「絶代」は「跡継ぎがいない」の意。

（五）酢——原文では、この前後に「鉄」や「羌」も挙げられているが、意味不明のため訳さなかった。

3 犬が畑を耕す

——兄弟分家で犬をもらった弟（河北省）

兄弟三人が分家をすることになり、一郎はロバをもらい、次郎は馬をもらい、三郎はニワトリと犬をもらった。

畑を耕すときになると、一郎と次郎はロバや馬に鋤《すき》をつけて、それぞれ畑を耕しにいった。三郎には家畜がいないので、もらってきたニワトリと犬に鋤をつけることにした。

ニワトリと犬を使って畑を耕していると、大通りを通りかかった偉い役人が、それを見て、

「この歳になるまで、こんなめずらしいやり方は見たこともない」

とふしぎがり、三郎に声をかけた。

「勢いよく三べん往復してみせてくれたら、わしが銀貨（一）を二つ取らせるぞ」

ニワトリと犬は、三郎が鞭をあてると空高く飛び、棒切れでたたくと空高く舞いあがり、あっというまに三べん往復して耕してみせた。

役人は大喜びで、約束どおり銀貨を二つくれた。

三郎は家にもどると、焼いたり炒めたりして、おいしいごちそうを作った。

これを聞いた一郎は、さっそく駆けつけてたずねた。

「おい、どこから手に入れた金で、そんなに朝から晩までごちそうが作れるんだい」

三郎はこう返事をした。

「こんなこともあるんだよ。このあいだ、おまえたちは家畜に鋤をつけて畑を耕しにいったろう。おれは家畜がいないので、ニワトリと犬に鋤をつけてみたんだ。すると、大通りを通りかかった偉い役人が、三べん往復して耕してみせたら銀貨を二つくれる、と言ったんだ。だから、おれが三べん往復して耕してみせたら、約束どおり銀貨を二つくれたのさ」

「そのニワトリと犬をおれが借りて使いたいけど、どうだい」

一郎がそう言うと、三郎は、

「かまわないよ」

と返事をした。

あくる日、一郎は畑を耕しにいき、ニワトリと犬に鋤をつけた。耕しているうちに、遠くの方から車いっぱいに洗濯棒を積みあげた男がやってきた。

その洗濯棒を運んできた男はそばまで来ると、一郎を見て、

「なんてこった、ニワトリと犬が畑を耕すなんて。この歳になるまで、こんなめずらしいや

り方は見たこともない」

と言い、一郎に声をかけた。

「勢いよく三べん往復してみせてくれたら、おれが車いっぱいの洗濯棒を全部あげるよ。だけど、もしも勢いよく三べん往復してみせてくれなかったら、あとで洗濯棒で一発くらわせるぞ」

これを聞いて、一郎はとびあがるほど喜んだ。ところが、どうしたのか、いくら鞭をあてても、ニワトリも飛ばないし、犬も動かなかった。そのうちに、ひどく打たれたので、ニワトリも犬も死んでしまった。

洗濯棒を運んできた男は、それを見ると、洗濯棒を手にして来て一郎を殴りつけた。

一郎は頭も尻も腫れあがり、ほうほうの体で家にもどった。

三郎がやってきてたずねた。

「おれのニワトリと犬はどうしたんだい、兄さん」

一郎はプンプン怒って言った。

「とっくにぶち殺してしまったよ」

「死体はどこへやったんだい」

「畑のすみに埋めたよ」

こうなっては、三郎にはどうしようもなかった。そこで線香と紙銭《しせん》と供え物を買って、細長い角盆《かくぼん》にのせ、ニワトリと犬の墓参りにいった。墓に着くと、供え物を並べ紙銭を焼き、ひざまずいてていねいにおじぎをした。

そして墓に生えた小さな楡《にれ》の木に手をそえて、泣きながら話しかけた。

「おれの犬よ、ニワトリよ、死んでさぞかし悔しかろう」

三郎が涙をぬぐって目を開けると、木の上からたくさんの銅貨や銀貨が落ちてきて、盆の上に山ほど積もった。三郎はその盆を家に持ち帰って、この前のように食ったり飲んだりのぜいたくをした。

これを聞いた兄貴は、また駆けつけてきて三郎にたずねた。

「いったい、どんなわけがあって、あいかわらずぜいたくな飲み食いができるんだい」

三郎はあったことをすっかり兄貴に話してきかせた。

それを聞くと、兄貴はさっそく家にもどり、線香と紙銭と供え物を買い、とくべつ大きな角盆をさがして、それをのせると、つまみ食いをしながら墓に向かった。

兄貴は墓に着くと、よけいなことは何も言わずに、小さな木に抱きついて揺さぶった。

「ざまぁみろ」

という声がしたかとおもうと、ニワトリの糞と犬の糞が盆にあふれるほど落ちてきた。

腹を立てた兄貴は、その小さな木を根こそぎ引っこぬいて放りなげると、がっかりした様子で家に帰ってきた。

三郎がまたやってきて、兄貴にたずねた。

「おれの小さな木はどうしたんだい」

「とっくに引っこぬいて、畑に放りなげてきたよ」

こんども三郎は、その小さな木を畑から拾ってくると、その木で手籠を編んで軒先にかけ、米粒を入れてから、唱えごとを言った。

「ツバメよ、東からも来い、西からも来い、米粒を食べて卵を生んでおくれ」

あくる日に籠を下ろしてみると、ツバメの卵が籠に半分ほども入っていた。そこで三郎は、白い小麦粉でパンを焼き、ツバメの卵をいためて、腹いっぱいになるまで食った。

これを知った兄貴は、さっそく駆けつけてきて、三郎にたずねた。

「おまえはどうして、そんなに朝から晩までごちそうが作れるんだい」

三郎はこんども、出来事をすっかり兄貴に話してきかせた。

兄貴が、

「その手籠をおれが借りて使いたいけど、いいかい」

と言うと、三郎は、

「いいよ」

と返事をした。

一郎はその手籠を持っていき、米粒を入れて軒先にかけてから、大声をはりあげた。

「ツバメよ、東からも来い、西からも来い、米粒を食べて……」

と言いかけ、あとは忘れて、

「糞をしてくれ」

とまちがえて言った。

すると、あっというまに籠に半分ほども糞が入った。一郎が籠を下ろそうとすると、その頭にもツバメの糞が散らばった。

腹を立てた一郎は、その手籠を焼いてしまった。

そこへ弟がやってきてたずねた。

「おれの手籠はどうしたんだい」

「とっくに焼いてしまったよ」

「その灰はあるかい」

「かまどのなかだよ」

三郎は急いでかまどのところへ行き、なかから熾《おき》をかきだした。すると、焼けこげた豆がでてきたので、つまんで食べてみた。しばらくして屁《へ》をひると、すごくいい香りがした。

そこで役所の門の前へ行って叫んだ。

「いい香りのする屁だよ。お役人さまの着るものにくゆらせるといいよ」

これを聞いた役人が、下役を呼んで言いつけた。

「門の外にいるのは頭のおかしい奴かバカか酔っぱらいか、見てまいれ」

下役は門の外へ出てきて、どなりつけた。

「おい、おまえは頭のおかしい奴かバカか酔っぱらいか、役所の前で何をさわいでおる」

三郎は言った。

「おれは頭がおかしいのでもなければ、バカでもない。いい香りのする屁を売りにきたんだ。お役人さまの大切な着物が痛んでいたら、屁をくゆらせると立派になるんだ」

下役がもどって報告すると、役人は、

「連れてまいれ」

と言った。下役が三郎を連れてくると、役人が聞いた。

「いったい何をするのか」

「着物が破れていれば、冷気が体に入ります。それをふせぐために、わたしはいい香りのする屁を売りにきたのです」

三郎がそう答えると、役人はさっそく部下の者に命じて、たくさんの着物を持ってこさせ、

「くゆらせてみよ」

と言った。

三郎が二度三度と屁をひると、ひと山の着物がくゆらされて、いい香りになり、そればかりか、きれいで立派になった。

役人はさらに、

「わしのあごひげをくゆらせてみよ」

と言った。

三郎が屁をひってくゆらせると、あごひげは黒々となり、とても立派になった。

役人は大喜びで、こう言った。

「おまえに厚い生地《きじ》と薄い生地を取らせるから、家へ持って帰り、おまえの尻を包む着物を作るがいい」

三郎は厚い生地と薄い生地をもらって、家にもどった。

これを知った一郎は、また駆けつけてきて、三郎にたずねた。

「こんなにたくさんの生地を、どこから手に入れたんだい」

弟はこんども、兄貴にくわしいなりゆきを話してきかせた。

兄貴はそれを聞くと、急いで家にもどり、自分のかみさんに二升の豆を炒《い》らせて腹いっぱい食べ、それから桶に半分ほどの水を飲むと、大きな屁をひって、かみさんに聞いた。

「いい香りがするかい」

「ひどい匂いだわ」

かみさんがそう言うと、もう一度屁をひって聞いた。

「いい香りがするかい」

かみさんは、それでも言った。

「ひどい匂いだわ」

腹を立てた兄貴は、かみさんをぐいと近くに引き寄せ、また屁をひって聞いた。

「これでもいい香りじゃないかい。どうだね」

かみさんも、こんどはこう言った。

「いい香りだわ。とてもいい香りがするわ」

「いい香り」と聞いて有頂天《うちょうてん》になった兄貴は、さっそく役所の門の前へ駆けつけ、大声でわめきたてた。

「いい香りのする屁だよ。お役人さまの着るものにくゆらせるといいよ」

これを聞いた役人は、また昨日の男が来たのかと思い、下役を呼んで連れてくるようにと言

いつけた。ところが、来てみると別人だったので、

「おまえもいい香りのする屁をひるのか」

とたずねた。

すると、一郎はこう返事をした。

「屁をひるだけではありません。昨日来たのはおれの弟です。おれはその兄貴ですからね」

「よし、それではまずわしのひげをくゆらせてみよ。黒々となるようにな」

役人にそう言われて、一郎は言った。

「承知しました」

そこで役人は低い椅子に腰をおろし、かしこまって声をかけた。

「よいぞ、くゆらせてみよ」

一郎はズボンをおろし、大きな尻をぐいと突き出し、役人の口もとに向けて、思いっきりいきんだ。

「プー」という音が空にひびく雷のように鳴ったとたん、臭い屁といっしょにぐちゃぐちゃの糞もふきだし、役人の口もとや頬っぺたや鼻のあたりに飛び散った。

怒った役人は、どなりつけて言った。

「厚い生地や薄い生地を、やるどころじゃないぞ。誰か来て、この男の尻に桃の木の杭をぶ

ちこんでやれ」

下役たちは一郎を河原に連れていき、尻に杭をぶちこんだ。

夜になっても一郎がなかなかもどらないので、かみさんは役人のくれた生地が多くて担ぎきれないのかと思い、息子を迎えにやった。

息子が河原のあたりまで行くと、父親の呼んでいるのが聞こえた。

「おい、おまえか。おれを迎えに来たってむだだよ。厚い生地も薄い生地も手に入らなかったんだ。桃の木の杭を尻にぶちこまれただけさ」

（一） 銀貨──原文は「大元宝」すなわち馬蹄の形に流しこんだ銀塊の大きなもの。小元宝が一両や五両（一両は重さの単位で、旧制では三十余グラム）なのに対し、大元宝は五十両もあるという。昔話では、大金を示すものとしてよく使われる。

4 「漏る」がこわい
――〈古屋の漏り〉（江蘇省）

今日の話に出てくるその家は、おじいさんとおばあさんの二人暮らしで、よく肥えた若い赤牛を飼っていた。

家の前を通りかかった泥棒が、その赤牛を見て考えた。

「すばらしい牛だ。肉づきもいいから、今夜盗んで売ってしまおう」

家の前を通りかかった虎が、その赤牛を見て考えた。

「すばらしい牛だ。肉づきもいいから、今夜盗んで食ってしまおう」

日が暮れると、おじいさんとおばあさんは夕飯を食べて、さっさと自分たちの部屋で寝てしまった。赤牛はおんぼろの炊事場に入れられ、草を食べおわると、藁の上で眠っていた。

虎が先に塀の崩れたところを跳びこえて入ってくると、泥棒も後から塀の崩れたところを跳びこえて入ってきた。虎が炊事場に入りこむと、泥棒もやってきた。虎は人が来たのに気づくと、赤牛のそばに体をよせて眠りこみ、人が行ってしまったら赤牛をくわえて跳びだすつもりでいた。泥棒は飼い葉桶にさわってから、手さぐりで牛をさわり、さわってみたら牛が二頭いると思った。

「よくさわってみて、いい方を盗もう」

泥棒がそう考えながらさわってみると、赤牛よりも虎の方が、もちろん毛なみもなめらかだし、肉づきもよかったので、そっちに決めた。そして、改めてさわってみると、そっちの牛の口もとにはおもがいがなかった。そこで、しっぽをつかんで外へ引っぱりだそうとしたところ、突然、大雨が降りだした。あたりはまっくらで、目の前の自分の指も見えないほどであったから、雨がやむのを待って出ていくほかはなかった。

その時、おばあさんが目をさまし、外でどしゃぶりの雨が降っているのを耳にして、大声で話しかけた。

「おじいさん、おじいさん、今夜は何よりも漏るのがこわいね」

おじいさんは少しねぼけた調子で返事をした。

「漏るとしたら、わしがすくうのもたいへんだな」

泥棒には、おばあさんの言う「漏る」は屋根から雨が漏ることで、おじいさんの言う「すくう」は漏った雨水をひしゃくで汲みだすことだと分かっていた。

しかし、虎は「漏る」と「すくう」を聞いて恐ろしいものだと思った。

「そんなにこわい『漏る』って何だろう。『すくう』はそれよりすごくて、『漏る』をふせぐのか。『漏る』にでっくわし、その上『すくう』にもでっくわしたら、どうしよう」

ますますこわくなった虎は、赤牛にぴったりと体をつけたまま、身動きもしないでいた。

大雨がやむと、空にはいくつかの星もまたたきはじめた。泥棒はさっそく虎のしっぽをつかんで、外へ引っぱりだした。門のそばまで引いていって扉を開けると、泥棒は虎の背にあがって力まかせに叩いた。それでも、虎は動こうとしなかった。ふだんから両刃の短刀を持ち歩いていた泥棒は、その短刀を出して、虎の腹に「ザクザクザク」と三回切りつけた。

虎は痛さのあまり、相手もたしかめずに走りだした。

「こいつが『漏る』なのか、ひどい目にあわせやがる。この上『すくう』にでもやられたら、おれさまもおだぶつだぞ」

そう考えた虎は、なんとか松の横枝にでも引っかかってくれるといいと思い、黒松の林にむかって飛ぶように走った。

虎にまたがった泥棒は、今にもころげ落ちて死にそうな目にあいながら、

「この牛はまた、どうしてこんなに早く走れるんだろう」

と思っていた。

ところが、だんだん空が明るくなってきて、よく見ると、自分がまたがっているのは赤牛で

はなくて虎であることが分かった。泥棒は頭が割れて魂が飛びだすほどびっくりした。

虎が四、五尺の高さに横枝のついている松の木にむかって突進すると、泥棒はあわてて手を伸ばして、その横枝に抱きつき、木のてっぺんまでよじのぼって腰をおろすと、やっと一息ついた。それでも、心臓はまだどきどきしていた。

虎は自分にまたがっていたやつが松の木の横枝に引っかかったのが分かってからも、四、五里はそのまま走りつづけて、ようやく足どりをゆるめた。

すると、向こうから猿がやってきて、虎の腹についた三つの傷あとから赤い血がまだ流れているのを見つけて、びっくりしてたずねた。

「虎の兄貴よ、いったいどうしたんだい」

「おれは『漏る』に三回もやられたんだ。すっとんで逃げたからよかったが、そうでなければ『すくう』にもやられるところだったよ」

虎がそう答えると、猿が、

「その『漏る』って何だい」

とたずねた。虎はいましがたあったことを話してきかせた。すると、生まれつき利口な猿は、

「それはだまされたんだよ。おれをその『漏る』のやつのところへ連れていってみないか」

と言った。虎は、

「おれはもう行きたくないよ。この上『すくう』にやられたら、どうなるか分からないもの」

と返事をした。

「危ないことなんかないから、おれを連れていってくれ」

猿が口をすっぱくしてそう言っても、虎はやはり行く気にならなかった。

「それじゃ、こうしたらどうだい。おれがおまえの上にまたがって、葛《くず》のつるでおたがいの首をつないでおくのさ。ほんとにその『漏る』のやつにやられそうだったら、おれが目くばせをするから、すっとんで逃げればいいさ。もしも大丈夫だったら、おれが木にのぼっていき、そいつを引きずりおろして、おれたちのおやつにしようよ」

猿がそう言うと、虎もようやく承知した。

「いいだろう。猿の兄貴よ、おまえの言うとおりにしてみよう」

太い葛のつるでおたがいの首をつないでから、猿は虎の背にあがり、泥棒のよじのぼっている松の木の下にやってきた。

泥棒はまだ心臓をどきどきさせていた。そこへ猿を背中にのせた虎がやって来て、高い木の下から四つの目でじっと見上げているのに気づくと、全身ががたがたふるえだし、木の枝までもがさがさと音をたてた。おまけに小便までもらしてしまい、それが猿の目にかかったので、猿は思わず目をぱちぱちさせてまばたきをした。

虎は猿が目くばせをしたので、てっきり泥棒の「漏る」がおそってくると思いこみ、四本の足をいっせいに蹴って走り出した。虎がすごい勢いで走ったために、猿はころげ落ちたが、首につないであるつるがほどけなかったから、山から山へと虎の走るままに引きずられていった。

猿は夢中になって、

「やめてくれ、やめてくれ」

と叫んだけれども、むだであった。

おしまいには、走りつづける虎に引きずられていた猿は、かわいそうに毛がすり切れて皮ばかりになったとか、あるいは頭しか残っていなかったと言う人もいる。

5 羽根の衣を着た男

――皇帝に仕返しをした〈絵姿女房〉（江蘇省）

むかし、あるところに若い農夫がいて、とてもきれいな女房をもらった。

農夫は少しのあいだも女房のそばを離れたくなかったから、畑へ仕事にいっても落ちつかなかった。そこで女房は自分の絵をかいて亭主に持たせ、女房の顔を見たい時には、それを取りだして見ればいいようにした。

こうして、毎日のように亭主が野良《のら》へ出ていても、女房は家で綿をつむいでいられるようになった。二人は仲むつまじく、楽しい日々をすごしていた。

ある日のこと、農夫はひとしきり畑を耕してから、休む時になって女房の絵を取りだした。農夫がうれしがって絵をながめていると、とつぜん風が吹いてきて、その絵がどこかへとんでいってしまった。農夫はあわててさがしたが、絵は見つからず、しかたなく家にもどった。

ところで、その絵は宮殿のなかに吹きとばされていったのであった。皇帝は絵にかかれた美人を見て、飯ものどを通らなくなり、このきれいな女をすぐにさがしだせと言った。

大臣はさっそく、この女を是《ぜ》が非《ひ》でも見つけて皇帝にさしだすようにと、各地の役人に命令をだした。

ある日のこと、一人の役人が道ばたでこの農夫の女房にばったり出会った。絵にかいてある美人にそっくりだと気づいた役人は、これはしめたと喜んだ。さっそく人を呼んでくると、うむを言わせず、女房を連れ去ろうとした。

農夫は突然のことで気を失うほどびっくりして、それはひどいと泣きだし、ただもうかんべんしてほしいと根性の悪い役人に頼みつづけた。

女房はどうにもならないと見てとると、ちょっと眉をしかめて考え、

「心配しなくてもいいわ。来いというなら行きましょう」

と亭主に言い、さらに少しばかり何かを耳打ちしてから、役人のあとについていった。

女を手に入れた皇帝は、すっかり有頂天《うちょうてん》になっていた。

ところが、宮殿に来てからというもの、女は朝から晩まで眉根にしわを寄せ、ふくれっつらをして、ろくに口もきかなかった。これには皇帝も困ってしまった。

皇帝がどうしたのかとたずねると、女は、

「宮殿のなかにばかりいては、おもしろいこともないわ」

と答えた。

皇帝はなんとか女を喜ばせてやろうと、八頭立ての馬車にいっしょに乗りこみ、一日じゅう外を遊びまわった。

ある時、馬車に乗っていた女が、突然、目をまるくして、通りかかった一人の男を見つめた。そして、思わず顔一面に笑みをうかべた。

皇帝もこれにつられて、うれしそうに叫んだ。

「おお、わたしのかわいい女よ。やっと笑ったね」

すると女は、すぐにまたふくれっつらをして言った。

「よくもそれで皇帝だなんて言えるわね。あの人みたいにきれいな衣《ころも》もないくせに」

言われるままに皇帝が見ると、馬車の少し先の方に一人の貧しい身なりをした男がいて、キジの羽根をよせ集めて作った衣を着ていた。

皇帝は笑いながら、

「あんな衣なら、ちょっと金を出せば買えるじゃないか」

と言い、さっそく貧しい身なりの男を宮殿につれていき、その羽根で作った衣はいくらで譲ってもらえるかと聞いた。すると、その男は言った。

「わたしは金貨や銀貨を欲しいとは思いません。ただあなたの着ている服を脱いでわたしにくだされば、それでよろしいのです」

それを聞くなり、皇帝は二つ返事で承知した。

農夫の女房は、部屋の入口をしめ、にっこり笑いかけながら皇帝に羽根で作った衣を着せ、皇帝のつけていた服を、その貧しい身なりの男にほうりなげてやった。皇帝はこのきれいな女が自分に笑いかけてくれたのがとてもうれしく、羽根で作った衣をいそいそと着こんだ。二人が着ていたものをすっかり取りかえてしまうと、農夫はつかつかと進みでて、皇帝にバンとげんこつをくらわせて殴り倒した。

皇帝はあわてて起きあがり、農夫を殴りかえそうとした。

その時、女房が外にいる人たちに向かって大声で叫んだ。

「羽根の衣を着た男が謀反《むほん》を起こしたわ。すぐに斬り殺して」

衛兵たちがどっとばかり部屋にとびこみ、寄ってたかって羽根の衣を着た男に斬りつけ、皇帝の体を八つ裂きにしてしまった。

こうして皇帝が死んだのを見とどけると、貧しい身なりの男は皇帝の服を着たまま、自分の女房をつれて馬車に乗り、宮殿をあとにした。そして城外に出たところで、馬車の御者を帰らせると、自分も物かげにいってふだんの服に着がえた。それからは、女房といっしょに楽しそうに家へもどっていった。

6　仲たがいした犬と猫

——〈犬と猫と指輪〉（山東省）

むかし、ある片田舎の村に、貧乏な農夫のじいさんと目の見えないかみさんとが暮らしていた。二人の年寄りには子どもがなく、家族は飼っている犬と猫だけであった。

この犬と猫はとても仲がよく、どんな時でも離れずにくっついていた。犬と猫は主人にもよく仕え、じいさんが出かけるたびに、目の見えないかみさんのために門番の代わりとなり、知らない人を決して家に入れなかった。二人の方でも、犬と猫を宝物のようにあつかい、どなりつけたり、叩いたりはしなかった。身よりのない二人であったが、毎日の暮らしは少しもさびしくなかった。

ある日のこと、じいさんは山へ草を刈りにいった帰りに、小さな黒い蛇が腹をすかせて草の上で動けなくなっているのを見つけた。かわいそうに思ったじいさんは、蛇をふところに入れて家にもどった。

しばらくのあいだ蛇に餌をやると、貧乏なじいさんには、それ以上の面倒は見きれなくなって、蛇にこう言った。

「これまで世話をしてあげたけれど、うちにはもう食べさせるものがなくなったから、出ていっておくれ」

蛇はうなずいて、じいさんに言った。

「情深いおじいさんのおかげで、わたしは生きのびることができました。お礼にさしあげるものがありませんので、わたしのしっぽを置いていきます。小さな木の箱に入れてしまっておき、ほかの人には見せないでください。もしも使うお金がなくなったら、このしっぽを出して何度か振ると、お金が出てきます」

蛇はそう言いながら、じいさんの前にしっぽを向けた。じいさんがしっぽを切ると、蛇はあっというまに姿を消した。じいさんはそのしっぽを小さな木の箱にしまうと、他人に見つからないようにと、目立たない場所をえらんで、台所の裏手に埋めた。

二人は使うお金がなくなると、木の箱を掘りだし、蛇のしっぽを取りだして振ると、銅貨がジャラジャラと出てきた。

じいさんはそれを持って市場へいき、生活に入り用な物を買った。

家にもどってごちそうを作ると、それをかみさんと犬と猫と自分の四つに分けて食べた。

ある日の夕方、旅の商人《あきんど》がやってきて、日が暮れたので一晩泊めてくれと頼んだ。じいさんはそれを承知した。

あくる日、夜があけないうちに、じいさんは気づかれないように台所の裏手にいき、蛇のしっぽを何度か振って銅銭をジャラジャラと出した。

台所で寝ていた商人は、窓からその様子をすっかり見ていた。じいさんが出かけると、商人は裏手にまわって宝物の箱を掘りだし、自分の荷物のなかにしまいこんで背負うと、そこを立ち去った。

じいさんが買物をしてもどると、かみさんがとても悲しそうに泣いていた。どうしたのかと聞くと、かみさんは言った。

「わたしたちの宝物の箱が、商人に盗まれてしまったの」

「まさか、あんなに気をつけてかくしておいたのに、見つけられるはずがないよ。さがす場所をまちがえたんじゃないか」

じいさんはそう言いながら、出ていって宝物の箱を掘ってみたが、やはり見つからなかった。こんどは、じいさんもあわててしまった。

二人は向かいあって途方にくれた。じいさんは深いためいきをつき、かみさんは涙にくれていた。そこへ犬と猫が主人と食事をしに入ってきて、二人の途方にくれた様子を見て、まわりを回りながら、いっしょになって心配をした。

じいさんは犬と猫を見ると、ためいきをついて言った。

「わたしたちの宝物を、商人に盗まれてしまったんだ。おまえたちがすぐにさがしに行ってもらえないか」

犬が猫に言った。

「おれたちがすぐにさがしに行けば、見つかるかもしれない。おれたちの主人があんなに困っているんだから」

犬と猫はさっそく出かけた。あちこちとたずねまわり、行く先々で聞いているうちに、ようやく商人の家へ行くには、大きな川を渡らなければいけないことが分かった。

やがて大きな川のそばに来てみると、流れがとても早く、水音が高くひびいていた。猫は水の勢いがすごいのを見ると、びっくりしてしまった。犬は猫がこわがっているのを見て、元気づけるように言った。

「心配しなくていいよ。おれは泳げるから、おまえを乗せて川を渡ってやる。おれたちはどうしても宝物を取り返してこなくっちゃ。もしも取り返せなかったら、主人にはもうこれっきり顔を合わせられないよ」

犬の決心がかたいのを知って、猫も度胸をきめ、勇気をだして犬の背中に跳びうつった。犬は猫を乗せて川を渡り、それから小さな村に入った。一軒ずつのぞきながらさがしていくと、着飾った人たちが集まっている家があった。その家でお嫁さんを迎えようとしているのが、あの夜、じいさんのところに泊まった商人であった。

犬は猫に耳打ちして小さな声で言った。

「おれたちの主人の宝物がどこにかくしてあるか、中に入って見てきてくれ。おれが入るのはまずいから、先に村はずれの大きな柳の樹の下へ行って待ってるよ」

うなずいた猫はひらりと屋根の上にあがり、それから中庭に跳びおりた。猫の出入りする穴からそっと商人の寝ている部屋に入り、あちこち見まわしたが、手がかりはなにもなかった。ベッドの下にうずくまって猫が様子をうかがっていると、長持の下から小さなネズミが出てくるのがちらっと見えた。猫がすばやく跳びかかってネズミをつかまえると、ネズミは体をガタガタさせて助けを求めた。

猫はこわい顔をしてネズミに言った。

「おれの頼みごとを引き受けてくれたら、今日だけは命を助けてやろう」

「猫の大王さま、なんでもどうぞ。わたしのできることでしたら、きっとやってみせます」

ネズミが体をふるわせながらそう答えると、猫は言った。

「この長持のなかに入って、小さな木の箱があるかどうかさがしてくれ。もしもあったら、すぐに持ってくるんだ」

ネズミは商人の長持にもぐりこみ、しばらくすると宝物の箱を盗みだしてきた。そして、かしこまって猫に箱を渡した。

猫は宝物の箱をくわえ、外へ走って出ようとした。部屋の戸口を出る時に、目をさました商人に見つけられた。商人は大声で叫んだ。

「猫が宝物を盗んだぞ」

何人かが猫のあとを追いかけたが、猫はとっくに塀を跳びこえて家の外に逃げていた。

猫は村はずれの大きな柳の樹の下で犬とおちあった。犬と猫は主人の宝物を手に入れ、喜びいさんで家に向かった。

また川を渡ることになって、犬は猫に言いきかせた。

「いよいよ川を渡るけど、川を渡るときには魚やエビを見ても口をきくんじゃないよ。宝物の箱を川に落とすといけないからね」

こんどは猫も行きの時ほどこわがらなかった。犬の背中にまたがっていい気になり、家に帰れば主人にほめてもらえるということばかり考えていた。

犬が猫をのせて川のまんなかまで行くと、やはりたくさんの魚やエビが泳ぎまわっているのが見えた。猫はつかまえて食べたくなり、思わず大声を出してしまった。

「おい、魚やエビがたくさんいるじゃないか」

口をきいたのは仕方ないとしても、そのせいで宝物の箱はドボンと音をたてて、川に落ちてしまった。犬はプンプン怒って言った。

「あれほど口をきくなと言ったのに、いったいどうしてくれるんだい」

犬は猫を向こう岸まで送りとどけると、ともかく泳いで川のまんなかにもどった。そして川底をさがしまわって、やっとのことで宝物の箱をすくいあげた。疲れてしまった犬は、川岸にあがると、目を閉じて休んだ。しばらくそうしているうちに、犬はいつのまにか眠りこんでしまった。

ところが、犬が眠っているうちに、猫は自分一人で宝物の箱をくわえて、いそいで家にかけもどった。じいさんは猫が宝物の箱をくわえてもどったのを見て、大喜びであった。じいさんはうれしい知らせを、さっそく目の見えないかみさんのところへいって話した。二人は口をそろえて、猫の腕まえはすごいとほめたてた。

じいさんが宝物の箱を開け、蛇のしっぽを取りだして何度か振ると、銅貨がジャラジャラと出てきた。じいさんは猫への感謝をこめて、おいしいごちそうを作った。猫が得意になってごちそうを食べているところへ、やっと犬がもどってきた。

主人はぶっきらぼうに犬をしかった。

「この役立たずめが、めしを食いにもどったのかい」

猫は一言も口をきかず、自分だけでごちそうを食べていた。

犬は腹がへってのどもかわいていたのに、ごちそうにはありつけず、残り物のスープとごはんをもらっただけであった。

犬は猫を心底からにくんだ。だから猫を見かけると、追いかけていって、その首根っこを死にそうなほどしめつけるのである。

それからというもの、犬と猫は仲たがいして、たがいにかたき同士となった。

7 人を食う蚊

――焼き殺さなかった〈蚊の起源〉（山東省）

むかし、山のなかの大きな洞穴《ほらあな》に、一匹の大きな蚊が住みついていた。その蚊は、口先が一尺五寸もあり、体じゅうに長い毛が生えていた。それに大きな羽根が二枚と小さな羽根が二枚あって、歩くのも飛ぶのも思いのままであった。そして夏になると毎晩かならず、どこか一軒の家の人たちをすっかり食い殺してしまうのであった。

みんなは何とかこの災難をなくしたいと知恵をしぼった。しかし、すすんで蚊に立ち向かおうとする者はいなかった。遠くから矢を射かけることはできたものの、矢が当っても蚊は平気であった。

こうして、あっちの村でもこっちの村でも、つぎつぎに村人が蚊に食い殺されていった。ある夜のこと、蚊はまた新しい村をおそって、一軒の家の人たちを食い殺した。そのつぎの夜、たまたまおなじ村で火事になった家があった。火の勢いがすごかったので、煙がもうもうと立ちこめ、人々はみんな火を消しにかけつけた。

そこへ大きな蚊が飛んできたが、降りることもなく、ブーンとうなり声をあげて、すぐに飛び去ってしまった。

どうして蚊が村に入ろうとしなかったのか、みんなが議論をした。

一人の年寄りが、

「蚊は人間を食わなければ生きていけないのに、わけもなく引き返すはずがない。きっと村から立ちのぼる煙にむせたにちがいない」

と言いだし、みんなも、

「ことによると、蚊は煙にいぶされるのがきらいなのかもしれない」

と考えた。

あくる日の夜、みんなは、乾いたたきぎと湿ったたきぎ、乾いた草と湿った草を集め、村の中央にある脱穀場に積みあげた。日が暮れてから、それに火をつけると、煙は高々とあがった。やってきた蚊は、村に入ろうとしないで、引き返して飛び去った。

この話は、あっという間に広まった。どこの村でも、そのやり方をまねて、毎晩火をたき、夜どおし煙を立ちのぼらせることにした。それっきり、蚊は村へやってきて人を食おうとはしなかった。

何日かたって、村ではまた相談が持ちあがった。

「こんなことばかりもしていられない。たきぎだってもったいない。何とかして、蚊を焼き殺すか、いぶり殺すかできないものか」

するとまた、あの年寄りが言った。

「脱穀場にぐるりとたきぎを積みあげ、まんなかに紙の人形をくくりつけておく。わしらは火縄（一）をともして持っていて、蚊がこの囲みのなかに入ったら、いっせいに火をつけることにしよう」

蚊は、もう五日も六日も人を食っていなかったので、腹をすかしきっていた。あたりが暗くなるのを待ちかねて、空高く飛びあがると、この村で火をたいていないのに気づいた。

村の上まできてブンブン飛びまわってみたが、みんなは姿をかくしていて人っ子一人見あたらなかった。そのうちに蚊は、脱穀場にくくりつけられた紙の人形を見つけて、すぐさまおそいかかった。

蚊が人形の着物をはぎとって血を吸おうとした時、四方からいっせいに煙が立ちのぼった。その煙にいぶされて蚊は倒れてしまった。ドラが打ち鳴らされ、人々は、年寄りも子どもも、それぞれたきぎをかかえていって、脱穀場に放りなげた。おりからの風にあおられて、火はパチパチと燃えあがり、大きな蚊はひとたまりもなく焼き殺された。

あくる日になると、あちこちの村から、この大きな蚊を見物にきた。その夜、この大きな蚊の体に、そっくりの形をした小さな蚊が何匹か止まっていた。

あの年寄りは、

「この小さな蚊もたきぎで焼き殺して、一気に根絶やしにしなくてはだめだ」

と言ったが、何人かの人がこう言った。

「なにも焼き殺すことはあるまい。こんなに小さな蚊が人間を食うものか」

みんなも小さな蚊だからとたかをくくって、焼き殺すのをおこたった。そんなわけで、いまでも蚊は生き残り、夏になると現れて人を刺す。しかし、この小さな蚊もやはり煙にいぶされるのはきらいなのである。

(一) 火縄――乾燥したヨモギや草をなった縄。蚊遣りやタバコの点火に使う。「艾縄」ともいう。

8　小鳥の恩返し

――嶺南の〈腰折雀〉（広東省）

むかし、あるところに気のやさしいおばあさんがいた。

ある日のこと、おばあさんは戸口に腰をおろして、糸をつむいでいた。

すると、一羽の小鳥が大きな鳥に襲われて目の前に落ちてきた。見ると、足の骨が折れていて立って歩くこともできなかった。

かわいそうだと思ったおばあさんは、その小鳥をつかまえてくると、薬をさがしてきてつけてやった。

いくらもたたないうちに、小鳥の足はすっかりもとどおりになった。小鳥はおばあさんにていねいにおじぎをしてから、空高く飛びあがっていった。

それから何日かたって、おばあさんの家の屋根の上に小鳥がやってきて、しきりに鳴き声をあげた。おばあさんが頭をあげて見ると、小鳥は口になにかをくわえていた。小鳥が落としたのを拾いあげると、それは一粒のタネであった。

おばあさんが、そのタネを畑にまくと、やがて瓜が一つなった。

その瓜が大きくなってから、おばあさんがもいでみると、これまでにさげたこともないほど重い瓜であった。ふしぎに思ったおばあさんが、包丁で切ってみると、なかにはたくさんの金や銀のかたまりがつまっていた。

その金や銀のかたまりは、あの小鳥がおばあさんへの恩返しのために、わざわざくれたのであった。

おばあさんの隣の家には一人のおかみさんがいて、このあたりでも有名な欲ばりであった。

このおかみさんは、隣のおばあさんがいきなり大金持になったのがうらやましくてならず、いったいどうやって大金を手に入れたのかとたずねた。

おばあさんは小鳥を助けてからの一部始終を、くわしく話してきかせた。

それを聞いておかみさんはたいへん喜び、もしかすると自分もまねをすれば大金をせしめることができるかもしれないと思った。

そこで、おかみさんは戸口に立って、あたりを眺めまわしていた。すると、まもなく一羽の小鳥が近くに飛んできた。おかみさんはとっさに悪い考えをおこし、竹竿を振りまわして小鳥をたたき落とした。

それから、おかみさんは親切そうなふりをして小鳥を手でだきかかえ、薬をつけてやって、世話をすることにした。

しばらくたって、たたかれた目はもとどおりになおって、小鳥は飛び立っていった。

あくる日、小鳥はこんども一粒のタネをくわえてきて、おかみさんにくれた。おかみさんは有頂天《うちょうてん》になってうれしがり、すぐにそのタネを畑にまいた。

一月あまりたって、まいたタネから瓜ができて、やがて大きくなった。

おかみさんは大喜びで、さっそくもぎとってきて、包丁で切ってみた。ところが、中から出てきたのは金や銀のかたまりではなく、たくさんの毒蛇が赤い舌をちらちら見せながら、からみあったかたまりであった。

そして、切った瓜から出てきた毒蛇は、つぎからつぎへとおかみさんにからみつき、咬《か》みついたのであった。

9 小鳥前生《ぜんしょう》 三話

一 クイナになった嫁 （広東省）

むかし、広州《こうしゅう》地方にあった話である。

ある男の人が出かせぎに行き、あとには年とった母親とかみさんだけが残った。このかみさんは根性が悪くて、しゅうとめの世話をしたがらなかった。

よその土地にいった亭主は、しょっちゅう新鮮でおいしい食べ物を買って、母親に食べさせてくれと送ってよこした。ところが、その食べ物はそっくりかみさんの口に入ってしまい、かみさんはしゅうとめにゲジゲジ（一）の入った食べ物をくわせていた。おまけに、かみさんはそれがよその土地から亭主が送ってよこした物だとうそをついていた。

しゅうとめは目が見えなかったけれども、自分の食べさせられる物はどうもおかしいといつも思っていた。それに嫁のふだんの仕打ちがひどいこともよく承知していた。そこで、ゲジゲジの入った食べ物を紙に包んでしまっておき、息子が帰ってきたら見せて、それが何なのかをはっきりさせようと思った。

やがて、息子が出かせぎから帰ってきた。母親はしまっておいた物を取りだして、息子にたずねた。

「おまえが買ってよこした食べ物は、とても堅くて、わたしの口にはあわなかったよ」

息子はそれを手にとってみて、思わずカッとなった。いきなり水がめのなかに投げこんでみると、なかにいた何匹ものゲジゲジが散らばって動きだした。それを見てますます腹を立てた息子は、かみさんを殺してしまおうと思った。

息子はかみさんを呼びつけると、水がめのなかをよく見ろと言った。そして、かみさんが水がめをのぞきこんでいるすきに、よく切れる刃物を振りおろした。かみさんの頭は、ドボンと音をたてて水がめのなかに落ちた。

かみさんは死んでからも魂が浮かばれずに、水鳥のクイナ（二）に生まれかわり、毎日、「夫悪《フーオー》、夫悪《フーオー》（亭主がひどい、亭主がひどい）」と鳴くようになった。そして、むかしから今にいたるまで、ずっと鳴きつづけている。

（広東省）

二　トンビになった目連の母親

ことわざに「トンビ（三）の巣作りはヒヨコの災い」というが、トンビはヒヨコが目にはいると、すぐさま空中から舞いおりて、ヒヨコをくわえていってしまう。これにはどんな因縁があるのだろうか。

言い伝えによると、トンビは目連《もくれん》(四)の母親が生まれかわったのだという。

目連の母親は、この世にいる時から根性の悪い女であった。

目連は自分が仏の道で悟りを得てから、この罪深い母親を、俗世間から救いだして天上の国に昇らせてやりたいと思った。

しかし、目連がつづけて二度も救済しようとしたにもかかわらず、母親がすぐに邪念をおこすために中空から下に落ちてしまい、二度とも失敗してしまった。

三度目は今度こそうまくいきそうであったのに、母親は地上で何羽かのヒヨコが遊んでいるのを見つけ、ふとなまぐさものを食いたい気持になった。邪念をおこすと体が重くなり、母親はまたしても下界に引きもどされたのであった。

それ以後、目連の母親はもう悟りを得て天上の国に昇ろうとは思わなかった。それでヒヨコを好きなだけ食べられるトンビに生まれかわるしかなかった。

三　ホトトギスになった女房　(山東省)

ずっとむかし、あるところに夫婦者が暮らしていた(五)。かつがつの生活で、豊作の年にはなんとか食いつなげるものの、凶作ともなれば出かせぎにいくしかなかった。

ある年の春のこと、長いこと雨が降らなかった。どう見ても、穀物のタネまきはできそうになかった。これでは「米が真珠の値《あたい》となり、たきぎが月《つき》の桂樹《けいじゅ》の値《あたい》となる」というわけで、貧乏人は生きていけない。

そこで亭主はかみさんと相談した上で、また出かせぎにいくことになった。ところが、亭主は出ていったきり、何年たっても戻らなかった。家のことはかみさんが取りしきるしかなかった。もともと貧乏なのだから、人手を頼む金なぞあろうはずもない。畑の仕事は何から何までかみさんがやった。

ある日のこと、かみさんは鍬を使って畑を耕していた。ひどく熱い日で、だるくてならなかったが、かみさんは懸命に鍬を動かしていた。

すると、どこからか一人の調子のいい若い男がやってきた。ひどく目くばせをして、かみさんをからかいはじめ、近寄ってきて鍬を取りあげた。そしてかみさんに抱きつくと、むりやり口をつけた。かよわい女が、こんな腕っぷしの強い男に刃向かえるだろうか。かみさんはその男のいうことをきくしかなかった。

「飢え死には小さな誤りでしかないが、貞節を失うのは大きな過ちである」という。本を読んだことのないかみさんにも、それはよく分かっていた。

家にもどったかみさんは、その日の出来事を思いかえしてやりきれなかった。そしてやりきれなさのあまり、紐を取りだし首を吊って死んだ。

死んでからエンマ様のところへ行くと、エンマ様はかみさんに言った。

「おまえはまだ死ぬことになっていないが、どうして死んだのか」

「人にはずかしめを受けたのがつらくて、耐えきれなくて死にました。どうかわたしを鳥に生まれかわらせてください。世間の女の人たちに、わたしのような目にあわないで、と鳴き声で訴えたいのです」

かみさんが泣きながらそう話すのを聞いて、エンマ様はそれもよかろうと思った。頼まれたとおり、かみさんを鳥に生まれかわらせ、世間の女の人たちに注意をさせることにした。だから、毎年、四、五月ごろになると、その鳥は「光棍奪鋤《コアンクントオチュ》、光棍奪鋤《コアンクントオチュ》（独り者の男が鍬を取るぞ、独り者の男が鍬を取るぞ）」と鳴きだすのである。

（一）ゲジゲジ——原文、蜈蜞。ムカデのたぐいの虫か。かりにゲジゲジと訳した。

（二）クイナ——原文の水鶏鳥（表題では苦鶏鳥）は広東地方での呼称。中国では、ふつうクイナは秧鶏《ヤンチー》と呼び、その一種である白胸秧鶏（日本名シロハラクイナ）は、そのクオッ、クオッという独特の鳴き声から、別名を苦悪鳥や姑悪鳥とも呼ばれ、多くの伝説をもつ鳥として知られる。長江（揚子江）流域では夏季に、福建省以南では終年見られる。この話に出てくるのは、おそらくこのシロハラクイナであろう。

（三）　トンビ――原文、鷹婆。香港で麻鷹、上海で老鷹と呼ばれる鳶の広東地方での呼称と推定し、トンビと訳した。鳶は、海岸、川沿い、人里の近くに多く棲む。中国には「老鷹（トンビ）が小鶏（ヒヨコ）をつかまえる」と呼ばれる子どもの遊びもあり、両者は天敵の関係にあることが分かる。

（四）　目連――釈迦の十大弟子の一人。中国や日本では、目連尊者が餓鬼道や地獄道で苦しむ母親を救済した話が、お盆行事の由来として知られている。中国では目連救母を題材とした演劇や語り物が多いこともあって、このような民間伝承にも出てくるのであろう。

（五）　出かせぎ――この話の伝わる山東省や隣接する河北省のあたりからは、かつて多数の出かせぎや移民が東北地方（旧満州）へと出ていき、それに由来する悲しい物語も多く語り伝えられている。

10　植物起源　三話

一　草の実になった女

（広東省）

野原へ出かけた人は（遠い道のりを歩いてきた人も、もちろんだが）、家に戻ってくると、そのたびに厄介な後始末をしなくてはならない。それはズボンについた草の実を払いおとすことである。この草の実の由来についての物語を、あなたに話して聞かせよう。

「草の実」はもともと絶世の美女であったという。顔立ちがあまりにも美しかったために、その人の運命はかえって不幸せになったのであった。

その人の一生でなによりも不幸せであったのは、似合いの夫を持てなかったことである。幼いころから、結婚はすべて両親が取り決めた。しかし、誰かと婚約をすると、その人が結婚前に死んでしまい、つづけざまに十二人と婚約をしたのに、一人として仲むつまじく年老いる連れあいとはならなかった。

さすがにその人もすっかり気落ちして、もう結婚はしたくないと思い、それればかりか、生きていく気力までもなくしてしまった。

その人がずっと心に思い悩んでいたのは、自分は死んでから何に生まれ変わったら、この満たされない気持をいやせるだろうか、ということであった。

あでやかな赤い花になったらどうだろう。男の人たちは花を髪に挿したりはしないから、それは男の人たちの求めるものとはいえない。

いっそ草の実になったらどうだろう。道ばたの青い草の穂先で揺れていさえすれば、自分の好きな男の人たちに、思いのままにくっついていくことができるにちがいない。

その人はいよいよ死んだあと、やはり一日じゅう道ばたにいて、通りかかる人にくっつく草の実に生まれ変わった。その人の心はようやく満たされることになった。

のちに、このあたりのやや年かさの女の人たちは、この物語を話すだけでは物足りなくて、その人のことを歌いこんだ長い歌までも、はやらせるようになった。

正月をすぎて日脚がのび、
行かずの後家《ごけ》が朝化粧《あさげしよう》する。
一日《ついたち》には鳳凰《ほうおう》の形をした髪を結いあげ、
七日《なぬか》にはもはや結わずに顔色もあせる。

また、こうも歌っている。

赤い花となっても君《きみ》(一)は挿してくれず、

草の実となって君の体につきまとう。

（山西省）

二　タバコの葉となった恋人

むかし青州府《せいしゅうふ》（山東省）に南生《ナンション》という若者と葉葉《イエイエ》という娘がいた。二人はたがいに一目見て好きになり、恋しあう仲となった。もし連れ添うことがかなえば、それこそ才子と佳人のまたとない似合いの夫婦となったであろう。

しかし、そのころの世間では、男と女のことは本人たちの思いどおりにはならず、なによりも家柄のつりあいで縁組みが決められた。

ナンションとイエイエも、両親の反対にあって結婚を許されなかった。イエイエはふさぎこんだあげくに病気となり、まもなく死んでしまった。気がふれたようになったナンションは、イエイエの死体を抱きしめ、自分の体温で愛するイエイエをよみがえらせた。すべては神の助けであると二人には思えたが、こうして恋人たちのかねてからの願いはかなえられた。だが、イエイエは三日生きていただけで、また死んでしまった。

ナンションはイエイエを葬ったあとも、ひたすらイエイエを思いつづけていた。

ある日のこと、ナンションがイエイエの墓へ弔いにいってみると、墓の上に茎が高く葉の広い草が生えていた。高さは人の背丈ほどあって、葉は手のひらほどの大きさをしていた。秋になると、薄紅《うすべに》色の小さなラッパの形をした花が開き、やがて麻の実のようなタネができた。霜がふり、花を咲かせた草がしぼむころ、イエイエの墓に生えた草も枯れた。ナンションは恋人の忘れ形見に、その草を抜いて持ち帰り、記念のために大切にしまっておいた。日がたってぼろぼろになった葉を、火にくべるといい香りがした。

それから人々は、その草からとれたタネをまいてふやし、さらに葉をちぎって吸うようになった。これがタバコの始まりである。

三　神のくれた水仙の花（福建省）

水仙の花は福建《ふっけん》の漳州《しょうしゅう》地方の特産である。漳州でもわずかに南門の外がわの大梅渓《だいばいけい》と小梅渓《しょうばいけい》のあたりにしかない。ほかの地方にはまったく見られないし、移植しても育たないという。

この町に伝わる話によると、むかし梅渓の村にやもめがいて、一人息子と暮らしていた。毎日まじめに働いてはいたものの、やっと食べていけるほどの貧しい暮らしむきであった。

ある日の夕方、息子の帰りがひどく遅かった。一ぜんのごはんだけを残して、やもめは息子の帰りを長いこと待っていた。

やもめが待ちくたびれたころ、突然、一人の見すぼらしい乞食《こじき》がやってきて、残り物をめぐんでくれと言った。その様子があまりにもかわいそうなので、心のやさしいやもめはすっかり同情した。どうしようかと迷って涙を流しながら、胸を引きさかれるような気持で、やもめは息子のために残しておいた冷たいごはんを、ひもじい乞食に施してやった。

乞食はごはんを食べおわっても、すぐには立ち去ろうとしなかった。涙を流しているやもめの顔をじっと見ながら、こうたずねた。

「おばあさん、いまの残飯が惜しかったのかい」

「いいえ、惜しかったわけではありません。そのごはんは息子に食べさせたくて残しておいたものです。しかし、うちの息子は一回ごはんを食べなくとも、せいぜい腹がへるくらいで死ぬことはありません。もしもあなたに食べさせなければ、あなたはすぐに飢え死にしたことでしょう」

これを聞いて、乞食はとても心を動かされた。そこでやもめの身の上と、どこに地所を持っているかをたずねた。やもめは門の前の少しばかりの田んぼを指さし、これがあるだけだと答えた。

乞食はふと気がふれたように門の外へ跳びだしていき、いま自分の腹に入れたばかりの残飯を、やもめの田んぼのなかにすっかり吐きだしてしまった。それからゆっくりとやもめのところまで引き返してきて礼を言い、それほど遠くないところにある池のなかにドボンと跳びこんだ。村の人たちがすくってみたが、死体はあがらなかった。

ふしぎに思ったやもめが、あくる朝、見にいってみると、前の日に乞食が田んぼに吐きだしたごはんの粒の一つ一つが、花のタネに変わっていた。そして何十日かたつと、田んぼ一面に花が咲きそろった。そこで、その花を「水仙の花」(二)と名づけたのだという。この話は福建の中部と南部のあたりに広く伝わっている。

(一)　君――原注に以下のような主旨の説明がある。「君」(原文もそのまま)は男子の通称。この二句は、その女の人が死後生まれ変わるものを思いえがいているさまを歌う。この長い歌は、ことによると語り物のテキストにあるのかもしれないが、当時は見つけられなかったという。

(二)　水仙の花――池に跳びこんだのは水をつかさどる神仙で、そのくれた花だからこう名づけた。

Ⅱ　海と川のほとりで

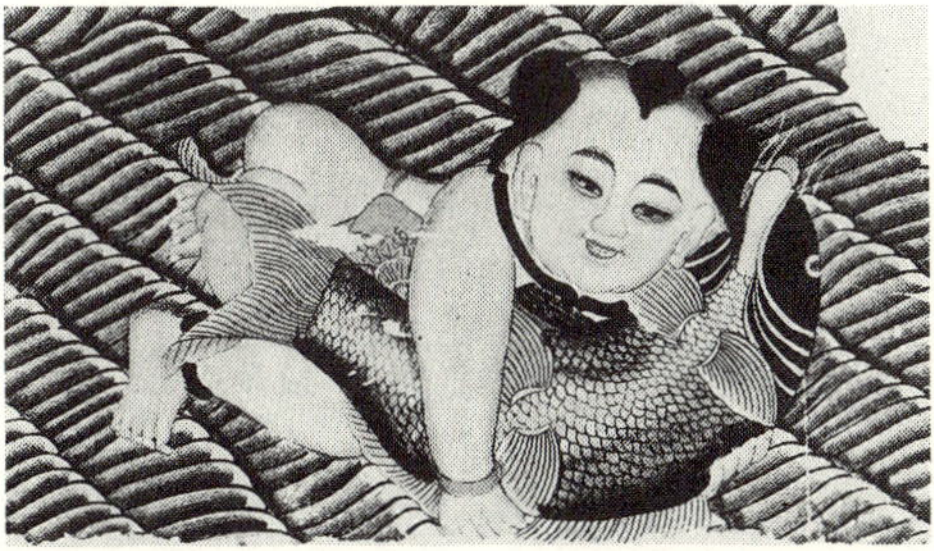

天津市楊柳青の年画：魚を抱く幼児

11　タニシ女房

――おまえらのかあさんタニシの精（浙江省）

あるところに農夫をしている若者がいた。二十《はたち》を少しすぎたばかりであったが、両親は早くに亡くなり、兄弟は一人もいなかった。まったくの一人きりで、何畝《ムー》かの田んぼを作って暮らしをたてていた。

田んぼへ仕事にいく時は、いつも朝早く出て夜おそく帰った。朝起きてから自分で煮炊きをし、食べおわると戸をしめ、弁当を持って田んぼへいく。日が西の山に沈むころにもどり、自分で夕飯の支度をして食べる。そうやって働くのが若者の毎日の生活であった。

ある日のこと、若者は田んぼでタニシを一つ見つけ、拾って手さげ籠に入れた。日ぐれに家へもどってから、台所で籠のなかを片づけていてタニシに気づき、取りだして水がめに入れておいた。

あくる日、田んぼの仕事を終えてもどってみると、夕飯の支度がもうできていた。若者はおかしなこともあるものだと思った。もしかしたら自分が朝やっておいたのを忘れたのか。それにしては料理がまだ温かい。若者はわけがわからなかった。

つぎの日もまたおんなじで、それから何日もつづいた。若者にとっては、おかしいどころではなくなった。隣の家の人にたずねてみたが、だれも知らなかった。

そこで若者はあることを思いついた。その日、朝早く出かけた若者は田んぼに着くとすぐ引きかえし、そっと家に入ると台所の戸口に近づいた。戸のすきまからのぞくと、なにも変わったことはなかった。

しばらく待っていると、水がめのふちにタニシが上がってきた。タニシはゆっくり水がめから出て地面に下りると、殻から出てきた中身が突然、女の人に変身した。女の人はそれからかまどのところにいき、まず釜を洗った。はかった米をとぐと釜にしかけ、かまどの火をたきはじめた。

若者は気づかれないように戸をあけて入り、タニシの殻を拾ってふところに隠した。人が来たのを知った女の人は、あわててもとの姿に変わろうとしたが、殻はもう隠されてしまっていた。女の人が殻を返してと頼んでもとりあわず、若者は自分のかみさんになってくれと迫った。女の人はしかたなく承知した。

若者は女の人が見ていない時に、そのタニシの殻を神棚のなかに隠した。

やがて、女の人には子どもが何人も生まれた。その子どもたちがよその子どもたちと遊んでいると、よくみんなに歌いはやされた。

　プップップッ、おまえらのかあさんタニシの殻。
　チンチンチン、おまえらのかあさんタニシの精。

ある日のこと、かみさんは自分の子どもたちがよその子にはやされているのを聞いて、むかしのことを思いだした。そして亭主に殻を返してと強く頼みこんだ。亭主もいまさら言い争いたくはないので、神棚のなかからタニシの殻を取りだしてかみさんに返した。
かみさんの姿が見えなくなったかと思うと、タニシも見えなくなった。

12 天の川の岸辺

――〈牛飼いと織姫〉（江蘇省）

あまり人気《ひとけ》のない山のふもとに、若者が一人で住んでいた。名まえはわからなかったが、一頭の老いぼれた牛（一）を飼っていて、いつも草原《くさはら》へつれていって草を食べさせていたので、みんなはただ牛飼いと呼んでいた。

ある年の夏のことであった。草原に深い霧がたちこめ、十歩も先はなにも見えなかった。

その時、草原で草を食べていた牛が、とつぜん牛飼いに話しかけた。

「ご主人さま、草原の南がわにある川で、七人の仙女が水浴びをしています。気づかれないように川べりにいき、宝の衣《ころも》を一枚取ってかくしてしまえば、一人の仙女をあなたのかみさんにすることができます」

これを聞いた牛飼いが、急いで川べりにいくと、たしかに川面《かわも》の霧に見え隠れして七人の仙女がいて、岸辺には七枚の宝の衣が脱いであった。

牛飼いは見さかいもなく大きな声をだし、一枚の宝の衣を手にすると逃げだした。

仙女たちは恥ずかしがって、みな宝の衣をつけて空に舞いあがった。ただ一人残った織姫《おりひめ》という名まえの仙女だけが、裸のままで顔をまっかにして牛飼いを追いかけてきた。織姫は宝の衣を返してとしきりに頼んだが、牛飼いがやすやすと承知するはずはなかった。牛飼いが家に駆けもどるのといっしょに、織姫も牛飼いの家に駆けこんだ。牛飼いは織姫に見つからないように、宝の衣をかくしてしまった。織姫は宝の衣がなくては空に舞いあがることができない。しかたなく、地上の人の着物をつけて牛飼いのかみさんになった。織姫は天の上では織物をするのが得意だったので、地上で暮らすようになってからも、しょっちゅう梭《ひ》を使って機織《はたおり》をしていた。

牛飼いはかみさんがいるようになってから、牛の世話をしなくなった。老いぼれた牛は毎日、自分だけで草原へいくようになり、そのうちに病気になった。草を積みあげたわきに寝こんでしまった牛を見て、その背中をさすってやりながら、牛飼いはたいへん悲しんだ。

牛は頭をあげると、牛飼いに向かって話しかけた。

「ご主人さま、わたしはもうじき死にます。わたしが死んだら、わたしの皮を剝《は》いで黄砂《こうさ》を入れて包み、それからわたしの鼻の綱をはずしてしばりなさい。その包みを背負っていれば、いつでも、困った時に手助けをします」

牛はそう話しおわると、息を引きとった。この牛のおかげで過ごした十数年の苦労を思い、牛飼いはこらえきれずに大声をあげて泣いた。そして泣きながらも、牛の言い残したとおりに皮を剝いで包みを作った。

それから二、三年のうちに、織姫には娘一人と息子一人が生まれた。そのあいだにも、織姫はくりかえし宝の衣のしまってある場所を牛飼いにたずねた。しかし、牛飼いはいつもことばをにごし、話をそらすばかりであった。

そこでこんどこそ聞きだそうと、織姫は牛飼いに話しかけた。

「わたしの宝の衣は、いったいどこにかくしたのですか。わたしたちのあいだにはもう娘も息子もいるのですから、置き去りにして逃げたりはしませんよ」

そう言われると、牛飼いはそれもそうだと思い、笑いながら答えた。

「もうぼろぼろになったかもしれないけど、戸口の土台石の下に埋めてあるよ」

織姫は戸口に走っていき、土台石をのけると、宝の衣を取り出した。ぱっと広げてみると、まだきらきらと光りかがやいていた。姫はそれを身につけると、すぐさま空に舞いあかった。牛飼いはあわてて息子と娘の手をつかみ、織姫のあとを追いかけようとしたが、空に舞いあがることができないので、どうにもならない。

あせった牛飼いが、おもわず背中をたたくと、手のひらが牛の皮の包みにあたった。すると、親子三人はたちまち空に舞いあがり、織姫のあとを追いかけることができた。

牛飼いの親子が自分に追いつきそうになったのを見ると、織姫は頭から金のかんざしを抜き、うしろに線を一本引いた。すると、そこに白い波のさかまく大きな川が現れた。

ところが、牛飼いの背負った牛の皮の包みから、とつぜんたくさんの黄砂がこぼれ出して川のなかに落ち、あっというまに土手ができた。牛飼いの親子は、その土手の上を走って川を横ぎり、さらに追いかけることができた。

またも牛飼いの親子が自分に追いつきそうになったのを見ると、織姫は頭から金のかんざしを抜き、うしろに線を一本引いた。こんども、そこに白い波のさかまく大きな川が現れた。牛飼いの背負った牛の皮の包みには、もうこぼれ出す黄砂がなかった。しかたなく、牛飼いが包みをしばってあった綱を急いでほどき、川の東がわにほうり投げると、綱はちょうど織姫の首にからみついた。織姫は身につけていた機織の梭を手につかみ、牛飼いに向かって投げつけたが、牛飼いが体をかわしたので当らなかった。

こうして二人がやりあっている時、とつぜん天上から白いひげをはやした神仙が、杖をついて現れ、二人に向かって言った。

「わたしは天帝の命令を受けて、おまえたちの仲裁にやってきた。織姫よ、おまえは川の東がわに住むがよい。牛飼いよ、おまえは川の西がわに住むがよい。しかし、これでおまえたちの縁が切れるわけではない。年に一度、七月七日の夜だけは、川の東がわで会うのを許すことにする」

天帝の命令とあっては、それに従わないわけにいかない。

あなたがたが満天に星のかがやく秋の夜空を仰ぐと、ひとすじの天の川が横切っているのを見るだろう。その天の川は、織姫が金のかんざしで線を引いた時にできた川である。織姫(織女)と牛飼い(牽牛)の星は、それぞれ天の川の東と西にあって、きらきらと光っている。織姫のそばにある小さな星は牛の綱がなったもので、牛飼いのまわりにある星は子どもたちと機織りの梭がなったものである。

牛飼いが毎日食事で使ったどんぶりは、一日一つずつ、すべて織姫に洗わせるために残しておく。年に一度、川を渡って二人が出会う夜には、織姫がどんぶりを洗いおわると、夜が明けてしまうという。

毎年、七月七日には、雨が降らなければいいのだが、雨が降れば、それは牛飼いと織姫の流す涙だといわれている。

(一) 牛――この話の最初の方の原文では「水牛」となっているが、途中からは「牛」としか書いてないので、すべて「牛」と訳した。揚子江流域以南では、耕作には水牛を使うことが多い。

(二) 十数年――原文には「十数日」とあるが、意味が通らないため改めた。

13　蛙の息子

——名月の夜に海へ消えた蛙の息子（江蘇省）

秋はいつでも雨がふっているのだろうか。

海べに近い村の西のはずれにある家に、おじいさんとおばあさんが暮らしていた。二人は五十をすぎたのに、まだ子どもがいなかった。ふだんはそれほどさびしいとは思わないけれど、こんなに長雨がふりつづくと、気持はふさぐばかりであった。

二人がそんな気持でいるところへ、一匹の蛙が入りこんできて、入口のしきいに両手をかけ、家のなかをながめまわしていた。

それを見たおばあさんが、ため息まじりに言った。

「ああ、わたしたちにもあの蛙ほどの息子でもいたらいいのにね」

その時、外の雨はいっそう強く降りだし、家の前でニワトリがときをつくった。

おばあさんは、もう夜があけたのだと知って、台所へかまどの火を入れにいった。

おばあさんはかまどの前に腰をおろし、たきぎを燃やしはじめた。

さっきの蛙は、しきいの上にあがってみてから、あっちへこっちへととびはね、おばあさんの足にとびついた。おばあさんが払い落とすと、蛙はまた這いあがってきた。

おかしいと思ったおばあさんがおじいさんを呼ぶと、おじいさんは言った。

「おまえはさっき蛙ほどの息子でもいたらいいのにと言ったじゃないか。もしかすると、この蛙はわたしたちの息子になりたいのかもしれないよ」

それを聞くと、蛙はしきりにうなずいた。

おばあさんが食事の支度をはじめると、蛙は大きな火箸を抱きかかえ、たきぎを一本ずつかまどの下に入れた。まさか蛙が、かまのお湯をわかしてくれるとは思わなかった。

おじいさんとおばあさんは驚いて顔を見あわせ、声をそろえて叫んだ。

「小さな蛙よ、おまえはほんとにわたしたちの息子だ」

それを聞いた蛙は、二人の足元でピョンピョンととびはね、ナマズのような口をあけて、ケロケロと声をたてて笑った。

それからというもの、二人が仕事をする時には、蛙はなんでもやってみようとした。そして、うまくできてもできなくても、なんでもやってのけた。

仕事がやれるようになると、こんどは住まいをこしらえた。蛙の住まいがどんなものか、想像できるだろうか。それは大きな水桶である。蛙は赤や緑のきれいな紙を見つけてきて、水桶の板に貼った。時には外で草花を二本くらい取ってきて、水桶のふちに挿したりもした。仕事のない時には、その花のかげに浮かんで、意味はよくわからないが、口のなかでケケケケと歌っていた。

おじいさんとおばあさんは、これを見て笑いながら言った。

「なかなかしゃれた花のある住まいじゃないか」

近所の人たちも、これを見ると言った。

「この蛙はずいぶん変わっているね」

こんな言葉を耳にすると、蛙は子どものように恥ずかしがり、水のなかにもぐって、じっとしているのであった。

ある天気のいい日のことであった。村の人たちが、浜べにハマグリを取りにいくことになった。蛙はやたらにとびはね、行きたそうな様子をした。おじいさんとおばあさんはしかたなく行かせることにして、近所の人たちに世話をしてやってくれと頼んだ。

浜べに着くと、ほかの人たちはみんなすぐに海へ入った。しかし、蛙は石を一つさがしだしただけで、その上にじっと坐りこんで、考えごとをしているような目つきで、波の寄せたり返したりしている海をながめていた。

日がくれるころになって、近所の人たちはそれぞれ手さげ籠に一杯のハマグリを取り、蛙のところにやってきて声をかけた。

「蛙の兄貴はどれくらい取ったかね。そろそろ戻ることにしようか」

蛙はそこで両足をつっぱり、全身に力をこめて、その石を持ちあげようとした。その石を持ちあげるのは無理だと思って、みんなは蛙だけをつれて帰ろうとした。しかし、蛙は石のそばから動こうとしなかった。

それを見ていた人が言った。

「おれが代わりに持ってかえってやろう。きっとこの石を水桶に入れて、芝居の舞台にでもしたいのだろう」

その人が代わりに石を持ってくれたのを見ると、蛙はなにか言いたそうに口を動かし、両足を大きくばたつかせて先を急いだ。

日が沈まないうちに、みんなは家に着いた。持ってきてくれた人が石を庭に置くと、蛙は両足を伸ばして抱きかかえるようにした。大きなハマグリを取ってきて手離すのが惜しいのかと思い、おじいさんがのぞきこんでみると、ただの石であった。すると、蛙はおじいさんの着物を引っぱり、石のまわりをとびはねてまわった。

おじいさんは言った。

「なにを騒いでいるんだい。家のなかに入ってサツマイモでも食べようよ」

それからも、冬の日ざしがさしこむ軒下で、蛙はいつもその石の上に坐りこんで両足を伸ばし、少し焦げたパンをかじっていた。

ある日のこと、おばあさんがわらじを作ろうとした。その石を持ってきて、石の上で藁を叩こうとすると、蛙はそばに来て叩く棒にじっと目をやっていた。

おばあさんがその棒で石の上の藁を二度叩くと、突然、あたりがパッと明るくなった。石が四つに割れて、なかから金色に輝く宝石が出てきたのだ。

家の前で日なたぼっこをしていたおじいさんは、それを見て小躍りして喜び、蛙を抱きあげて頬ずりをした。おばあさんは口をパクパクさせながら、大声をだして言った。

「よくできた息子がいるおかげで、わたしたち二人は豚肉にもご飯にも不自由しないですむようになったわ」

その日の夜、おじいさんがおばあさんに話を持ちだした。

「息子のおかげで宝石を手に入れたのだから、こんどはわたしたちが息子に嫁さんを見つけてやろう」

おばあさんも二つ返事で賛成した。

「それがいいわ。わたしも早く孫を抱きたいと思っていたの」

あくる日、おじいさんはさっそく人に頼んで、遠くの土地へいって息子の嫁さんをさがしてもらうことにした。

翌年の春になって、いよいよ嫁さんがやってきた。

日が暮れて暗くなると、小さな家のなかに二本の赤い蠟燭がともされた。おじいさんとおばあさんは家の外から中まで爆竹を鳴らして駆けまわり、おめでとうと言いあった。

嫁さんは、それにしても、自分の婿さんはいったいどこにいるのかとやきもきした。

その時、突然、水のはねる音がしたので、嫁さんが顔をあげると、ベッドの前の水桶のなかから、一匹の蛙が跳びだした。蛙は赤い糸で編んだお下げを頭の両側に垂らし、それを揺らしながらベッドに這いあがってきた。

これを見て腹をたてた嫁さんは、蛙の両足をつかんで地面に叩きつけた。

ところが、ふしぎなことに、地面に叩きつけられた蛙は、横になってひと回りころがったかと思うと、りっぱな若者に変身して起きあがった。若者は自分の脱ぎすてた黄色い皮をきちんとたたむと、夫婦のための赤い大きな枕の下に入れた。

思いがけない出来事に、嫁さんはもちろんびっくりしたし、おじいさんとおばあさんはうれしくて、天にものぼる心地であった。

毎晩、「カンカンカン」と真夜中の時をつげる板木《ばんぎ》が村じゅうにひびくころ、かみさんはいつもベッドに夫がいないのに気づいた。あくる朝になってみると、その愛する夫は布団にくるまってすやすやと眠っていた。しかし、その体は前の晩よりも少し冷たくなっている感じがした。そこでかみさんは考えた。

「そういえば年寄りたちがよく話していたわ。蛙が人間に変身すると、毎晩のように海へ遊びにいって、体の熱をさますんだって。うちの人はたしかに蛙から変身したのだから、おそらく毎晩海へいくんだわ」

かみさんがそのことをおばあさんに話すと、おばあさんは言った。

「それじゃ、あの子が眠っている時に、黄色い皮をかくしてしまいなさい」

その夜、かみさんはさっそく言われたとおりにした。蛙は皮がないために、海へ遊びにいけなくなった。

何年かたって、かみさんには何人かの子どもが生まれた。ある年の中秋節《ちゅうしゅうせつ》(一)の夜のことだった。おじいさんとおばあさんは月餅《げっぺい》をたべて、早く寝てしまった。蛙は月あかりの庭先で、かみさんに何杯かの酒をすすめた。そして、いつかの黄色い皮をどこにかくしたのかと聞いた。

かみさんは少し酔っていたので、

「あれは溝のなかに埋めたけど、もう腐ってしまったかもしれないわ」

と答えて、テーブルにうつ伏せになって眠ってしまった。

かみさんが一眠りして目をさますと、もう月はだいぶ西に傾いていた。かみさんは愛する夫の姿をさがしたが、どこにも見当らなかった。

それというのも、かみさんが眠っているあいだに、蛙は溝のなかから黄色い皮を掘りだして体につけた。そして、明るい月あかりを追いかけるように、白く光る海に飛びこんでいなくなった。

それからというもの、雨の降りだしそうな天気になると、この小さな家の東がわでは、いつも蛙のおとうさんやおかあさん、それにかみさんや子どもたちが、霧の立ちこめる海にじっと目をやっている姿が見られるようになった。

(一) 中秋節――陰暦八月十五日に「中秋の名月」を観賞し、贈答しあった月餅を食べたり灯籠をかざったりする年中行事。中国では、現在でも広く行われている。

14　竜王のくれた宝石

——音楽の好きな竜王　（江蘇省）

これからお話しする一家には、年をとった夫婦と三人の息子がいた。息子たちはみなきまった職がなく、毎日、ぶらぶらして暮らしていた。

ある日のこと、おやじさんは三人の息子に話をもちだした。

「わしもこのごろめっきり年をとった。二十いくつになるまで、のほほんと暮らしてきたおまえたちだが、いずれは女房、子どもを養わなくてはなるまい。そろそろ外へ出て師匠や友人をさがして、技《わざ》をおぼえたらどうかね」

三人の息子は声をそろえて言った。

「それじゃ、明日出かけるとしよう」

三人は、三年たったらこれこれの場所でこの日取りに落ちあって家にもどろう、と約束をした。その晩、おっかさんは大きな釜にお粥を作り、みんなでいっしょに半分だけ食べた。あとの半分は、兄弟三人が出かける前に食べるために残しておいた。

まもなく鳥の声も聞かれなくなり、家じゅうの者が眠った。

一郎は夜中すぎに目を覚まして起きだした。目をこすりながら台所へいって、お粥を何杯か食べると、大通りに出る道を歩きだした。

次郎は目を覚ましてから、手でさぐると一郎の足がなかったので跳びおきた。急いで台所へいって、お粥を何杯か食べると、大通りに出る道を歩きだした。

お日さまが草ぶきの家にあたるころ、三郎はやっと目を覚まし、見まわしてから言った。

「おや、みんなはもう出かけたのか。おれも行かなくっちゃ」

急いで台所へいって釜の蓋をあけると、お粥はほんの少ししか残っていなかった。三郎はそれも口にせず、袖口をぶらぶらさせながら、家の裏手にある小道を歩きだした。

二日二晩ほど歩いたころ、三郎は先の方でドラや太鼓がにぎやかに鳴りひびき、人だかりがしているのを見つけた。近よってみると、芝居がかかっているのであった。

三郎は夢中になって、人々のなかにかきわけて入ったり、舞台の裏へまわってみたりした。芝居の客がいなくなり、ドラや太鼓が片づけられてしまっても、三郎はそこから立ち去ろうとしなかった。

役者の一人が三郎に声をかけた。

「おまえさんはだれか待っているのかい」

「待ってなんかいないよ。おれは芝居をおぼえたいんだ」

三郎がそう答えると、その人は言った。

「いいとも。それじゃ、三枚目をおぼえるといいよ」

「それはありがたい」

というわけで、三郎は、それから役者について胡弓《こきゅう》を習いはじめた。あっちこっちと跳びはね、着物や靴がやぶれるほどになっても、胡弓をはなさなかった。木蔭で横になっている時でも、自分の膝をたたいて、むちゅうで声をはりあげていた。

三か月もたたないうちに、胡弓にあわせて歌う三郎のなめらかな節まわしは、通りかかった者までがほめちぎるほどになった。

こうして三郎は朝から晩まで好きなことをしていて、またたくまに三年という月日が過ぎさった。ある日のこと、三郎はとつぜんおっかさんのことを思いだし、地面にうつ伏せになり声をあげて泣いた。そして兄たちがもう約束の場所で待っているにちがいないから、もどらなければいけないことに気づいた。

そこで三郎は、さっそく胡弓を背負い、破れたズボンをはき、はだしのままで、夜どおし家に向かって道を急いだ。

二日間歩きつづけると、大きな海のそばに出た。あたりを眺めても白い霧がたちこめているばかりで、一隻の小船も見あたらなかった。ただ砂浜に寄せては返す波の音が聞こえるだけであった。三郎はふいに切なくなり、いっそ海に入って死んでしまおうかと思った。

だが、すぐに思いかえしてつぶやいた。

「もっと楽しんでから死ねばいいさ」

三郎は背負っていた胡弓をおろして、高い音から低い音へと弦をかきならし、のどをはりあげてわが家を思う気持を歌った。涙を流しながら、首をふり足をつっぱって歌い、おしまいには砂浜をころげまわって歌った。

三郎がころげまわって歌っていると、だれかが耳もとで呼んでいるような気がした。頭をあげてみると、つぎつぎに砕ける波がしらのむこうに、赤い着物をつけた夜叉《やしゃ》が水を押し分ける旗を手にして立っていた。

夜叉は三郎に話しかけた。

「竜王さまがおまえの歌に聞きほれたのだ。竜宮へ来て歌ってもらえないか」

三郎は返事をした。

「よし分かった。いっしょにいくよ」

夜叉が旗をあげると、海の水は両側に分かれて、波の下に広い道が現れた。三郎は夜叉のあとについて、海に入っていった。

竜王は三郎が来てくれたのを見て、とてもきげんがよかった。

「いましがた浜べで歌っていたのはおまえか。きっと腹がへっているだろう。酒をのんで食事をしてから、歌を聞かせてくれ」

その時、三郎はほんとに腹がへっていた。だから、ハゲ頭のエビが湯気のたったごちそうを幾皿も運んでくると、かぶりつくように食べた。ごちそうはおいしかったが、その中身は分からなかった。

食べおわった三郎は、のどを振るわせて歌った。竜王は二度ひげをなでただけであったが、三番目の王子はひどく三郎を気にいって、歌いおわるのを待ちかねて、いっしょに遊ぼうとさそった。

竜王のところで十何日かすごした三郎は、家へもどらなくてはとあせりはじめた。

「ここにいるのが楽しくないのかい」

王子にそう聞かれると、三郎は言った。

「楽しくないわけじゃないけど、家にいるおっかさんのことを思うとつらいんだよ」

王子は言った。

「それじゃ、明日帰ればいいさ。おとうさんは金貨か銀貨をあげようとするだろうが、それよりもおれの首にかかっている、この宝石をもらった方がいいよ。困った時には、この宝石に頼めばいいんだ」

あくる日、三郎は竜王に別れのあいさつをした。

「おまえに銀貨をあげよう」

「銀貨はいりません」

「じゃ、金貨をあげよう」

「金貨はいりません」

「では、なにが欲しいか」

「王子の首にかかっている宝石をください」

竜王はしばらく考えてから、王子に向かってたずねた。

「おまえはその宝石を三郎にやってもいいのか」

「おれはあげてもいいよ」

王子はそう言って、自分の首からはずした宝石を三郎の手に渡した。

竜王は二人の夜叉をよこして、海を出て海岸に着くところまで三郎を送らせた。

三郎は懸命になって先を急ぎ、約束の場所にたどりついた。二人の兄たちはもう十何日も前から待っていた。そこからは一日もかからずに、兄弟三人は家に着いた。

年とったおっかさんは、子どもたちのことを心配して、目が見えなくなりかけていた。子どもたちがもどってきたと聞いても、目の前に立っている三人の姿が、少しばかりの明るさのなかにぼんやりと見えるだけであった。

おやじさんの顔にも、出かける前よりずいぶん皺《しわ》がふえたようであった。そのおやじさんがひげに手をやりながらたずねた。

「一郎、おまえはなにをおぼえてきたのか」

「銅の細工をおぼえてきました」

「よかろう。次郎、おまえはなにをおぼえてきたのか」

「銀の細工をおぼえてきました」

「よかろう。三郎、おまえはなにをおぼえてきたのか」

三郎は跳びあがって答えた。

「おとうさん、おれがおぼえてきたのは芝居です」

年とったおやじさんとおっかさんは、末の子のおぼえてきたのが芝居だと聞いて、ばかばかしくてお話にもならないと落ちこんでいた。

それから三年のうちに、一郎も次郎も三郎もつづけてかみさんをもらった。

一郎のかみさんが次郎のかみさんに言った。

「三郎さんは飯を食っても金はかせがないから、胡弓を次郎さんに焼かれてしまったのに、それでも毎日、銅のたらいを叩いてバカさわぎをしているわ。子どもたちだって、おちおち眠れやしない」

一郎が次郎に言った。

「おれたちは三郎と分家しよう。何畝《ムー》しかない荒れ地を、あいつにすっかり食いつぶされないうちに手を打とう」

次郎と次郎のかみさんも言った。

「そうだね。分家は名案だ」

分家すると言われた三郎は、何本かの木の柱を引っぱりだし、一束《たば》の茅《かや》をかつぎ、割れ鍋一つを手にぶらさげ、欠けたどんぶり二つをふところに入れ、大声でかみさんに言った。

「さあ、行くぞ」

一ムーほどある荒れ地に着くと、三郎は柱を立てた上に茅をふいて小屋を建て、そこにかみさんと住むことにした。

三郎は毎日、山へいって茅を刈りとって、その日ぐらしをつづけていた。

一郎と次郎は分家してから、毎日、銅細工や銀細工の仕事に精をだして、しだいに実入りがあるようになっていた。

西北《にしきた》の風が茅ぶきの小屋に吹きつけはじめると、秋雨《あきさめ》がひっきりなしに降るようになった。

三郎は茅を刈りにいくこともできなくて、朝起きるとベッドに坐りこんでいた。鍋をのぞいても白湯《さゆ》が入っているだけで、ため息をつくとかえってさびしくなる気がした。手を叩いて一曲歌ってみるかと考えた時、ふと竜王の三番目の王子がくれた宝石のことを思いだした。

そこで、まだベッドで眠っているかみさんを揺さぶって聞いた。

「食いたいものがあるか。魚でも肉でも、好きなものを言ってみろ」

寝返りをうったかみさんは、足の上にのせてあった茅を手ではらいのけながら、鼻をならして言った。

「なにを寝ぼけたこと言ってるのさ。このところ豆腐のおからだって、なかなか食えやしないじゃないの」

三郎がくりかえして、

「肉か魚かって聞いてるんだ」

と言っても、かみさんは「この貧乏人がなにをいうか」と毒づくばかりで、まったく本気にしなかった。そした肉か魚かも決めないうちに、また寝こんでしまった。

三郎はそっと宝石をさわりながら頼んだ。

「宝石よ、宝石よ。豆腐のおからと大きな魚と大きな肉のかたまりを出してくれ」

すぐさま妖怪が現れて、左手には豆腐のおからの皿を持ち、右手には魚と肉の皿を持って、そこに置き、こう言ってから首を振って消えた。

「貧乏な男よ。さあ召し上がれ」

三郎はかみさんを起こして、豆腐のおからをあげた。かみさんはおからをがつがつ食って口につめこみ、のどにつかえるほどであった。三郎はそこで、

「さあ、こんどは魚と肉だ」

と言った。

かみさんはそれでも本気にせず、這いだしてきて皿をのぞいた。豚肉の一切れが五十ほどもあり、魚の背幅が手のひらほどもあるのを見ると、かみさんは急いで手を伸ばした。奪いとるようにして手づかみで、着物に汁をこぼしながら、腹一杯になるまで食った。

かみさんが聞いた。

「この魚や肉はいつ買ってきておいたの。わたしが盗み食いをすると思って隠しておいたんでしょう」

三郎は得意になって宝石を手にとってみせた。

「買ったんじゃなくて、この宝石に頼んだのさ。なにか欲しければ、頼めばいいんだ」

「そんな宝物があるのなら、どうして大きな家が欲しいと頼まなかったの。この小屋はもう倒れかかっているのよ」

かみさんにそう言われて、三郎は宝石をさわりながら頼んだ。

「宝石よ、宝石よ。二階建ての大きな家を作ってくれ」

すぐさま妖怪が現れて、こう叫んだ。

「貧乏な男よ。さあ住むがよい」

三郎とかみさんは、さっそく青い瓦ぶきの家に住むことになった。

ある日のこと、一郎が塀の上で家の修理をしていると、三郎が若様のような出立ちで白い馬に乗って、村のなかへと入ってきた。一郎はあわててドンドンと足踏みをして叫んだ。

「次郎、すぐに門をしめろ。三郎がよそで泥棒をはたらいて、盗んだ馬に乗っておれたちをやっつけに来たぞ」

三郎は家の前で馬から降りて、門を叩いたがあかなかった。ただ一郎のどなっているのだけが聞こえた。

「このろくでなしめ。仕事はやらないくせに、泥棒なんかはたらきやがって」

三郎は言った。

「泥棒になったわけじゃないさ。宝物を手に入れて物持ちになったんだ。うそだと思うんなら、おれの瓦ぶきの二階屋が荒れ地にできたのを見てくれ」

一郎が首を伸ばしてみると、その荒れ地にはたしかに大きな二階屋があって、日の光をあびてキラキラと輝いていた。

次郎は門をあけて、三郎をとりなすように言った。

「おまえさん、どんな宝物を手に入れたんだい」

「宝石をもらったのさ。なにか欲しければ、これに頼めばいいんだ」

「おまえさん、それをおれたちに二日間貸してくれないか」

三郎はふところから宝石を取りだし、テーブルの上でころがした。ころがした宝石が二つに割れたので、その半分を自分がしまい、あとの半分を一郎の手に渡した。それから少し話をして、三郎はまた白い馬に乗って立ち去った。

一郎は門をしめてから、半分の宝石をさわりながら頼んだ。

「宝石よ、宝石よ。大きな銀貨と小さな銀貨を出してくれ」

すぐさま妖怪が現れて、大きな銀貨と小さな銀貨を差しだして、こう言った。

「貧乏な男よ。さあ使いなされ」

一郎は眉をしかめて言った。

「うちには田畑もあれば、食うものもあるんだ。こんどからは、おれを貧乏な男と呼ばないでくれ……」

そのことばが終らないうちに、部屋のなかをつむじ風が吹きぬけ、そこにあった大きな銀貨と小さな銀貨はみんな消えてしまった。妖怪も手足を動かしてどこかへ見えなくなり、半分の宝石も窓のすきまから飛びだしていった。

三郎は家で食事をしていたが、突然、半分の宝石が空中を飛んできて頭の上を何回もまわりはじめた。ふところに入っていた残りの半分の宝石も、ゆっくりと飛びあがって、しだいに遠くなり、二羽の蝶のように上になったり下になったりしながら、海のなかへと飛んでいった。

このことがあったあと、多くの人たちは考えた。あの宝石は貧乏な男だからこそ喜んで助けたのだ、だから、うちには田畑もあれば食うものもあると一郎が言うのを聞いて、海のなかへ飛んでいってしまったにちがいない、と。

15　母恋いの洲

――珠を呑んで竜になった息子（四川省）

ずっと昔、四川省西部の平原が、ひどい日照りにおそわれた。樹木は枯れ、作物は黄ばみ、水田はひび割れ、溜め池は乾あがってしまい、来る日も来る日も、まっかな太陽がじりじりと照りつけた。

ある村の小さな川のそばに、聶《ニエ》という姓の一家が住んでいた。その家には四十いくつかになる母親の聶媽媽《ニエマーマ》と、十四、五になる息子の聶郎《ニエラン》がいるだけであった。二人は少しばかりの田畑を借りて作っていたが、それだけでは食っていけず、ニエランが働きに出て、たきぎ取りや草刈りをして暮らしの足しにしていた。

ニエランは気立てがよくて、がまん強く、他人にやさしくて、母親の言いつけをまもり、村じゅうの子どもたちに好かれていた。ニエランのことをほめない者はなかった。

ある日のこと、オンドリが最初のときをつくると、ニエランはいつものように籠を背負い、草刈りに出かけた。赤竜山《せきりゅうざん》に向かう途中で、ニエランは前の日に長生《チャンション》から聞いた話を思いだしていた。なんでも周旦那《チョウだんな》のところでは、一日に千里を走る、雪のように白い馬を人からもらったそうだ。チョウ旦那は大喜びで、村の人たちに青い草を刈ってきて食べさせてくれと頼んだという。そんなことを考えているうちに、いつのまにか赤竜山に来ていた。

赤竜山のふもとには化竜溝《かりゅうこう》という谷川があって、春になって水があふれるころには、魚や小エビがたくさんとれ、川べりにはいつも青々とした草が茂っていた。ところが、いまでは河原に石がごろごろしているだけであった。

ニエランはがっかりして、もっとほかの場所に行ってみようと思った。その時、土地廟《びょう》のうしろの方で、ふと白いもののちらつくのが見えた。ニエランはびっくりして声をあげた。

「おや、うさぎだぞ」

うさぎが青い草を食べるのに気づいたニエランは、どこまでいくのもかまわず、籠を背負って、うさぎのあとを追いかけた。うさぎは臥竜谷《がりゅうこく》の崖の下までくると、ふいに見えなくなった。すると、そこに薄緑の若草がひとかたまりだけ生えていた。ニエランはとても喜んで、鎌を取りだすと、籠一杯にかつげるだけの草を刈りとった。

ニエランはつぎの日も、そこへ草を刈りにいった。ふしぎなことに、前の日に刈ったあとの草が、つぎの日にはもう伸びているのであった。

「いっそのこと、この草を持って帰り、家のうしろに植えておけば、毎日十何里もやって来なくてすむかもしれない」

そう考えたニエランは、急いでしゃがみこんで、まわりの泥を掘って草を根っこごと引き抜いた。そして立ち上がりかけた時、ふと草の根っこを掘ったあとの水たまりにキラキラ光る珠《たま》があるのを見つけた。喜んだニエランは、それを大切にふところにしまいこみ、草の入った籠を背負って戻った。

ニエランは日が暮れてから家に着いた。家ではニエマーマがトウモロコシのおかゆを作っているところであった。ニエランが戻ると、ニエマーマは責めるように言った。

「どうしてこんなに遅くなったの」

ニエランは草を掘ってきたことを話してから、ふところの珠を取りだした。すると突然、家のなかがぱっと明るくなった。珠はキラキラ光ってまぶしく、目をあけていられないほどであった。あわてたニエマーマは、米の入っているかめのなかに珠をしまった。

ニエランは夕飯を食べてから、掘ってきた草を裏の竹林のそばに植えた。

あくる日、早起きしたニエランが竹林のそばに行ってみると、どうしたわけか、あの青々とした草がすっかり枯れていた。そこで急いで家のなかに戻り、珠があるかどうかを確かめようとした。米の入っているかめの蓋をあけたニエランは、思わず大声をあげた。

「かあさん、早く来てみて」

かめのなかには米が山盛りになっていて、その上に珠がのっていた。二人はそれが宝の珠であることを知った。それからというもの、珠を米のなかに入れておけば米がふえ、銭《ぜに》のなかに入れておけば銭がふえた。銭と米がありさえすれば、もう暮らすには困らなかった。

近所の農家の人たちが食べ物に困っていると、ニエマーマはニエランにしょっちゅう米をとどけさせた。同じ貧乏人同士であったから、借りにくる者があれば、ニエランは二升や三升ならいつでも都合してやった。このうわさはたちまち知れわたった。

村の悪徳地主である周洪《チョウホン》は、横車《よこぐるま》をとおす男で、この話を聞いて番頭に言った。

「是《ぜ》が非《ひ》でも、その宝の珠を手に入れたい」

「旦那、ニエの家は貧乏人ですから、金さえ使えばなんとかなりますよ」

番頭はそう答えた。

ニエランはかしこい子どもだから、もちろんその手にはのらなかった。そこで地主と番頭はあくどい計画をたてた。ニエランがチョウの家に伝わる宝の珠を盗んだということにして、番頭と四人の用心棒をやって珠を奪いとる。もしニエランが珠をよこさなければ、しばって役所へ突きだすまでだ。

チョウ旦那の家で馬の世話をしているチャンションは、この計画を聞きつけると、こっそり抜けだしてニエランに教えにいき、早く逃げるようにと言った。

それを知ったニエランが、母親と外へ出ようとしたところで、番頭と出っくわした。

番頭はけわしい顔をして二人の前に立ちはだかり、声高に叫んだ。

「旦那の家に伝わっていた宝の珠をよこせ。いますぐ出せば許してやろう。さもなければ今日かぎり命はないものと思え」

ニエランは聞けば聞くほど腹がたち、番頭に指をつきつけて言った。

「おまえたちは旦那の威光をかさにきて、事あるごとに貧乏人ばかりいじめる。おれが宝の珠を盗んだというのなら、証拠を出してみろ」

それには取りあわず、番頭は用心棒たちに家のなかをさがしまわらせたが、宝の珠は見つからなかった。番頭は目玉をぎょろりと光らせ、こんどは用心棒たちにニエランの体を調べさせた。ニエランはとっさに珠を口のなかにほおりこんだ。

用心棒たちはあわてて叫んだ。

「しまった。ニエランが珠をのんでしまったぞ」

番頭がどなった。

「なぐり殺してやれ」

ニエランはなぐられて気を失った。そこへ近所の人たちが何十人も出てきて、番頭たちを追い返した。みんなはニエランを家のなかにかつぎこみ、傷の手当をしてやった。ニエマーマは枕元に腰をおろし、涙を流しながら自分の息子を見守っていた。

夜中をすぎて、やっと目をさましたニエランが、だしぬけに大声をあげた。

「のどがかわいた。水をくれ」

息子が口をきけるようになったのを見て、ニエマーマはとても喜び、さっそくどんぶりに水をくんできた。どんぶりを口にあてると、ニエランは一息に飲みほした。そして、もっと水をくれ、とくり返し頼んだ。おしまいには、自分で水がめのところまで這っていき、ごくごくとのどを鳴らしながら、かめの水を飲みほした。

ニエマーマはびっくりして、体をふるわせて言った。

「ニエラン、そんなにたくさんの水を飲んで、どうするの」

「かあさん、胸が焼けるように熱くて、たまらないんだ。かあさん、もっと水をくれ」

「おまえが水がめをからっぽにしたんだから、もう水はないのよ」

「それじゃ、水を飲みに川へ行くよ」

ニエランがそう言ったとたんに、空には金色の稲光《いなびかり》がはしって家のなかを明るく照らし、つづけて雷の音が鳴りひびいた。ニエランは起きあがって、外へとびだした。ニエマーマも急いであとを追った。そして追いかけながら、ますます心配になった。

まもなく目の前には、灰色の帯のような川が現れた。

ニエランは気がふれたように、水ぎわに駆けよって、ごくごくとのどを鳴らして水を飲みはじめた。その時、つづけざまに稲光がはしり、ひときわ高く雷の音が鳴りひびいた。川の水は飲みほされて半分ほどになった。

ニエマーマはニエランの足をしっかりとつかんだまま、声をかけた。

「ニエラン、いったいどうしたの」

ニエランが振りむくと、その様子はすっかり変わっていた。頭の上には二本の角《つの》が伸び、口もとには青いひげがたくさん生え、首のあたりには赤い鱗《うろこ》がキラキラと光っていた。

「かあさん、早く手を離して。おれは竜に生まれ変わって、このかたきをとってやる」

空には雷が鳴り稲光がはしり、雨まじりの大風が吹いた。川の水はあふれ、波がさかまき、静まりかえっていた大地が、突然、地響きをたてはじめた。

その時、川の近くにたいまつの火がちらついた。地主のチョウホンが手下を連れて、自分で珠をのみこんで胸が熱いニエランの腹を切りさいて宝の珠を取りだそうと、川の方へ追いかけてきたのだ。

ニエランは、仇をとるために、川べりで赤い竜に変身した。それでもニエマーマは、まだその足をつかんで離さなかった。人々の話し声が近づくのを聞いたニエランは、チョウ家の者たちが追ってきたにちがいない、と思った。

「かあさん、もう手を離して。おれは仇をとるんだ」

そう叫んでニエランは、懸命に体をもがいて川に飛びこんだ。そのとたん高い波がわきあがった。

「ばあさん、息子はどこへ行った」

チョウホンは、ニエマーマの肩をつかんでそうたずねた。

「人殺しのチョウめ。おまえに追われて息子は川へ飛びこんだのに、それでも気がすまないのか。ニエラン、おまえのかたきがやって来たぞ」

チョウホンはニエマーマを足で蹴り倒し、川べりにいってニエランの姿をさがした。

その時、赤い稲光がはしり、雷があたりに鳴りひびくと、千軍万馬のような波が逆巻いて押しよせた。チョウホンと番頭や用心棒は、一人残らず大波に巻きこまれ、水におぼれて死んでしまった。

風はしだいにおさまり、雨もいつのまにか止んだ。空がしだいに明るくなってきたころ、ニエランは水のなかから頭を出して、ニエマーマに声をかけた。

「かあさん、さようなら」

「ニエラン、おまえはいつになったら帰れるの」

ニエマーマが切ない気持でそうたずねると、揺れうごく波のあいだから、とぎれとぎれにニエランの声が聞こえた。

「石に花が咲いて馬に角《つの》が生えたら、(一)水の世界に入ったおれも家に戻れるよ」

それを聞くと、ニエマーマは息子がもう二度と戻らないことを知った。ニエマーマは悲しい気持をこらえて、大きな岩の高台に立ち、大声で呼びかけた。

「ニエラン、ニエラン……」

ニエランは水のなかでかあさんの声が聞こえるたびに、頭をあげて振りかえった。ニエランがかあさんの方を振りむいたところには、砂が盛りあがって洲《す》ができた。ニエマーマが二十四度もつづけて呼んだので、ニエランは二十四度も頭をあげて大好きなかあさんの方を振りかえった。そこで二十四もの洲ができた。

のちに人々は、そこを「母恋いの洲」と呼ぶようになった。

(一) 石に花が咲いて馬に角が生えたら——この世にありえないことの譬え。語り物などの常套句。

16　毛蟹の由来

――東海の〈蟹むかし〉（浙江省）

川にいる蟹で、はさみに黒っぽい毛の生えているものがあり、ふつうは「毛蟹《けがに》」と呼ばれている。この毛蟹には、どうしてそんな毛が生えているのだろうか。

その由来については、一つの物語がある。

むかし、一匹のずるい猿と一匹のおろかな蟹がいた。

ある日のこと、蟹がはさみを広げて握り飯をかかえ、それに口をつけて少しずつ食べていた。猿はそれを見ると、蟹のそばにいって声をかけた。

「おい、おまえの握り飯を、おれの桃のタネと取りかえっこしないか」

「おれの握り飯はふっくらしておいしいし、おまえの桃のタネは固くて苦いじゃないか。取りかえっこなんかしないよ」

蟹がそう返事をすると、猿は笑いながら言った。

「おい、おまえの言うことは少しまちがっていないか。握り飯なんて、いくらおいしくたって食ってしまえばそれっきりさ。桃のタネを川岸に埋めて育てれば、三年たつとたくさんの桃がなって、食いきれないほどになるぞ」

これを聞いて、それもそうだと思った蟹は、猿の言うとおりに取りかえっこをした。

蟹は桃のタネをはさんで持ちかえると、自分の住みかの穴に近い川岸に埋めた。

猿はといえば、手に入れた握り飯をすぐに食ってしまった。

やがて桃の木からは新しい芽がぐんぐん伸びて、木はだんだん大きくなった。

三年たつと、たくさんの桃がなって、川岸のあたりにいい香りをまきちらした。蟹は二本のはさみを振りまわし、こおどりして喜んだ。

しかし、みごとな桃はみんな高い枝になっていて、木にのぼれない蟹にはもぐことができなくて、眺めているしかなかった。

そこへまた、猿がやってきて蟹に話しかけた。

「おい、おれはおまえをだましはしなかったろう。これだけの桃があれば、おまえは半年も食っていられるじゃないか」

「でも、おれは木にのぼれないし、喜んでもむだなんだよ」

蟹がそう答えると、猿は、

「それじゃ、おれが木にのぼってもいでやろう」

と言って、するすると桃の木にのぼった。そして木の枝に腰をおろすと、猿は大きな口をあけて、ぱくぱくと桃を食いはじめた。

木の下にいた蟹は、あわてて叫んだ。

「おいおい、それはおれの桃なんだぞ」

「だって、木にのぼってくれと言ったのはおまえだろう」

猿の返事を聞いて、蟹はようやくだまされたのに気づいたが、がまんするしかなかった。

しかたなく蟹は、猿に頼んだ。

「それじゃ、おれにも桃をいくつか投げてくれ。おいしいやつを食わせてくれないか」

猿は蟹をばかにしたように笑うと、ひとつかみの桃のタネを蟹に投げつけた。タネをぶつけられた蟹は、顔が青なじみになり、はさみが腫れてしまった。

怒った蟹は、はさみを使って木の根っこをゆさぶり、木の上にいる猿を振り落としてしまおうとした。腹を立てた猿は、木の上からとびおりて、蟹をつかまえようとした。

蟹はあわてて自分の住みかの穴に逃げこんだ。猿は体が大きすぎて、どんなにむりをしても蟹の穴には入れなかった。

そこで、猿は蟹の穴の入口にお尻を当て、穴のなかにしっぽを突っこむと、めちゃくちゃに振りまわした。穴のなかでしっぽをよけていた蟹は、とっさに思いつき、固くて力のある大きなはさみを使って、すきをうかがって猿のしっぽをしっかりとはさんだ。

猿はあまりの痛さにびっくりして、死にものぐるいでしっぽを抜きとった。猿はなんとかしっぽを抜きとったものの、たくさんの猿の毛が蟹のはさみにくっついて残った。

こうして、おろかな蟹がずるい猿を思いがけなくやっつけることができた。

このことがあってから、猿は蟹を見ると遠くの方からよけるようになった。

蟹はといえば、そんなわけで、はさみにたくさんの猿の毛がつき、おまけに年ごとにふさふさしてきた。そして代をかさねるうちに、特別な蟹の一種である毛蟹となった。

17　魚売りと仙人

——仙人から真珠をもらった李子長（広東省）

李子長《リーツーチャン》が魚を仕入れて売るのを商売にするようになってから、もう何年かたっていた。ふだんのリーは、ほかの同じ仕事をしている仲間たちと、とくに変わったところはなかった。

ある夜のこと、リーは夢のなかで、門の前にある石の獅子が、明日、八人の仙人が街に現れ、ここを通ると話しているのを聞いた。仙人ならば人に幸せをさずけてくれるだろう。それなら明日、仙人たちが通る時に、出ていって頼んでみよう。ことによると、なにか幸運を手に入れられるかもしれない、とリーは考えた。

夜が明けると、リーはあてにはならないと思いながら門の外で待っていた。お昼ごろになって、何人かの乞食が通りをとぼとぼと歩いてきた。リーが数えてみると、まちがいなくちょうど八人であった。これは仙人たちが身なりを変えているのだと分かって、リーは乞食たちが家の前まで来た時に、ひざまずいて必死に頼んだ。

「仙人さま、仙人さま、どうか貧乏なわたしをあわれんで、少しばかり幸運をさずけてください」

「おれたちだって、これからよそさまに物乞いにいくところなんだ。おまえにやれる幸運なんてあるものか」

そう答えながら、乞食たちはつぎつぎに通りすぎていった。

たまたま最後の一人がおくれて歩いていたので、リーはその着物の裾を両手でしっかりとつかんだ。みんなはそのまままっすぐ歩いていき、リーもあとについてまっすぐ歩いていった。町の外に出ると、あいにくそこには大きな川が流れていて、行く手をじゃましていた。みんなは道がないのを見ると、つぎつぎに川のなかに飛びこんだ。

最後の一人はリーが手で引っぱっているため、川に飛びおりることができなかった。その人は困ってしまい、ふところから二つの真珠を取りだしてリーに渡し、こう言いきかせた。その真珠の一つを門の前にある石の獅子の口にくわえさせる。もう一つは身につけておき、毎日、仕入れた塩魚を真珠といっしょに水に入れると、塩魚がたちまち生きた魚に変わってしまう、と。それを聞くと、リーは大喜びで二つの真珠をもらって帰った。

家にもどると、リーは仙人の言いつけどおり、一つの真珠を門の前にある石の獅子の口にくわえさせた。いまでも、家や宮殿の門の前にある石の獅子が、片方の獅子の口にいつも石の玉をくわえているのは、この時からはじまったのだという。

ふしぎな真珠を手に入れたつぎの日、リーは塩魚を仕入れて、さっそく仙人に言われたとおり試してみた。たくさんの塩魚を真珠といっしょに水に入れると、ほんとにどれもこれもみんな飛びはねて、いましがた海や川で網にかかったばかりのように生きかえった。リーはまったく有頂天《うちょうてん》になった。

それからというもの、毎日がこんなぐあいで、しだいにリーは大金をかせぐようになった。同じ仕事をしている者たちは、リーが塩魚を買って生きた魚に変えているのを知って、だれもがおかしいと思っていた。そのうちの一人が、こっそりリーのあとをつけていき、なにをやるのか見とどけようと思った。

その日、リーはいつものように塩魚のはいっている水に真珠を入れた。それを物かげから見ていた仲間は、リーのやり口がはっきりしたので、手をのばして真珠を奪いとろうとした。とっさのことに、リーはあわてて真珠を口のなかにほうりこみ、おもわず飲みこんでしまった。

これ以後、リーは塩魚を生きた魚にすることはできなくなった。しかし、もっと別のふしぎですばらしい技を手に入れた。

リーがいいかげんに紙に書きつけた人や動物、あるいは小さな草や小鳥が、どんなものでもすぐに生きている姿に変えられるようになった。このうわさはあっというまに遠くまで広まり、その絵を欲しがる人が日ましにふえて、リーのかせぐ金は以前よりも多くなって、ますます裕福になった。

リーの知り合いに、とても貧乏な男がいた。家に女房がいないために、気のどくに外で働きながら、家事もやらなくてはならなかった。そこでリーは、この人のために一枚の女の人の絵を書いてやり、それを部屋の壁にかけておけば、毎日かわりに家事をやってくれるようにしてやった。

つぎの日、その人は朝起きると、女の人の絵を壁にかけた。そして必要なたきぎや米や油や塩をかまどのそばに出しておき、自分は竹の籠をかついで山へたきぎを取りにいった。昼にもどってきてみると、部屋には手のこんだ食事の支度がきちんとしてあって、すぐに食べられるようになっていた。

こうして何日もたったころ、その人は、絵のなかの女の人がほんとうの女に変わっていっしょに暮らしてくれたら、もっと楽しいのにと思った。そこでリーをたずねて相談すると、こうすればいいと教えてくれた。明日は家にもどるのをいつもより早くする。そして女の人がかまどで食事の支度をしているうちに、あの絵をこっそりかくしてしまえば、二人はいっしょに暮らせるようになる、と言った。

翌日、その人はリーに言われたとおりにして、女の人を女房にすることができた。やがて月日がたち、たくさんの子どもや孫が生まれ、二人も年をとって髪がまっしろになった。

ある時、女房の誕生日に、その人はずっとしまってあった絵を出してかけ、子どもや孫に拝ませようとした。ところが、それを見た女房はあっというまに絵のなかにもぐりこみ、影も形も見えなくなった。

リーにはいっしょに暮らしている娘が一人いて、年ごろになっていた。おくさんが毎日のように口うるさく言っても、リーは娘に嫁入り道具の支度をしてやろうとしなかった。娘が嫁にいくことになると、リーは二枚の絵を書いて嫁入り道具として持たせた。一枚はお日さまの絵で、もう一枚は蟹の絵であった。リーはおくさんに向かって、この二枚の絵はとても大切な嫁入り道具で、ほかのどんな物よりも役に立つと自慢した。

娘がその二枚の絵を持って夫の家へ行くと、ほんとうにたくさんの役に立つことがあった。たとえば、大雨がふりつづいて町じゅう水びたしの時に、お日さまの絵を大広間にかけると、部屋のなかにはたちまちキラキラする日の光があふれ、いつでも穀物などを広げてかわかすことができた。

また、もう一枚の絵では、毎日、蟹が絵のなかを上がったり下《お》りたりして這いまわり、潮の満《み》ち干《ひ》やその程度を、あらかじめ教えてくれるのであった。

18　海の水が塩からいわけ

――海に沈めた石臼（台湾）

言い伝えによると、むかしは海の水が塩からくなかったという。そのころの人たちは、取れる量も少なく、ねだんの高い岩塩《がんえん》を使っていた。今のように海の水が塩からくなったわけについては、こんな話が伝わっている。

ずっとむかし、ある村に母親と息子の二人がいたわりあって暮らしていた。父親は早くに亡くなり、あとに残された息子の福海《フーハイ》と年とった母親は、ひっそりとつましい生活をしていた。フーハイはまだ年のいかない子どもなのに、とても親孝行で、父親が亡くなってからは、よく母親の世話をしていた。

フーハイは雨の日も風の日も山へたきぎを取りにいき、取ってきたたきぎをかついで町へ売りにいって、米やおかずに換えていた。

ある日のこと、フーハイは弁当と鉈《なた》を持つと、母親に声をかけてから山へたきぎを取りにいった。もうじき昼になるころ、フーハイはかなりのたきぎを集めたので、草の生えた空き地で横になって一休みした。ところが、ひどく疲れていたためか、いつのまにか眠りこんでしまった。

フーハイの夢のなかで、白髪の老人がそばに来て話しかけた。

「フーハイよ、わしはおまえが親孝行な子どもだと知って、助けてやりたくて来たのだ。おまえに石の挽《ひ》き臼《うす》をやろう。おまえが『石臼よ、まわれ』と三回叫べば、たちまち塩が出てくるし、『石臼よ、止まれ』と三回叫べば、塩は出なくなる。わしの言ったことを忘れてはいけないよ」

そう言いおわると、老人は突然白い煙となって、あっという間に消えてしまった。

はっと目を覚ましたフーハイは、やはり夢だったのかと思った。ところが、振りむいてみると、なんと石の挽き臼がすぐそばにあるではないか。びっくりしながらも喜んだフーハイは、さっそく夢のなかで老人の教えてくれたとおりに、石臼に向かってつづけて三回叫んだ。

「石臼よ、まわれ。石臼よ、まわれ。石臼よ、まわれ」

すると、石臼がギーギーと動きはじめ、出口から塩がとめどなく噴きだした。あっけにとられて見ていたフーハイは、またつづけて三回叫んだ。

「石臼よ、止まれ。石臼よ、止まれ。石臼よ、止まれ」

ふしぎなことに石臼はぴたりと止まり、塩も出なくなった。

これにはフーハイも大喜びで、石臼を背負うと、飛ぶように家へかけもどった。それからというもの、フーハイはこのふしぎな石臼から出てくる塩を売ってお金をもうけ、母親としあわせな毎日をすごしていた。

さて、フーハイが塩を売ってもうけているといううわさは、すぐに根性の悪い叔父の阿魁《アークイ》の耳に入った。貧乏なフーハイがどこからそんなにたくさんの塩を持ってきて売っているのか、アークイには見当がつかなかった。

アークイはフーハイの家に駆けつけて、わけを聞くことにした。まじめな子どものフーハイは、山へたきぎを取りにいって起こったことを、すっかり話してきかせた。そして石臼を持ちだして、実際に塩を出してみせた。それを見たアークイは欲しくてたまらなくなった。

それから一か月ほどたった、月が出ていなくて風の強い晩だった。根性の悪いアークイは、こっそりフーハイの家に忍びこみ、石臼を盗みだして、そのまま海岸に向かって急いだ。よその土地へいって塩を売り、ひともうけしようとたくらんだのだ。

海岸に着くと、アークイは小舟に跳び乗り、海にこぎだした。小舟の上で、アークイは石臼に向かってせきたてるように叫んだ。

「石臼よ、まわれ」

すると石臼はゆっくりと動きはじめ、塩が噴きだした。

アークイはおもしろくなって叫んだ。

「まわれ、石臼よ。おれはもっともっと塩が欲しい」

石臼はだんだん早くまわるようになり、噴きだす白い塩もますます多くなった。そのうちに小舟の上は塩で一杯になりだした。すっかりいい気になっていたアークイは、石臼に向かって止まれと叫ぶのを忘れていた。

突然、大きな音がして、小舟は塩の重さにたえきれないで沈没した。根性の悪いアークイは石臼といっしょに海の底に沈んでしまった。

そのふしぎな石臼だけは、海の底に沈んでからも、あいかわらず塩を噴きだしつづけ、いつまでも止まることがない。その塩が海の水にとけてから、海の水は今のように塩からくなったのだという。

19　熊女房

——島で熊の女房と暮らした男（浙江省）

むかし、あるところに商人《あきんど》がいて、船に乗って海に出ていった。海に出てから何日ものあいだ風も波もおだやかで、船は少しもひどい目にあわなかった。

ある日のこと、船からずっと遠くに島影が見えた。商人は海に出てしばらく陸地を見ていなかったので、突然、小さな島を見つけた時はとてもうれしかった。さっそく船をとめて岸に跳びうつり、船のともづなを大きな岩につなぐと、島の上を歩いてみた。

この島はすべて森と草原におおわれていた。歩いていくと、木の枝から鳥がバタバタ飛びたち、人も、その足音も、あまり気にかける様子はなかった。あちこちの実のなる木にも、赤く熟した実がたくさんついていた。商人は歩きながら、手で木の実をとってのどの渇きをいやした。こうして、いつのまにか島の奥深く入っていた。

その時、たちまち黒い雲が空に広がり、にわか雨が降りだしそうになった。森のなかでは空がよく見えなかったし、まだ明るいところもあったので、商人はそのまま歩いていった。

やがて空はますます暗くなり、つづけてビュービュー激しい風が吹きだした。これはおかしいと思い、商人はあわてて海岸に向かって走った。しかし、気がせいているためか、自分の来た道が分からなくなり、しばらく走っても海岸は見えなかった。

風が激しく吹くと、あたりの木々がざわざわ揺れ、木の実がぽたぽた落ちた。そのうち大豆のように大粒の雨が降りだした。

「やれやれ、ひどい嵐になったぞ」

弱った商人は、そうつぶやきながら考えた。

「これでは船のところまで行っても乗れないかもしれない。それよりも洞穴《ほらあな》でも見つけて、しばらく中にかくれ、嵐がおさまってから船にいけばよい」

そこで商人は近くの洞穴にかくれた。

いくらもたたないうちに、雨もやみ風もしだいにおさまった。商人は洞穴を出て、船のあるところへ出ようとした。ずいぶん歩いて、やっとのことで海岸に出た。しかし、そこに船の姿はなく、ともづなだけが岩に残っていた。

商人もすっかり気落ちして泣きだした。そして泣きつづけたあげくに、疲れて寝こんでしまった。目がさめてみると、海岸ではなくて、木の葉をしいた洞穴に一人で横になっていた。どうしたわけかと思っていると、ふいに外から黒い毛の生えた熊が入ってきた。商人はこわくて体をガタガタふるわせた。

入ってきた熊は商人のそばに坐りこむと、木の葉のしたからいくつかの木の実を取りだし、目の前において食べさせようとした。

この時になって商人は、自分をくわえて洞穴に連れてきてくれたのは、この雌の熊だということにようやく気づいた。熊が襲ったりしないと分かると、商人は安心して木の実をいくつか食べた。

その日から、商人はこの洞穴で休むことになった。雌の熊は毎日、クルミや栗などの木の実を拾ってきては、商人に食べさせた。やがて商人と熊は、仲むつまじい夫婦になった。

一年たって、雌の熊に男の子が生まれた。この子は全身毛むくじゃらであったが、利口そうな顔立ちをしていた。商人も熊も、この子をとてもかわいがった。それからしばらくして、雌の熊に、こんどは女の子が生まれた。

こうして商人と熊とのあいだには、息子一人と娘一人ができた。商人にとっては、この島にいて熊の世話になっていれば、食うものも着るものも困ることはなかった。それでも、時には商人も、いつになったら帰れるのかと思うことがあった。いつになったら島の近くを通る船に出会えるだろうか。そう思うたびに、商人は海岸にいって、もしかしたら通りかかる船があるかもしれないとぼんやり海をながめていた。

ある日のこと、商人が海岸に腰をおろしてぼんやり海をながめていると、遠くの方からやってくる船が見えた。有頂天《うちょうてん》になった商人は、やたらに跳びはねながら、

「助けてくれ。助けてくれ」

と大声で叫んだ。

島に人がいて叫んでいるのを聞きつけた船の水夫は、船を島に寄せてきた。商人が近寄ってきた船の上を見ると、自分と顔見知りの友だちが何人もいるのに気づいた。

商人は目に涙をためながら、みんなにあいさつをしてから、こう言った。

「ちょっと待ってくれないか。この島にはまだ息子が一人いる。その子を連れてくるから」

そう言うと、商人は洞穴に向かって走った。

洞穴では熊が二人の子どもをかかえて眠っていた。商人は足音をしのばせて近づき、熊のふところから息子を取りあげると、物音をたてないように洞穴を出た。そして子どもを抱きかかえると、海岸に向かって懸命に走りだした。ところが、抱かれた子どもは驚いてワーワー泣きだした。その泣き声が熊の耳にとどいて、熊はすぐに目を覚ました。

熊はふところの息子がいないのを見て、何者かが奪っていったと気づいた。娘を抱きかかえた熊は、泣き声のあとを追って走った。

海岸に着いてみると、自分の夫が息子を抱いて船に乗りこむところであった。

「早く船を出してくれ」

商人がつづけてそう叫んだので、船はすぐに海岸を離れた。

「ウーウーウ……」

熊はまっすぐ立って、夫を呼び返すように前足をやたらに動かし、後足でどんどん地面を踏み、あられもなく泣き叫んだ。しかし、夫は振り返ることもなく、船は見るみるうちに遠ざかっていった。

もはや夫がもどってくることはないと知った熊は、娘をしっかりと抱きかかえ、ザヴンと音をたてて海のなかへ跳びこんだ。

20　「年」という獣

——海のかなたから来た怪獣（天津市）

ずっとむかし、ある年の大晦日《おおみそか》のことであった。

そこいらじゅうの人たちが、年寄りや子どもまでも引きつれて、よそへ行こうとしていた。災難がおこるというので、高い山の上にのがれるためであった。

そんな時、家ごとに物乞いをして歩く一人の老人が、この村にやってきた。人々はみな避難の支度でいそがしく、乞食に施しをするどころではなかった。

年老いた乞食がずっと歩いて村のはずれまでいった時、一人のおばあさんがようやくパンを一つくれた。そして乞食にこう言った。

「早くここから出ていきなさい。もうすぐ『年《ねん》』という獣《けもの》がやってくるのよ」

乞食は別に出ていこうとも思わず、おばあさんに聞きかえした。

「『年』という獣って、どんなものなんだい。それに、どうしてこんな大さわぎをしなくちゃいけないんだ」

「あんたはこわくないの。そいつが来たら、この村はすっかり水びたしになるのよ」

おばあさんがそう話してきかせると、乞食は笑いながら答えた。

「こわくなんかないさ。おれを一晩この家に泊まらせて、まっかな上着を貸してくれたら、そいつを追いかえしてみせる」

おばあさんは乞食の言い分を信じたわけではなかった。しかし、相手が言いだしたことだからと、そのとおりにすることを承知して、おばあさん自身は山の上へ逃げた。

真夜中になると、はじめは遠くの方から海鳴りが聞こえた。やがて、たくさんの馬が走るようなものすごい音となって近づいてきた。

乞食はこわがることもなく、海をじっと見つめていた。ほかには何も見えないのに、二つの赤い提灯《ちょうちん》のようなものだけが波がしらを突っきってきた。

さらに乞食が目をこらしていると、「年」という獣がほんとうにやってくるのが分かった。二つの赤い提灯と見えたのは、獣の両目が光っていたのであった。

その獣の目にうつったのは、いつもの年とちがって、村はずれの一軒の家で、戸口に赤い紙をはりつけ、庭先に明るくかがやく灯《あかり》をともしている光景であった。そこにはまっかな上着をつけた白髪の老人が、二丁の包丁を手にして立っていた。

そのうちに、老人は二丁の包丁を叩きつけて、切れ目なく鳴らしはじめた。あたりに響く音は、太鼓を叩き雷が鳴るのにも似て、まるで嵐のようであった。しまいには、たくさんの馬が走る海鳴りの響きのような獣の音までも、消し去ってしまう勢いとなった。

一部始終を目にした獣はびっくりした。これまでは、何一つこわいものを知らなかった。ただ赤い色がきらいなだけであった。ところが、この包丁を叩きつける切れ目のない音は、聞けば聞くほどこわかった。その音におどされた獣は、やむをえず向きをかえて、海のなかへ逃げもどることになった。

しばらくすると、風はおさまり波は静かになった。それからは、もう「年」という獣の姿を見ることはなくなった。

つぎの日が年のはじめの元日であった。山に逃げていた人たちは、だれもかれも村にもどってきた。いつもの年のように水害にあうこともなく、今年は村が平穏無事であるのを見て、みんなはふしぎに思った。

おばあさんが家にもどってみると、庭先には包丁とまっかな上着が置いてあり、戸口には赤い紙がはりつけてあった。しかし、あの年老いた乞食はどこへいったのか分からなかった。

この話はすぐにおばあさんの口から伝わり、村じゅうの人たちに知れわたった。その年老いた乞食は、きっと仙人が変身したもので、災難をはらい幸運をもたらすために自分たちのところへ来たにちがいない、とみんなは考えた。

それからというもの、どこの家でも大晦日には、戸口に赤い紙をはりつけ、みんなが赤い着物を着るようになった。

大晦日の夜のごちそうには、どこの家でもゆでたギョウザを食べるので、明るいうちから家ごとにギョウザのアンを包丁で叩いて作る。その物音があっちの家とこっちの家で響きあい、獣をおどかしているようになるため、「年」という獣はもう二度と現れないのだという。

III　平原と山のはざまで

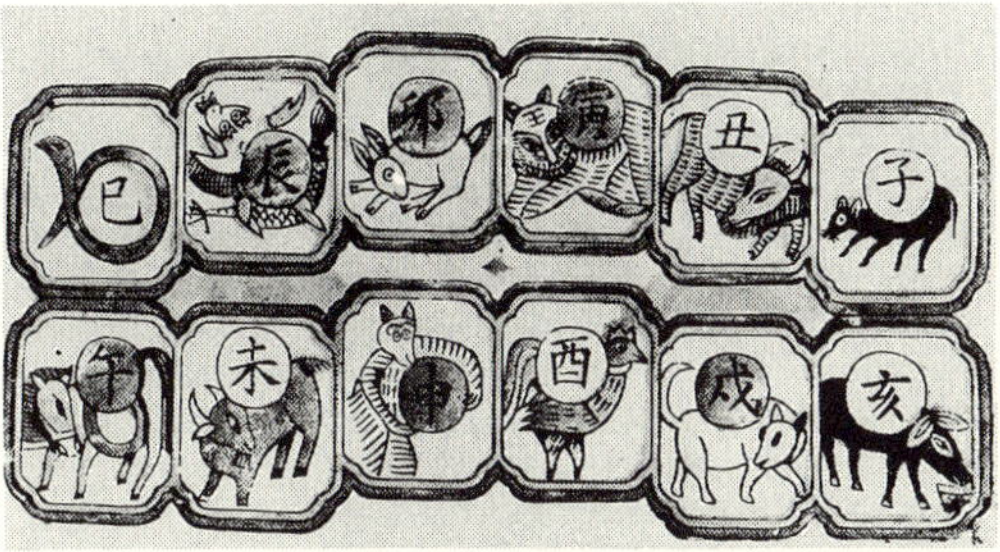

安徽省阜陽県臨泉の年画：十二支の動物

21　蛇の婿どの

――妹を殺して蛇婿を奪った姉（浙江省）

むかし、あるところに農夫がいて、娘が三人いた。かみさんは早くに亡くなり、家には年とった母親がいるだけであった。

ある日のこと、農夫は三人の娘に言った。

「あすの朝は早く出かけてしまうから、ちゃんと髪をとかし、纏足《てんそく》をするんだよ」

三人の娘は声をそろえてたずねた。

「とうさん、あすの朝はどんな仕事に行くの」

「山へ行ってたきぎを採り、川へ行って水をくむんだよ」

とうさんがそう返事をすると、また三人の娘が声をそろえて言った。

「とうさん、わたしたちは金の花や銀の花はいらないけれど、きれいな花を一つずつ髪につけたいから摘んできて」

あくる日の朝早く、とうさんは山へ行った。帰る時になって、娘たちに花を摘んでやるのを思いだし、あっちこっちとさがしたが見つからない。蛇の洞窟の入口まで行ってみると、花が三つ咲いていたので、それを摘みとった。

するとあいにく蛇に見つかってしまい、こう聞かれた。

「花を摘んで誰につけてやるんだい」

「うちのおっかさんにつけてやるのさ」

「おまえのおっかさんは年寄りだもの、花をつけはしないだろう」

「うちのかみさんにつけてやるのさ」

「おまえのかみさんはとっくに死んだじゃないか」

「うちの娘につけてやるのさ」

「娘は何人いるんだい」

「一人いるだけさ」

「一人の髪に結ぶのは一つの花、二人の髪に結ぶのは二つの花、三人の髪に結ぶのは三つの花。おまえのところには三人の娘がいるにちがいない。おれのかみさんに一人くれないか。さもないと、このざるのような口で籠のような腹に、おまえをぱくりと呑みこんでしまうぞ」

農夫は花を手にしたものの、がっかりして家にもどった。

三人の娘はとうさんの様子を見てたずねた。

「とうさん、いつもはにこにこ笑っているのに、今日はどうしてめそめそ泣いているの」

「おまえたちには話したくないんだが……。おまえたちに花を摘んでやろうとして、あっちこっちとさがしたが見つからなかった。蛇の家の前まで行ってみると、花が三つ咲いていた。花を摘んで誰の髪につけてやるのかと蛇がたずねるから、うちのおっかさんにつけてやると話したら、おまえのおっかさんは年寄りだから花をつけはしないだろうと言うんだ。おれがうちのかみさんにつけてやると話したら、おまえのかみさんはとっくに死んだじゃないかと言うんだ。おれがうちの娘につけてやると話したら、娘は何人いるのかとたずねるので、一人いるだけだと話した。すると、一人の髪に結ぶのは一つの花、二人の髪に結ぶのは二つの花、三人の髪に結ぶのは三つの花。おまえのところには三人の娘がいるにちがいない。おれのかみさんに一人くれないか。さもないと、おれのざるのような口で籠のような腹に、おまえをぱくりと呑みこんでしまうぞと言うんだ」

とうさんが話しおわらないうちに、上の娘と二番目の娘はせきこんで言った。

「たとえとうさんが蛇に呑みこまれたって、蛇のところへお嫁にいくのはいやだわ」

すると三番目の娘がこう言った。

「とうさんが蛇に呑みこまれるのは困るから、蛇のところへお嫁にいってもいいわ」

あくる日、農夫は三番目の娘を蛇の家に送っていった。蛇婿の家はとても大きくて、家のなかのものは何もかも金や銀でできていた。

農夫は家に帰ると、蛇婿の家のものは何もかも金や銀でできていて、家はとても大きく、蛇婿は三番目の娘にたいへんやさしかったことを、上の娘と二番目の娘に話して聞かせた。

三番目の娘の暮らしがそんなにすばらしいと聞くと、上の娘はすごくうらやましがった。上の娘は顔にあばたがあり、足が大きくて背も高かったが、その日、とうさんから蛇婿のところがそんなにすばらしいのを聞くと、妹をだまして殺してやろうと思い立った。

何日かたってから、上の娘はとうさんに言った。

「わたしは妹に会いに行ってくるわ」

「そうかい、それじゃ会いに行っておいで」

とうさんはそう言った。

上の娘が出かけて、蛇婿の家に行くと、ちょうど蛇婿は留守であった。妹は姉に会うと、とても親切にもてなし、お菓子をすすめた。

姉はチンチンという音を聞きつけて、妹にたずねた。

「部屋のなかでチンチンと鳴っているのは何なの」

「金と銀の蚊帳《かや》の釣り手がぶつかってチンチンと鳴っているの。金と銀の火鉢がぶつかってチンチンと鳴っているの。金と銀の洗面器がぶつかってチンチンと鳴っているの」

「台所の方でチンチンと鳴っているのは何なの」

「金と銀の柄杓《ひしやく》がぶつかってチンチンと鳴っているの。金と銀の火箸がぶつかってチンチンと鳴っているの。金と銀の火かき棒がぶつかってチンチンと鳴っているの」

聞けば聞くほどうらやましくなって、姉は妹にたのんだ。

「ねぇ、その上着をわたしに着せてくれない」

「姉さんが着たければどうぞ」

「ねぇ、そのズボンをわたしにはかせてくれない」

「姉さんがはきたければどうぞ」

「ねぇ、その靴下をわたしにはかせてくれない」

「姉さんがはきたければどうぞ」

「ねぇ、その靴をわたしにはかせてくれない」

「姉さんがはきたければどうぞ」

「ねぇ、そのスカートをわたしにはかせてくれない」

「姉さんがはきたければどうぞ」

「ねぇ、その帽子をわたしにかぶらせてくれない」

「姉さんがかぶりたければどうぞ」

「ねぇ、その髪飾りをわたしにつけさせてくれない」

「姉さんがつけたければどうぞ」

「ねぇ、そのイヤリングをわたしにつけさせてくれない」

「姉さんがつけたければどうぞ」

「ねぇ、その指輪をわたしにはめさせてくれない」

「姉さんがはめたければどうぞ」

「ねぇ、その腕輪をわたしにはめさせてくれない」

「姉さんがはめたければどうぞ」

姉は何もかも借りて体につけてしまうと、にこにこ笑いながら妹に言った。

「ねぇ、二人でいっしょに庭に遊びに出てみたいわ」

姉と妹はおたがいに先をゆずりあいながら、手をとりあって庭へ出ていった。二人は庭のなかで楽しく遊び、しばらくたってから、姉が庭のすみに井戸があるのを見つけて、

「あの井戸のそばへ行って遊ぼうよ」

と妹に言った。そして二人で井戸の方へ向かった。

井戸のそばへ行くと、姉は井戸の底に自分の姿がうつるのをのぞきながら、妹を引きよせて言った。

「おまえはきれいだね」

「姉さんこそきれいだわ」

妹はそう言いながら井戸の底をのぞいた。

「おまえはきれいだね」

姉はそう言いながら、妹を井戸のなかへ力まかせに突き落とした。

妹を井戸のなかへ突き落としてから、姉は部屋にもどった。

井戸のなかへ落ちた妹は、一羽の小鳥に姿を変えると、井戸から飛び出して、自分の部屋の軒先に止まっていた。

まもなく蛇婿がもどってきた。姉が部屋から出ていくと、蛇婿は一目見るなり、

「おまえは誰だい」

とたずねた。

「わたしはあなたのかみさんですよ」

「どうして背が高くなったんだい」

「木に登っていたからよ」

「どうして顔にあばたがあるんだい」

「籾《もみ》を入れる袋のなかで寝ていたからよ」

「どうして足が大きくなったんだい」

「しきいの上で足踏みをしたからよ」

二人がそんなやりとりをしていると、妹の姿を変えた小鳥が軒先で鳴き声をあげた。

「恥知らずの姉さん、わたしの上着を着て体が腐るわ。恥知らずの姉さん、わたしのズボンをはいて尻が腐るわ。恥知らずの姉さん、わたしの帽子をかぶって頭が腐るわ。恥知らずの姉さん、わたしの靴をはいて足が腐るわ。恥知らずの姉さん、わたしの靴下をはいて足首が腐るわ。恥知らずの姉さん、わたしのイヤリングをつけて耳が腐るわ。恥知らずの姉さん、わたしの腕輪をはめて手首が腐るわ。恥知らずの姉さん、わたしのスカートをはいておなかが腐るわ。恥知らずの姉さん、わたしの指輪をはめて指が腐るわ。恥知らずの姉さん、わたしの髪飾りをつけて頭の皮が腐るわ」

これを聞いた蛇婿はふしぎに思って、小鳥に話しかけた。

「おまえがまさかおれのかみさんじゃないだろうね。もしもおれのかみさんなら、すぐにわたしの手に飛んできてごらん」

こう言いながら蛇婿が手をのばすと、それを聞いた小鳥はすぐに飛んできた。

蛇婿はその小鳥を鳥籠に入れて飼うことにした。そして姉の方をかみさんにした。

妹の姿を変えた小鳥は、一日中、

「恥知らずの姉さん、わたしの上着を着て体が腐るわ。恥知らずの姉さん、わたしのズボンをはいて尻が腐るわ。……」

と鳴き声をあげていた。

姉はそれを聞くたびに腹をたてていたが、蛇婿がいつも家にいるので、小鳥を殺す機会がなかった。

ある日のこと、蛇婿がよそへ出かけた。姉は小鳥を水がめに入れて水死させ、さらに煮てしまうことにした。ちょうど煮ているところへ、蛇婿がもどってきた。そして小鳥がいないのに気づいてたずねると、姉はこう返事をした。

「猫におどされて死んだのよ。肉づきがよくて、つまみにするとおいしいから、煮ることにしたわ」

姉は、煮た小鳥を蛇婿といっしょに食べた。蛇婿が食べたのは肉ばかりであったが、姉が食べたのは骨ばかりであった。姉は腹を立てて、食べ残した骨を庭に捨てた。

その骨を捨てたところから、やがて一本のなつめの木が生えた。蛇婿が採りにいくとどれも大きななつめなのに、姉が採りにいくと小さなものばかり、それに蛇婿が食べるのはおいしいなつめなのに、姉が食べると虫食いばかりであった。

姉はこれにも腹を立てて、そのなつめの木を無残にも切り倒し、入口のしきいにした。このしきいは、蛇婿がまたぐと何事もないのに、姉がまたぐとつまずくのであった。

姉はこれにも腹を立てて、そのしきいをのこぎりで切ってしまい、たきぎにして火にくべた。蛇婿が火にくべるとよく燃えたが、姉が火にくべると、ぱちぱちとたくさんの火の粉が飛んで姉の目に入り、姉は目が見えなくなってしまった。

22　猿にさらわれた娘

――猿のしっぽはなぜ短いか（河南省）

ある片田舎のさびしい村に、おばあさんが住んでいた。おばあさんのところには、娘が一人と嫁さんが一人いた。おばあさんの家はとても貧乏で、挽《ひ》き臼《うす》がなかった。そこで毎朝、娘と嫁さんがきそいあって相手よりも早く起き、村にある共同の粉ひき場へ米をつきにいくのであった。

いつのまにか、そのことが山にいる猿の妖怪に知られてしまった。猿は娘か嫁さんのどちらかをさらって、ぜひとも自分の女房にしようと考えた。

そこである朝、猿はとてつもなく早く起きて、その村の粉ひき場へ走っていき、杵《きね》をかかえてやたらに臼をつきまくった。

まだぐっすり眠っていた娘は、トントン、トントントンという音ではっと目をさました。兄嫁がもう米をついていると思った娘は、急いで身じたくをして駆けつけた。

すると猿がとつぜん跳びかかってきて、娘を背負って走りだした。

猿の妖怪の住む洞穴《ほらあな》は大きな山の奥にあった。やがて猿は背負ってきた娘と夫婦になった。そして何年もたたないうちに、猿の子どもが二匹生まれた。

長く住んでいるうちに、娘はいつのまにか山奥での暮らしにもなれてきた。しかし、このまま猿との同居をつづけたいと思っているわけではなかった。だから、母親のことを思い出すと、いてもたってもいられなくなった。

ある日のこと、娘が髪をとかしていると、一羽のカササギが自分に話しかけるように、しきりに鳴いているのに気づいた。そこで娘はカササギに声をかけた。

「カササギさん、おまえに人の気持がほんとに分かるのなら、わたしの髪を結ぶもとゆいを、お母さんのところまでくわえていってちょうだい」

するとカササギは木から舞いおりて、娘のもとゆいをくわえて飛び立った。

おばあさんはいとしい娘がいなくなってから、娘のことを思って泣きくらす日が多かった。しかし、おばあさんにはどこへさがしにいったらいいのかも分からなかった。

ある日のこと、おばあさんがまた娘のことを思って泣いていると、一羽のカササギがやってきて、とくべつ大きな声で鳴きたてた。カササギの声があまりやかましいので、おばあさんは文句をつけるように言った。

「このわたしに、何かいい知らせでもあるっていうの。まさかわたしの娘の居場所を知っているわけじゃないでしょう」

おばあさんがそう言ったとたんに、一本の赤いもとゆいが木の上から落ちてきた。なんと、それはまさしくいとしい娘のものであった。

「おまえが娘の居場所を知っているのなら、わたしを連れていっておくれ」

おばあさんがそう頼むと、カササギはもとゆいをくわえ、先になって飛び立った。おばあさんはそのあとをつけて、あわてずに歩いていった。

カササギが飛んでいってからというもの、娘はいっそう母親が恋しくなり、カササギが自分の頼みをかなえてくれたらいいのにと、ずっと心にかけていた。

するとある日、とつぜんカササギが飛んできて、この前くわえていった赤いもとゆいを木の上から投げてよこした。そして役人になる試験の合格通知を知らせにきた人のように、けたたましく鳴きたてた。

なにごとかと娘は外へ出てみた。すると、あんなに恋しがっていた母親がそこにいた。

母親と娘は、出会いのうれしさを涙ながらに語りあった。

おしまいに娘が言った。

「うちの人はひどく人見知りをするから、お母さんはかめのなかにかくれていてください。わたしがちゃんと話をつけてから、うちの人に会うことにして」

そう言われて、おばあさんはかめのなかにかくれた。

しばらくすると、猿がもどってきた。

「だれか知らない人が来たのかい。家のなかによその人のにおいがするじゃないか」

猿は家のなかをかぎまわりながら、そう言った。

「うちのお母さんが来たのよ」

「どこにいるんだい」

「あなたに会うのをこわがって、かめのなかにかくれているわ」

「お母さんが来ているのなら、呼んでおいで。ぜひ会いたいから」

猿は女房の母親にとても親切にしてくれた。

それでも、娘と母親の二人は、なんとかしてここから逃げ出したいと考えていた。

「旦那さん、みなさんの目はひどくただれているようだが、わたしがよい直し方を教えましょうか」

母親がそうたずねると、猿は言った。

「それは願ってもないことです」

そこで母親は、治療のやりかたを教えてあげた。

「桃とあんずと梅のヤニをいっしょにまぜて、よく煮こんでから目につけるといいのよ」

山のなかには、たくさんの果物のなる木があった。猿は一日じゅうかかって、三つの木のヤニを大きな入れ物にいっぱいかき集めた。

母親はそのヤニを鍋にあけると、一日一晩かかってぐつぐつ煮こんだ。それから親子三人の目にそれぞれつけてやり、それから三人を山の上の日当りのよい場所へつれていって、よく乾かすようにと言った。

釣り針からはずされた魚が泳ぎだすように、母親と娘は洞穴のなかにある身のまわりの大切な物をまとめて、山から逃げ出した。

猿の親子は山の上でまる一日も目を乾かしていた。しかし、家へつれもどってくれるはずの母親と娘は、いっこうに現れなかった。どうもおかしいと思った猿は、手さぐりで谷川まで下りていき、谷川の水で目のヤニを洗いおとした。それから、子どもたちの目も洗ってやった。思いがけないことに、家へもどってみると、なかが泥棒に荒らされたように散らかっていただけでなく、女房とその母親までも「黄色い鶴に乗った仙人のように」いなくなっていた。

母親と娘は逃げかえって村へもどり、ただもううれしくてならなかった。

ところが、それからというもの、猿の妖怪がしょっちゅう村にやってきて、こう泣き叫ぶのが聞かれるようになった。

「どんな宝物もいらないから、うちの子どもたちのおっかさんが欲しいよ」

猿はいつもやってくると、子どもたちを粉ひき小屋の挽き臼の上に腰かけさせていた。それをのぞいて見ていた母親と娘は、猿の来るのがいやでたまらなかった。そこで、ある日のこと、夕方になってから臼を熱く焼いて、いつもの場所に置いておいた。

それとは知らず、その日の夜も、猿はいつものように村にやってきて泣き叫び、子どもたちを臼の上に腰かけさせた。熱くてびっくりした子どもたちは、アッと悲鳴をあげた。

「おまえたちがいやなら、おれが腰かけるよ」

わなにはまったと知らない猿は、子どもたちがふざけていると思い、お説教めいた口ぶりでそう言った。そして子どもたちを下ろしたあとへ、自分が腰かけた。

そのとたん、猿もアッと悲鳴をあげて、しっぽが焼き切れてしまった。

猿のしっぽが短いのは、そのためであるという。

23　小さなドラ

――鼻を長くされた欲ばりの兄（山東省）

ある村に一軒の家があって、兄と弟の二人が暮らしていた。兄弟は一郎と次郎といい、一郎は田畑を作り、次郎は役人になる勉強をしていた。

一郎にはもう子どもが一人いたが、次郎はまだ嫁さんをもらって一年にもならなかった。

ある日のこと、兄嫁が夫の一郎に言った。

「ねえ、あなたは知っているの。次郎は、おいしいものを食べて、きれいな着物をきて、ちっとも仕事をしていないわ。あなたったら、一日じゅうお天道様にあたり、一日じゅう仕事をやって、汗まみれになっているし、うちに帰って食事をするときだって、冷えたものを少し食べるだけで、ぼろの着物をきているじゃないの。わたしたちは、やっぱり次郎と分家したほうがいいわ」

一郎も、初めに聞いたときは信じなかったし、二度目にも信じなかったが、三度目には信じてしまった。そして次郎を呼んで話をつけ、立会人をたのんで分家を取り決めた。

次郎の分けてもらったのは、小さなこわれかけた家と少しばかりのやせた畑だけであった。

次郎は勉強をやめてしまい、一日じゅう山にいってたきぎ取りをやることにした。

ある日のこと、次郎は山神廟《さんしんびょう》に入って、山神の像のうしろで弁当を食べていた。すると、ビューと風の音がしたかとおもうと、虎と猿と狼とが廟に入ってきた。

虎が言った。

「人間くさいぞ、人間くさいぞ。人間をつかまえて、なま皮をひんむいてやれ」

狼が言った。

「人間なんかいるもんか。おまえが泥をつけてきたからだろう。みんなでごちそうを食おうじゃないか」

それから猿にむかって言った。

「それじゃ、おれたちの宝物を持ってきてくれ」

猿は廟の梁《はり》の上にのぼっていき、小さなドラを持ってきて、くりかえし叩きながらとなえた。

「ドンドン、焼き飯のスープを頼むぞ。サアサア、肉入りマントウも頼むぞ」

まもなく一人の子どもが、言われたとおりのスープや肉を運んできた。

獣たちが食べおわって、またドラをくりかえし叩くと、あの子どもが出てきて片づけていった。食事のあとが片づくと、こんども猿に小さなドラを梁の上に置きにいかせ、それから獣たちは立ち去った。

山神の像のうしろにいた次郎は、その様子をよく見ていた。そして梁の上から、その小さなドラを取って家にもどった。

次郎は、山神廟の獣たちがごちそうを出して食べたことを、かみさんに話してきかせた。それから、おなじように小さなドラを叩き、頼みごとをとなえた。すると、やはり一人の子どもがごちそうを運んできた。食べおわって、またドラをくりかえし叩くと、あの子どもが出てきて片づけていった。

それからは、次郎はたきぎ取りをやめてしまった。

ある日のこと、兄嫁が畑へ草取りにいくとき、次郎の家の窓の下を通りかかると、おいしいごちそうの匂いがした。

兄嫁は家にもどると、夫の一郎に言った。

「ねえ、あなたは知っているの。どこで泥棒をやって他人の金を盗んできたのか分からないけれど、次郎の家ではうまい酒や生きのいい魚を食っているのよ。こんどこそは、なんとかとっちめてやらなくっちゃ」

一郎はさっそく次郎の家まで走っていき、どうしたのか確かめようとした。

次郎のところではちょうど食事をしていた。一郎が来たのをみると、すぐに炕《カン》(オンドル)に上がらせ、酒や料理をすすめた。一郎はしかたなく炕に上がって、少し食べてから、こんなごちそうをどうしたのかとたずねた。

次郎は小さなドラを手に入れたいきさつを、一郎に話してきかせた。

一郎は家にもどると、次郎から聞いたことをかみさんに話した。

するとかみさんは言った。

「それじゃあ、あなたも行かなくっちゃ」

一郎はどうしようかと考えてから、やはり行ってみることにした。

山にのぼって山神廟に着くと、一郎は山神の像のうしろにかくれてじっとしていた。いくらもたたないうちに、あの獣たちがやってきた。そして廟のなかで小さなドラをさがした。ドラが見あたらないのでさがしまわった獣たちは、山神の像のうしろで一郎を見つけてつかまえた。

「おれたちの小さなドラを、どうして盗んでいったんだ。すぐに持ってきてくれ」

「おれは持っていかないよ。持っていったのは、おれじゃないよ」

一郎がそう言いわけをすると、猿が言った。

「どうしても白状しなければ、叩かれるか、ほかの罰を受けるか、どっちかに決めろ。叩かれる方は、みんなから棍棒で五十回ずつ叩かれるし、ほかの罰を受ける方は、みんながおまえの鼻をつかんで、この廟のまわりを三回ずつ走りまわるんだ」

一郎は考えてから返事をした。

「罰を受ける方がましかな」

すると、猿と狼と虎が順番に一郎の鼻をつかんで、廟のまわりを三回ずつ走りまわった。そのたびに鼻を長くされて、一郎はようやく帰してもらった。

帰ってくる途中で、長い鼻を地面に引きずるのが面倒になった一郎は、長い鼻をふところに押しこんでもどってきた。

日が沈んで、あたりが暗くなるころ、一郎はやっと家にたどりついた。

待ちかねていたかみさんは、夫の一郎が門を叩く音を聞くと、急いで走っていって門をあけた。かみさんは、一郎のふところがかさばっているのを見て、小さなドラが入っているものと思い、あわてて門をしめた。

あたふたしていた一郎は、鼻の先の方がかなりぶらさがっているのに気づかなかった。かみさんが門をしめるとき、そのあいだにぶらさがっている一郎の鼻をはさんでしまった。

一郎はあまりの痛さに、とびあがって叫んだ。

「おれの鼻の先がまだ外にあるんだ」

それを聞きちがえたかみさんは言った。

「かまわないわ。さあ、早くなかに入ってごちそうを食べましょう」

「鼻の先がまだ外にあるんだ。早く持ってきてくれないか」

一郎にそう言われて、門をあけてみたかみさんは、外に引きずっている一郎の鼻がとしも長いのにやっと気づいた。

一郎は山神廟でおこった出来事を、かみさんにくわしく話して聞かせた。かみさんは、弟の次郎のところにたずねていって頼んでみた。

「なんとかなるだろう。おれが行ってみるよ」

次郎はそう言って、小さなドラを手にして兄の一郎の家に行った。一郎の家に着くと、小さなドラを叩きながら、次郎は唱えごとをくりかえした。

「鼻よちぢめ、鼻よちぢめ」

一郎の鼻がだんだんちぢみはじめるのを見ていた兄嫁は、せきたてるようにして、

「そのドラをわたしによこして」

と言って、手ではドラを休みなしに叩きながら、口では、

「鼻よちぢめ、鼻よちぢめ」

と唱えつづけた。

おしまいには、あまりに勢いがつきすぎて、一郎の頭までも体のなかにちぢんで入りこんで

しまった。

びっくりした兄嫁はあきれて、こう言った。

「裏の方に置いて、ニンニクをつぶす擂《す》り鉢《ばち》にでもするわ」

24　狼

——育てた狼に襲われた老人（山東省）

むかし、平度県《へいどけん》のあたりにこんな話が伝わっていた。

ある山あいに一人のじいさんが住んでいた。そのころは人家《じんか》も少なく、あっちに一軒こっちに一軒といったぐあいで、まだいまのような村はなかった。

狼ばかりはやたらに多かったが、じいさんの家ではみんな死んでしまい、ほかにはだれもいなかった。

それでも、じいさんの家はとてもにぎやかであった。じいさんは犬、羊、猫、兎を一匹ずつ、それにニワトリとアヒルを二羽ずつ飼っていた。餌をやる時になると、ニワトリが鳴き、犬が吠え、羊がメーメーと声をあげるので、そのさわぎは遠くの方まで聞こえるほどであった。

ある日のこと、じいさんは山へたきぎを取りにいって、岩の割れ目に落ちていた狼の子どもを助けてやり、そのまま家へ連れてかえった。

「生き物をあやめると、とがめがある」と信じているじいさんは、狼を縄でつなぎ、首に小

さな鈴をつけてやった。そして朝から晩まで、

「黒や、黒や」

と呼んで、とてもかわいがった。

毎日、きちんと餌をやり、時には市場の帰りに肉を買ってきて食べさせたりもした。

そうこうしているうちに、狼はしだいに大きくなり、牙《きば》も伸びはじめてきた。

ある時、じいさんが、いつものように市場の帰りに肉を買ってきて食べさせてやった。すると狼は、その肉だけでは足りなくて、じいさんの手に牙を立て、血が出るほどかみついた。

「わしは、おまえの体を育てたけれども、おまえの心を育ててやることはできなかった。おまえを放してやるから、これからは自分で食い物をさがすんだ」

じいさんは、そう言いきかせると、さっそく狼を放してやった。

その二日あと、じいさんはまた市場へ行き、帰るのが夜になった。

家まではまだ半里ほどもあるあたりで、鈴の音がするのを聞いた。川べりから一匹の狼がおどり出たので、はっとして見ると、それはじいさんが飼っていた狼であった。

「黒じゃないか」

じいさんはそう叫んだが、狼はいきなりじいさんにとびかかった。年のいったじいさんには、防ぎとめる力はなかった。狼は二度三度とびかかって、じいさんを押し倒した。そして爪でそ

の腹をかき裂き、肝《きも》とはらわたを食ってしまった。

25　十二支の由来

——猫はネズミを、オンドリは竜を憎む（浙江省）

ずっとむかしは、まだ十二支《じゅうにし》で生れ年を呼ぶことはなかったそうだ。のちに玉皇大帝《ぎょっこうたいてい》が十二支を決めたのだという。

玉皇大帝は人々に十二支の動物を決めてやるさいに、天上で十二支選びの大会を開くことにして、いろいろな動物に大会を開く知らせを伝えさせた。

そのころ、猫とネズミはとても仲のよい友だちで、ほんとの兄弟みたいに、いっしょに暮らしていた。十二支選びの大会を開く知らせが猫とネズミのところにとどいた時、猫もネズミも大よろこびで、いっしょに大会に出ようと話しあった。

みんなも知っているように、猫はよく居眠りをしている。そのことは猫も自分で承知していたから、大会のある前の日に、前もってネズミに頼んでおいた。

「弟分のネズミよ。知ってのとおり、おれは居眠りをしていることが多い。あした、大会にいく時に、もしもおれが眠っていたら、声をかけて起こしてくれないか」

猫の旦那が遠慮がちにそう頼むと、ネズミは胸をたたいて答えた。

「安心して眠っていていいよ。時間になったら、おれがきっと起こしてやるから」

「それはありがたい」

猫の旦那はネズミにお礼をいうと、ひげをなでてから、安心して眠りこんだ。

ところが、あくる朝になると、ネズミは早起きして食事をすませ、独りっきりで天卜にあがってしまった。ぐっすり寝こんでいた猫には、声をかけてもやらなかった。

話はかわるが、清水の湧く淵のなかにいる竜の兄貴のところにも、ある日、十二支選びの大会を開く知らせがとどいた。

竜は生れつき威厳があり、体じゅうがキラキラ光るうろこにおおわれ、おまけに大きな鼻と太くて長いひげがある。こんどの大会ではおれが選ばれるのは当然だ、と竜は考えていた。しかし、その竜の兄貴にも弱みはあった。頭の上がつるんとしていて、りっぱな角が生えていないのだ。これでおれにりっぱな角《つの》さえあれば申し分ないのだが、と竜は思った。

あれこれ思案して、竜は考えを決め、借りた角を頭につけることにした。

淵のなかから竜が頭を出したところ、ちょうど目の前に大きなオンドリがいて、胸をつきだし、ゆったりとした足どりで岸べを歩いていた。そのころ、オンドリの頭にはまだ二本の大きな角があった。竜の兄貴は、それを見てすっかり気に入り、いそいで泳いでいき、オンドリに声をかけた。

「ニワトリのじいさん、おれはあした十二支選びの大会にいくので、その角を借りて頭につけたいんだけど、どうだろう」

「おお、竜の兄貴かい。あいにくだが、あしたは、おれも十二支選びの大会にいくんだ」

ニワトリのじいさんがそう答えると、竜の兄貴は言った。

「ニワトリのじいさん、おまえの頭は小さいし、その大きな角はまったく似あわないから、おれに貸した方がましだよ。おれのこのつるんとした頭には、その角みたいなものがよく似あうと思わないかい」

するとその時、石のあいだからムカデが這いだしてきた。ムカデはとてもおせっかいやきで、竜の兄貴の話を聞いて口をはさんだ。

「ニワトリのじいさん、竜の兄貴に角を一度だけ貸してやったらどうだい。心配だというなら、おれが保証人になってもいいよ」

ニワトリのじいさんは思案のあげく、この角がなくても自分はそれほど見劣りしないのだからと、ムカデに保証人になってもらい、竜の兄貴に角を貸してやった。

つぎの日、天上では盛大な十二支選びの大会が開かれ、いろいろな動物が勢ぞろいした。まず玉皇大帝が大会を開く主旨を話した。それから選ばれた十二の動物は、牛、馬、羊、犬、イノシシ、ウサギ、虎、竜、蛇、猿、ニワトリ、ネズミであった。

玉皇大帝はどうしてこれらの動物を選んだのだろうか。たとえば、ニワトリを選んでアヒルをやめたのはなぜか。虎を選んで獅子をやめたのはなぜか。玉皇大帝がどんな理由でこれらの動物を選んだのかは、まったく分かっていない。

十二の動物が選ばれてからの、もう一つのやっかいなことは、それらの順番をどう決めるかであった。そのさい、この決め方をめぐっても争いがあった。とくに誰をはじめにするかについては、いろんな意見が出た。

玉皇大帝が、

「おまえたちのなかでは牛がいちばん大きいから、牛を一番目にしたらどうか」

と言うと、だいたいの動物が納得し、虎も賛成した。

ところが、小さなネズミが親指を立てて異議を申し立てた。

「実をいうと、おれは牛よりも大きいんだ。いつもおれが人間の前に出ていくと、みんなは『おお、このネズミはとても大きい』と言う。それなのに、『おお、この牛はとても大きい』と言うのを、これまで聞いたことがない。だから、人間の受けとり方からすると、おれの方が牛より大きいことが分かるのさ」

ネズミのこの言い分には、玉皇大帝もまったく判断がつかなくて、こう言った。

「まさか、そんなことはあるまい。わしにはその理由が分からない」

猿も馬も口をそろえて、それはネズミの大ぼらだと言った。

だが、ネズミはなおも自信ありげに言いはった。

「信じられないと言うのなら、試してみたらどうだい」

ニワトリと犬とウサギと羊などは、試してみるのがいいと言った。

玉皇大帝もこれに賛成し、十二の動物を連れて下界にやってきた。

事実はたしかにネズミの言うとおりであった。大きな水牛が目の前を通っていく時でも、人々は、この牛が肥えていてりっぱかどうかを話題にした。しかし、誰一人、「この牛はとても大きい」などとは言わなかった。その時、ずるがしこいネズミが、牛の背中に這いあがって、両足で立ちあがってみせた。すると、驚いた人たちがさっそく、

「おお、このネズミはとても大きい」

と言った。

玉皇大帝は、この驚く声を自分の耳で聞いたので、眉をしかめながらも仕方なく言った。

「たしかに、人間はネズミが大きいと言っている。それじゃ、ネズミを一番目にして、牛には二番目でがまんしてもらおう」

こんないきさつでやっと決まったので、現在の十二支では、ネズミが一番目、牛が二番目と

なっている。

一番目となったネズミは、すっかり有頂天《うちょうてん》になってもどってきた。

まだ眠気のさめない猫は、それを見てふしぎそうに聞いた。

「弟分のネズミよ、どうしたんだい。今日は十二支選びの大会はなかったのかい」

ネズミは得意満面で答えた。

「まだ夢でも見てるのかい。十二支選びの大会はとっくに終わって、十二の動物がもう決まったんだよ。おれはその第一番になったのさ」

猫の旦那はひどくうろたえ、目を丸くして問いつめた。

「じゃ、どうしておれを連れていかなかったんだい」

ネズミは矛先をかわすように言った。

「忘れてしまったんだよ」

カッとなった猫の旦那は、ひげをピンと立てて大声でどなった。

「チビ野郎め、でたらめを言うな。きっと起こしてやるからと、おまえがうけあわなければ、おれだってぐっすり寝こんだりはしないさ。大切な機会をだめにされたんだから、ただではすまないぞ」

ネズミは、自分のまちがいを認めようとはせず、そしらぬ顔で言った。

「ふん、ただではすまないだって。声をかけてやるのは善意で、声をかけてやらないのは本《ほん》音《ね》なのさ。それにおれはおまえの召使ではないよ」

こうなると、もう猫の旦那もがまんがならなかった。ハアハアと荒い息づかいをしながら、突然、歯をむきだしてネズミにとびかかり、がぶりと頭にかみついた。ネズミはうしろ足をピクピクさせ、チュチュとふた声だして息を引きとった。

それからというもの、猫とネズミはたがいを目のかたきにして憎みあうようになり、今に至るまでそうしている。

さてニワトリのじいさんは、十二支選びの大会からもどったけれど、どうもおもしろくなかった。玉皇大帝が竜の兄貴を自分より先の方に並べたのは、あの角《つの》のせいのような気がした。とにかく角を取りかえしてこようと考えた。

ニワトリのじいさんが清水の湧く淵までくると、竜の兄貴が勢いよく泳ぎまわっているところであった。そこで、ていねいな口ぶりで言った。

「竜の兄貴、その角を返してくれないか」

それを聞くと、竜はぎくりとして取りつくろうように答えた。

「おお、ニワトリのじいさん、そんなに角が入り用なのかい。正直のところ、おまえさんは角のない方が見かけがいいじゃないか。それに、おれには角がどうしても入り用なんだよ」

ニワトリのじいさんは、この返事に大いに不満であった。

「竜の兄貴、どんなに角が入り用だからって、他人に借りたものは返すべきだろう」

竜の兄貴もちょっと返答にこまり、しばらくは口ごもっていた。だが、急にていねいな口ぶりになって、ニワトリのじいさんにあやまった。

「ニワトリのじいさん、すまないね。おれは今、一休みするところなんだ。このことは、あとでまた話すことにしよう」

そう言いおわると、ニワトリのじいさんの返事も待たずに、竜の兄貴はだんまりを決めて水の底にもぐりこんでしまった。

ニワトリのじいさんは、とても腹をたてて羽根をばたつかせ、淵のそばで必死に叫んだ。

「竜の兄貴、角を返してくれ。竜の兄貴、角を返してくれ……」

しかし、竜の兄貴は淵の底にかくれてぐっすり眠りこみ、取りあおうとしなかった。

ずっと叫びつづけたニワトリのじいさんは、声をからして疲れてしまい、しかたなく保証人のムカデのところへ話をつけにいった。

ニワトリのじいさんはころがった石のあたりでムカデを見つけ、竜の兄貴が角を返さないいきさつを話してきかせてから、こう言った。

「ムカデの先生、あなたは保証人なんだから、この始末をつけてもらいたいのさ」

ムカデは上を向いて考えてから、ぐずぐず言いわけをした。

「おれは竜の兄貴がきっと角を返すと思っていたんだ。ほんとに返す気がないとしたら、おれにだって打つ手はないよ。ニワトリのじいさんには、分かってほしいな。竜の兄貴が水のなかにかくれてしまったら、おれにはどうにもならないってことを」

ニワトリのじいさんは顔をまっかにして怒りだして言った。

「だけど、あの時、保証人になると言いだしたのはおまえじゃないか。困ったことになると責任のがれを言うなんて、そんな保証人があるもんか」

ムカデの先生も負けてはいなかった。

「ニワトリのじいさん、それは少し話がちがうよ。もともと角を貸すのは、自分で言いだしたんじゃないか。おれは口をはさんで、何かあった場合の保証人になっただけさ。それに、おれだって竜の兄貴が信用できないなんて考えもしなかった。こんなことになるのが分かっていたら、保証人にはならなかったよ」

ニワトリのじいさんは怒りをこらえて聞いた。

「それじゃ、おまえはどうしろって言うんだ」

「おれかい、おれが思うには、どうしても返してもらえなければただ後悔するしかないさ。おまえがよくも考えずにやったのが、バカだったんだよ」

ムカデがそう言うと、ニワトリのじいさんは目を丸くしてつめよった。

「後悔するしかないって」

「そうさ、はじめによく考えてからやればよかったんだ」

自分の生き死にがかかっているとも知らず、ムカデはそう言った。

ニワトリのじいさんは顔をまっかにして怒っていたが、首を伸ばしたかと思うとムカデの頭をついばみ、何べんも振りまわしてから呑みこんでしまった。

それからというもの、いつも夏になると、オンドリが庭すみでムカデをついばんでいるのを見かけるようになった。それに毎朝、夜が明けるころ、ニワトリのじいさんが失くなった角を思いだし、のどを振りしぼって、こう鳴くようになった。

「ロンコーコ、チアオホアンオー(竜の兄貴、角を返してくれ)」

26　猫と虎とネズミ

――虎に木登りを教えなかった猫（福建省）

言い伝えによると、虎は百獣の王といわれる前には、鹿よりもおとなしく、牛よりものろまで、豚よりも分からずやで、いつも猿や狐にばかにされていた。

さらに言い伝えでは、虎の皮はもともとまじりけのない黄色で、黒い縞模様はまったくなかったが、猿や狐にひっかかれたり嚙みつかれたりしたために、あんなにたくさんの黒い傷あとができたのだという。

虎はこれ以上ひどい目にあうのはがまんできないので、猫をたずねて技《わざ》を身につけることにした。そのころ、猫は獣たちの先生役であった。猿にひっかくのを教え、狼にかみつくのを教え、犬にかぎまわるのを教え、牛になめてみるのを教えたのも、猫であった。

しかし、その猫も虎に教えるのは気がすすまなかった。それというのも、これまで猿や狼や犬や牛は、技をおぼえてしまうと見向きもしなくなり、猫が先生であることも忘れてしまうのであった。

虎がいくら頼みこんでも、猫は相手にしなかった。

虎は先生につくことができなくて、がっかりした様子でしっぽを垂らして立ち去った。ネズミの家の前を通る時、おしゃべりのネズミがたずねた。

「虎の兄貴、どうしてそんなにがっかりしているんだい」

虎は涙を流しながら、

「おれは技がないために、いつもばかにされているんだ」

と答え、猫に先生になってもらえなくて残念だとネズミに話した。

ネズミはなかなか頭の回転が早く、悪知恵にたけていたから、ちょっと考えていい方法を思いついた。ネズミは猫の家とのさかいの壁に穴をあけ、虎を自分の家に朝から晩までかくまってやり、猫が子どもに技を教えている時にこっそり見させることにした。

この方法はけっこう効き目があった。ところが、あいにく子どもの猫がまだ小さくて、親猫はとびかかる、ひっくり返す、引きちぎるという三つの技しか教えていなかった。虎は二、三日見ただけで、すっかり覚えてしまった。

二日たって、虎は猫に出会った。虎はふざけて猫を「お師匠さん」と呼び、覚えたばかりの三つの技をその場でやってみせた。猫はおかしいと思って、いったいだれに習ったのかとたずねた。虎はほんとのことをそのまま話してきかせた。

虎がそんな手間をかけてまで技を覚えようとしているのを知り、猫は同情して言った。

「惜しいことに、それじゃ始めとおしまいがなくて、真ん中を覚えただけだよ。それだけじゃなくて、全部を覚えることができたら、百獣の王になれるんだけど」

虎はしきりに頭をさげて、全部の技を教えてくれるようにと猫に頼んだ。

そこで猫はまず、かぎまわること、かみつくこと、なめてみること、ひっかくことを教えた。しかし、虎はしんぼうが足りず、かぎまわることとかみつくことは八、九割覚えたものの、なめてみることとひっかくことは四、五割しか覚えなかった。

おしまいに、猫はとっておきのいばる技を教えてやった。いばるというのは大した技で、目をむき、毛を逆立て、しっぽを高くあげ、威厳を示すと、百歩はなれた敵もけおされて動けなくなるのであった。虎もこの技がとても大切なことは知っていて、ほかの技を覚えるよりも真剣であったから、完全に身につけたといってよい。

こうして虎は猫の弟子となったので、猫をたいへん尊敬して、出かけるときには猫を背中に乗せて歩いた。

ところが、ネズミがまた口をすべらして、通りすぎた虎をうしろからからかって言った。

「猫が先生で、虎は弟子。でっかい体のくせに、ちびを乗せている」

虎はたくさんの技をおぼえたものの、あいかわらず豚のように分からずやであった。ネズミがそう言ったのを聞くと、腹がたってむかむかした。

ある日のこと、いつものように猫を背中に乗せて出かけた虎は、猫が気を許したすきに地面へふり落とした。それから猫にとびかかって、体じゅうをひっかき血だらけにして、死にそうな目にあわせた。猫はあわてて木の上にかけのぼった。この技だけがまだ虎に教えてなかったのは、猫にとってほんとに幸いだった。

虎は眺めているだけで手の出しようがなく、石の壁によりかかってどなりちらした。

「死んだ猫は木につるせ。死んだ猫は木につりさげろ」

猫も負けずにどなりかえした。

「死んだ虎は壁にかけろ。死んだ虎は壁にぶらさげろ」

猫と虎が仲たがいをしたのを知って、ネズミは危険を感じ、夜のうちに逃げだして山をおりた。そして昼は外に出ないようにし、夜になると出てきて食べ物を盗んでたべた。しかし、猫から逃げきるわけにはいかなかった。あとを追って山からおりた猫は、ネズミを爪でひっかけてかみつき、腹のたしにした。それからは、山の上では虎が百獣の王となった。

いまでも猫と虎とネズミはあいかわらずかたき同士だし、いまでも虎は木に登れない。またいまでも、人々は死んだ猫を木につるし、打ちとった虎をしばらく壁にかけておいてから皮をはぐのである。

27　きこりと虎

――虎のトゲを抜いてやったきこり（湖北省）

ずっとむかし、山のなかの一軒家に、おっかさんと息子が住んでいた。おっかさんは目が悪いため、息子が毎日、山へたきぎを取りにいっておっかさんの世話をしていた。

よその人たちは、息子のことを「きこりの兄貴」と呼んでいた。

ある日のこと、きこりは朝早くから山へいった。おっかさんは獣に気をつけるように、あぶない崖のふちには行かないようにと、くりかえし言いきかせた。きこりは安心して待っているようにとおっかさんに言い、鉈《なた》と背負子《しょいこ》を持って出かけた。

日が暮れかかってから、きこりはたきぎをたばねて山をくだり、山の中腹にある岩場でたきぎをおろしてひと休みした。涼しい風が吹いてきて、おもわずうとうと眠った。

突然うなり声がしたかと思うと、草むらをかきわけて一匹の虎が目の前に跳びだしてきた。

きこりは十いくつかになるが、これまで虎を見たことがなかったため、目をむいて気をうしなってしまった。

しばらくして気がつくと、虎が自分のすぐそばにかしこまって腰をおろしていて、体のしま模様まではっきり見えた。跳びだしてきた虎が、おれを襲わないのは何かわけがあるのではないか。そう考えたきこりは、思いきって声をかけてみた。

「おい、おまえはおれを食おうとしているのか」

虎が首を横にふるので、きこりはこうたずねた。

「それじゃ、なにか困っていて助けてもらいたいのか」

こんどは、虎が三回、首をたてにふり、そのあとで口を大きくあけた。

きこりが立ちあがってそばに行ってみると、虎ののどには三本のトゲがささっていた。ヤマアラシを食べた時に刺さったものであった。

きこりは虎の口に手をつっこんで抜きとろうとしたが、さすがにこわくなってやめた。それからたきぎを切る鉈を使い、注意ぶかく引きぬいた。こうして長い時間をかけて、三本のトゲを引きぬいてやった。

虎は軒先の水みたいにたまっていた黒い血をどっと吐きだすと、きこりに向かってしっぽを振ってみせた。そして大声でほえると、勢いよく跳びあがって山にもどっていった。

家で息子の帰りを待ちくたびれていたおっかさんは、独り言をつぶやいていた。

「息子はいつも日暮れにはもどるのに、今日は太陽が山のむこうに沈んでも姿をみせない。

けがでもしたのか、虎にでも出っくわしたのか」

おっかさんがいらいらしているところへ、きこりがたきぎを背負って家に入ってきた。台所にいっておこげの粥をすすりながら、きこりは虎のトゲを抜いてやったことをおっかさんに話した。二人はふしぎなこともあるものだと言いあった。

夜もふけたころ、家のうらの方でものすごい地響きがして、それから大きな岩が山から崩れおちたような音がした。おっかさんは山崩れかと思い、急いで息子を起こすと、桐《きり》の油の灯《あかり》をともして見にいかせた。

戸を開けると、虎が坂の上に腰をおろしていて、目を提灯《ちょうちん》のように光らせていた。下の方を見ると、大きな肥えた豚がおいてあった。そこできこりは大声をだした。

「おっかさん、心配はいらないよ。おれの助けた虎が豚を持ってきてくれたんだ」

おっかさんは手さぐりで戸口までできて、虎に話しかけた。

「まあ、ほんとにやさしい虎なんだね。うちにはたった一人、このきこりの息子がいるだけだし、そんなに人の話が分かるのなら、うちへ来て二番目の息子になって、助けあってやってくれたらいいのにね」

それを聞くと、虎は坂の上からおりてきて、おっかさんのまわりを回りながら、いつまでもしっぽをふっていた。

こうして虎はほんとにこの家に住みつくことになった。

虎は何日置きかに山へ行っては、獲物を口にくわえてきた。みんなで食べることもあり、時には売りにいくこともあった。きこりが山へたきぎを取りにいく時は、虎は戸口に腰をおろしておっかさんの相手をした。

ある日のこと、おっかさんは弟分の虎の頭をなでながら、ためいきまじりに言った。

「ねえ、おまえのおかげでうちの暮らしも少しはましになったけど、兄さんは十八、九になるのにお嫁さんがいないんだよ。こんなあばら家では、いつになったらお嫁さんがもらえることやら」

虎はそれを聞くと、ふいと立ちあがって、どこかへ行ってしまった。

山から帰ったきこりは話を聞いて、おっかさんにぐちをこぼした。

「ほんとに人間の欲にはきりがないんだね。こんなにうまくいっているのに、おっかさんがよけいなことを言うから、弟分の虎は腹をたてていってしまったんだよ」

虎はいくつもの山をこえて、よその県にやってきた。

このあたりの金持同士の結婚式があって、嫁入りの行列がにぎやかな楽隊や爆竹とともに進んでいた。花嫁のかごが人里離れた山あいの平地にさしかかった時、突然、虎が草むらから通りに跳びだした。花嫁のかごや嫁入り道具をかついでいた者から送り迎えの人たちまで、びっくりして転げたり這ったりしながら逃げて散りぢりになった。

虎はかごの戸をおしあけて花嫁の腕をくわえて引きだし、首を横にひねって背中にのせると走りだした。川を渡り山を越え、長いことかかって百里ほどの道のりを走り、まっくらやみのなかを虎はもどってきた。

おっかさんは虎が人をくわえてもどったと聞いて、大声で言った。

「なんてことをしたの。おまえはまだ獣の本性が変わらないから、こんなひどいことをやったのね」

娘はとっくに気を失っていたが、さわってみるとまだ大丈夫そうで、傷もなく血も出ていなかった。おっかさんは息子を呼び、急いでショウガ湯を沸かして娘に飲ませるように言った。

気がついた娘は、虎がそばにいるのを見て、びっくりして泣きだしたので、おっかさんが言いきかせた。

「この虎はうちの二番目の息子だけど、気性がやさしくて、人を傷つけたりはしないから、こわがらなくていいんだよ。貧乏がいやでなかったら、うちで暮らして、上の息子の嫁になってくれないかね」

おっかさんは親切だし、息子はまじめで顔立ちがいいのを見て、娘ははにかんで笑いながら承知した。

こうして兄貴は結婚したし、嫁さんがおっかさんの相手をしてくれるのを見とどけて、弟分の虎は山にもどっていった。

娘が虎にさらわれてから、両方の金持の家では県の役所に訴えでた。

結婚式をやったのに金も人もなくした男の家では、女の家で悪い了見《りょうけん》をおこし、ほかの金持に鞍替えをさせたくて途中で娘をよそへやったのだろう、と言った。

女の家では、花嫁のかごに乗れば嫁ぎ先の家の者になったも同然で、顔が気に入らなくて途中で娘を売ってしまったにちがいない、と言った。

両家の言い分はそれぞれにもっともらしかったが、生きているにしては人間がいないし、死んだにしては死体がなく、県の役人にはどちらとも判断がつかなかった。

半年近くたったころ、山のむこうの土地で最近おこった出来事が、うわさとなって伝わってきた。虎のさらってきた花嫁が、山のなかに住む男のかみさんになったというのだ。

両方の金持の家では、こんどはその県の役所に訴えでた。県の役所では下っぱの役人をやってきこりをつかまえて来させ、裁判にかけてよその家の女を力ずくで奪ったという重い罪にしようとした。

おっかさんは居ても立ってもいられず、一日に三度も手さぐりで近くの山にのぼり、泣きながら大声で叫んだ。

「弟分の虎よ、兄さんがひどい目にあっているんだ。早く助けにきてくれ」

きこりは法廷で実際に起こったことをありのままに話した。役人はそれを信用せず、合図をする拍子木《ひょうしぎ》でテーブルを叩いてどなった。

「でたらめを言うな。虎が花嫁をさらってくるなんてことが、この世にあってたまるか。それがほんとなら、その虎を証人として呼べ」

ところが、その虎が言われたとおり山を下りてくることになった。役人が虎を裁くと聞いて、町なかには物めずらしさで人が集まってきた。

虎が大通りをやってくると、みんなはこわがってつばめが飛ぶ時のように道をあけ、店のなかにかくれて戸のすきまからのぞいていた。虎はゆっくり歩いていって役所の門をくぐって入ると、きこりのそばに腰をおろして取り調べを待った。

きこりはこう言った。

「これがおれの弟分の虎で、花嫁はこの虎がさらってきたのです。お役人さま、どうか正しい裁きをお願いします」

役人は法廷にいながら、虎がこわくて体や手足をふるわせていた。そしてこれまでの事実を認めるしかないと判断して、娘をきこりのかみさんとする判決をくだした。

虎はきこりを家まで送っていき、おっかさんと嫁さんに挨拶をしてから、戸口を出てどこへともなく姿を消した。

無事平穏な日々がつづいて、三年たった時、遼《りよう》（一）の軍勢が中原を侵し、兵士や軍馬の動きがあわただしくなった。皇帝は告示を出して、軍隊をひきいる有能な人物をさがすことにした。たきぎを売って米を買うために町へ行ったきこりは、役所の前の告示に人だかりがしているのを見て、その囲みに割って入った。聞けば、遼の軍勢が中原に攻め入り、多くの土地を占領して人々を捕まえたり殺したりして苦しめている、この時にあたって勇敢な人材をつのるために、告示を出したのだという。

番をしていた小役人は、体ががっちりして堂々とした様子のきこりを見て、山のなかにいる有能な人物にちがいないと思い、さっそく声をかけて中へ連れていき、役所でごちそうをしてもてなした。兵隊をつのっていると思っていたきこりは、そこで皇帝の告示は軍隊をひきいる人物を求めているのだ、と聞かされた。

戦いの状況はさし迫っており、十日以内に都にいって皇帝の命令を受けとらなければならないという。きこりは家へもどってからも、その大役が果たせるかどうか気がかりで飯ものどを通らなかった。するとかみさんが言った。

「うちには山のなかにいる弟分の虎もいるわ。山へ行って弟分の虎をさがして、助けてもらったらどうかしら」

きこりは弁当をもって山に入り、大声で叫びながらあちこちさがしまわった。

「おい、弟分の虎よ。きこりの兄貴が来たぞ」

三日三晩歩きまわって、大きな石の洞窟の前でようやく虎をさがしあてた。きこりは告示の出ている話をして、こう言った。

「いっしょに山を下りて、おれが軍隊をひきいていくのを助けてもらえないか」

虎はきこりに向かって首をたてにふり、しっぽも振って、それを聞き入れる気持をあらわした。その場に腰をおろした虎は、きこりを背にのせると、風のように走って山を下った。家に着くと、みんなが喜んでくれた。かみさんは虎にこう言った。

「ねえ、うちの亭主はたきぎを取るくらいしか能のない人だから、軍隊をひきいていくなんてできやしないわ。こんどの戦いはあなただけが頼りなのよ」

虎はかみさんに向かっても、くりかえしうなずいた。

都にいき皇帝の命令を受けとって指揮官となったきこりは、兵士や軍馬をひきいて辺境のとりでに向かった。そのあとには、まっかな絹を身につけた弟分の虎が、何百頭もの虎をしたがえてつづいた。

戦いの行われている地域に着くと、まだ陣地も作らないうちに、遼の軍勢の方から攻めこんできた。きこりはぬきんでて大きな馬にまたがって指揮をとり、弟分の虎もひときわ大声でほえて虎の群れに号令をかけた。

何百頭もの虎がいっせいに敵軍に跳びかかっていった。

遼の軍勢は、虎の爪にかかって死ぬ者もあれば、踏みつぶされて死ぬ者もあり、かろうじて残った者たちは泣きわめきながら逃げて散りぢりになった。

それからは虎の群れが戦線に出ると、ネズミが猫に出会ったように、敵は戦わずに逃げてしまい、占領されていた中原の土地はすべて取り返すことができた。

戦いに勝った軍隊が都にもどると、皇帝はきこりの功労に報いるために「平遼王《へいりょうおう》」の位《くらい》を与えた。

きこりは皇帝に向かって、虎にも位を与えてほしいと頼んだ。

「こんどの戦いに勝ったのは、何よりも弟分の虎のおかげなのです」

そこで皇帝は虎に「山林の王」の位を与えた。しかし、虎を役職につけるわけにもいかないため、大臣の計らいで皇帝にみずから「王」（二）の字を書いてもらい、それを虎の額に貼りつけることにした。

きこりは都で役人になる気持はなかったので、皇帝にこう言った。

「年とった母親が家におりますため、その世話をしたいと存じます。これからも辺境に事が起こった時は、わたしたち兄弟がまた馳せ参じて国のために尽力いたします」

そして、きこりは虎にまたがって、山のなかの家にもどった。

虎は「山林の王」となって、山の奥深くへ入っていった。

（一）遼――現在の中国・東北地方に北方民族の建てた契丹（九一六～一一二五）は、国号を遼と称した時期が長く、南方に対峙する宋（北宋、九六〇～一一二七）とは、交戦と和議をくり返した。

（二）「王」の字――中国で魔除けのために子どもにつけさせる虎頭をかたどった帽子や布靴では、虎の象徴として「王」の字の縫い取りがされている。

28 山羊の王さま

——山羊におびえる虎（内モンゴル自治区）

むかし、あるところに大金持の旦那がいた。肉がなくては食事にならず、毎日、一匹の羊をつぶしていた。

旦那が羊飼いを呼びつけると、すぐに返事があった。

「何かご用で」

「今朝はあの雄《おす》の山羊《やぎ》（一）を引き止めておけ。あとでつぶすから」

旦那はそう言いつけると、中庭へ包丁《ほうちょう》を研ぎにいった。

羊飼いの方は、家畜の囲いを開けにいくと、ちょうどその山羊に出会った。山羊は起きあがって待つと見せて、羊飼いの近づく前に、首を横に振ってパッとひとっ飛びし、囲いの外へと逃げ出した。

山羊はどこまでも走りつづけて、山のなかへ来た。

その日、山羊は山の中ほどで草を食べていると、虎に出っくわした。

「こいつはまずいぞ。むざむざ餌食《えじき》になるのか」

山羊がそう思っていると、虎の方では山羊をながめて気をもんでいた。

「うん、こいつは小さくとも見くびっちゃいけねぇ。おれより威勢がいいから、手ごわいかもしれないぞ」

いきなり声をかけたのは虎だった。

「おまえさんは何者だい」

「おれのことかい。まあ聞いてくれ」

と言って、山羊は歌いだした。

頭が大きくて耳が長い、
山のなかではおいらが王さま。
昨日食ったのは虎三頭、
今日は羊を何匹食おうか。

「その頭に突き出ているのは何だい」

「虎を突き刺す刺股《さすまた》さ」

「その足のあいだにさがっているのは何だい」

「虎を食う時に味が薄いので、塩をさげているのさ」

それを聞くと、虎は受け答えするどころか、逃げ腰になっていた。

すかさず山羊が大声で叫んだ。

「おお、おまえさん、こっちへ来てくれないか。今日は大王さまがちょいとお出かけしたいんだが、人足《にんそく》がいなくて困っていたところだ」

なんと剛《ごう》の者《もの》の虎が、耳をたれてうなだれ、そこにしゃがみこんだ。

山羊は虎にまたがると、たてがみを口でくわえ、四つの足でしっかりと胴をはさんだ。虎は山も谷もおかまいなく、どこまでも走りつづけた。

空を飛ぶものも、地を駆けるものも、虎を見るとみな驚きあわてて、どこかに逃げ隠れしようとした。虎はそれでもまだ「頭が大きくて耳が長い」ものをこわいと思いこみ、あわてふためいているのであった。

足が痛くなり走るのがつらくなった虎は、白い泡を口からだらだら流しながら、こんなことを考えた。

「今日は運が悪く、山の中の王さまなんぞに出っくわして、引きずりまわされてしまった。何とか振り落として、早く逃げてしまいたいものだ」

山羊の方はまた、こう考えていた。

「こんな目にあって、もう頭がくらくらする。何とかして虎の背中からおりて、生きのびる手立てを見つけなくっちゃ」

ちょうど行く先に大きな柳の木があった。虎はここぞとばかり、

「木のそばまで行ったら、急に腰をよじって、こいつをぶつけて殺してやれ」

と思った。山羊の方はまた、

「木のそばまで行ったら、思いきって飛びあがり、木に移ってしまおう」

と思っていた。

木のそばまでやって来て、虎が腰をよじると、山羊はその勢いをかりて飛びあがり、ふたまたの枝に乗りうつった。

「やれやれ、これでひとまず片《かた》がついたぞ」

山羊はそう思ってほっとした。

虎は谷川ぞいに逃げていって、猿に出会った。

猿は木の上で桃を取って食べていて、下を見ると、虎が体から湯気をたて、大汗をかきながら走ってきた。

「虎の兄貴じゃないか。どうしたんだい」

猿が声をかけると、虎は足をとめて、首を横に振りながら、

「ああ、ひどい目にあったよ」

と言い、逆に猿にたずねた。

「おまえに聞きたいけど、山のなかでいちばん手ごわいのは誰だい」

「そりゃあ、虎の兄貴に決まってるさ」

「いやいや、おれは今しがたまで山のなかの王さまをのせていて、もう足が折れてしまいそうなんだよ」

「それはどんな奴だい」

「頭には二本の刺股《さすまた》が弓なりに伸び、銀の糸で織った上着を着ているんだ。話し方はゆっくりで間延びしていて、泣いているのか笑っているのか分からない……」

「えっ、それなら分かった。雄《おす》の山羊だ。さあ、いっしょに行こう。あいつをスープでも飲むみたいに兄貴に食べさせてやるから、おれに任せてくれ」

「うん、おまえもこれで油断はできないからな。いざとなればおまえは木に登れるし、おれだけがひどい目にあわされるんじゃないか」

「そんなに心配かい」

と言いながら、猿はひらりと木から飛びおりて、虎に言った。

「さあ、これが藤のつると棒っ切れだ。これでおれをおまえのしっぽにしばりつけてくれ」

言われるままにしばりつけると、そのままの格好で歩きだした。谷川を渡ってから窪地を過ぎ、坂を登ると、山羊がまだ木の上にいるのが見えた。

「ほら、まちがいなくあいつだ」

猿がそう言っても、虎はもうそれ以上前へ進まなかった。

山羊は虎と猿が来たのに気づくと、あれこれ考えた。

「まずいことになったぞ。猿は木登りはお手のものだし、身軽で器用だから枝につかまって鳥を捕まえることだってできるし……」

ところが、よく見ると、猿は虎にしばりつけられているではないか。山羊は安心して声をはりあげ、見えをきって歌った。

　おお、烏拉山《うらさん》の西の臥羊台《がようだい》から、(一一)
　猿よ、よくぞ来てくれた。
　昨日は虎が三頭だったのに、
　今日はどうして一頭なのさ。

これを聞いた虎は、

「この野郎め、おれを借金の穴埋めに連れてきたんだな」

と言い、すばやく体の向きをかえると、走りだした。ひとっ跳びで十何里も突っ走り、棒っ切れがちぎれて、やっと止まった。

猿はといえば、引きずられるままで離れることもできなかったので、虎の足元に倒れたっきりであったが、だいぶたってからようやく目を開けて、こう歌った。

虎の兄貴に食わせてやりたいばっかりに、
猿の毛並みを磨きあげることになろうとは。
桃の棒っ切れがちぎれてくれなければ、
こっちはとっくにあの世ゆきさ。

(一) 雄の山羊——原文は「老羖胡」。「胡」は初出では「鬍」、あごひげのこと。原注に「雄の山羊をさす言葉。このあたりの雄の山羊はたいへん威厳があり、二本の角がまっすぐ上に伸びて一メートルほどもあり、きわめて特長のある外観をしている」とある。大きな角をもち、雄に目立つあごひげのあることからすると、中央アジアから中国の西北にかけて棲むアイベックス(中国名、北山羊)をさすかと思われる。アイベックスは岩地に棲み、機敏で跳躍力にすぐれ、崖に登ることが巧みであるという。

(二) 臥羊台——原注に「地名。内モンゴルの西部にあり、包頭とオルドスの中間にあたる」という。

29　岩の戸よ開け

――葦の花で宝の山を開く（山東省）

いつのことであったか、地下に埋もれている宝をさがしに、南の地方からやってきた人たちがいた。山のなかでも、土の下でも、その人たちには手に取るように見えるのであった。

その人たちは長白山《ちょうはくざん》（一）をぐるりと一まわりして、この山に埋もれているたくさんの宝をさがしあてた。百姓の使う物なら何でもあって、しかも金でできているということであった。

山のふもとの小さな村に一軒の家があった。一家の主はもう年をとっていたが、一年中、山で牛を放し飼いにしたり、畑仕事をしたりしていた。その男はかねがね、この広い山にはきっと宝があるにちがいない、と考えていた。

いま南からきた目のきく人たちの話を聞くと、自分の考えていたとおりなので、何とかして一つだけでも宝を手に入れたいものだと思った。男は贈り物を買いこんで、南からきた目のきく人たちをたずねた。そして山のなかで宝をさがす方法を教えてもらいたいと頼んだ。

南からきた人たちは、男にこう話してくれた。

「正直な心の持ち主だけが、山を開いて入ることができる。山を開くにはカギが入り用だが、そのカギは一つしかなくて、しかも毎年、葦に姿を変えて沼のほとりに生える。その葦は、葉がきっちり九枚で、風がなくともひとりでに揺れているのでわかる。山を開く運をもっている人なら、九九《くく》八十一本の葦を数えるうちにきっと見つかる。見つけたら刃物を使わずに素手で抜く。しかも根をつけたままそっくり抜きとらないと、山を開くことができない。山を開くのは夜中の子《ね》の刻《こく》で、ニワトリが三べんトキをつくるのを聞いたら、すぐに山から出なくてはいけない。持ちだせる宝は一つだけで、よけいに取ったり、時間を過ぎたりしたら、山のなかに閉じこめられて、それっきり出られなくなる」

　男は山を開くやり方をくわしく聞いたが、家に帰ってからは誰にも話さなかった。しかし、畑仕事も手につかないし、家にいても落ちつかなかった。矢も楯もたまらなくなって、沼のほとりへ九枚の葉の葦をさがしにいった。

　びっしりと生い茂った葦をかきわけて、ようやく見つけた。何べん数えても葉は九枚、よく見ると風がないのにたしかに揺れている。男は銀のお碗でも拾ったように喜んで、それを根こそぎ抜きとった。そして人に見つかってあやしまれたりしないようにと、包みかくして家へ持ちかえった。

　やがて日も暮れて真夜中になった。九枚の葉の葦を山の岩にちょっとかざすと、ガラガラという音をたてて、山が大きな口を開いた。

男がかけこんでみると、なかには誰もいなかった。そばの壁には、鍬《くわ》や鎌や鋤《すき》やつるはしがかかっていた。下にはテーブルや椅子やベッドや戸棚が並べてあった。手でさわってみると、どれもこれも金でできていて、偽物《にせもの》は一つもなかった。

男はいちばん重くて、いちばん持ちやすい物をさがそうと思った。九回もぐるぐるまわってみたが、物が多すぎて、とても見きれなかった。

何を持ちだすか決めかねているうちに、ニワトリが最初のトキをつくった。ようやく一頭の金の牛を見つけて引きだすことにしたが、男は何かもう一つ持ちだしたいと思った。南からきた人たちに一つしか持ちだせないと言われたのを忘れたわけではなかったが、見張り番がいるわけではないし、出口までいってからもう一つ取って、すばやく出てしまえばいいだろうと思った。

男がそう思ったとたんに、金の牛は急に歩くのがのろくなった。もう一つの物をあれかこれかとえらんでいるうちに、ニワトリが二つめのトキをつくった。金の牛はどんなに引いても、速く歩こうとはしなかった。出口に近づいてから、男が壁にかかっている鍬を取って肩にかつごうとしたところ、金の牛はもう釘づけされたように、一歩も動かなくなった。

ニワトリが三つめのトキをつくると、男はあわててしまった。金の牛を引きだすか、鍬をかついでいくか、とっさには決めかねた。すると突然、出口の方からギギーときしむような音が聞こえた。さては出口がしまるのか、閉じこめられてはたいへんと、男は何も持たずにすっとんで跳びだした。その時、出口は大きな音をたてて合わさった。

男は一晩がかりで駆けずりまわったのに、一つの宝も持ちだせなかった。自分が欲ばったせいと分かるだけに、かえすがえすも残念でならなかった。

その日だけは仕事を休んだが、男はもう一度山に入って、こんどは欲ばらずに一つだけにしようと思い、また南からきた人たちをたずねた。

南からきた目のきく人たちに、男は山での宝さがしのいきさつを包みかくさず話してきかせた。そして、もう一度山に入る方法を教えてもらいたいと頼んだ。

その話を聞きおわると、南からきた人たちは男にこう言った。

「山を開くカギは正直者に一度だけしか与えられない。なかの宝には見張り番こそいないが、人がいるよりもずっと厳重なのだ。欲ばった心の持ち主はもう二度と入ることはできない。おまえさんは畑仕事に精をだすがいい。それでりっぱな作物をつくった方が、金の牛を引きだすよりも、よほどましではないか」

（一）　長白山——ここでは山東省の西北部にある鄒平など四つの県の境界に連なる峰をさす。

Ⅳ　人と人のあいだで

河南省開封市朱子鎮の年画：官吏登用試験の首位を争う

30　十人兄弟

――大水で長城と始皇帝を押し流す（河北省）

あるところに、十人の息子をもつおかみさんがいた。

いちばん上の一郎は早耳《はやみみ》、次郎は千里《せんり》眼《がん》、三郎は力持ち、四郎は石頭《いしあたま》、五郎は鉄人《てつじん》、六郎は足長《あしなが》、七郎は大頭《おおあたま》、八郎は大足《おおあし》、九郎は大口《おおぐち》、十郎は大目《おおめ》玉《だま》であった。

ある日のこと、十人の兄弟が畑を耕しにいった。

すると早耳の一郎が、だれかの泣き声を聞きつけ、

「次郎よ、ちょっと眺めてみてくれないか」

とたのんだ。千里眼の次郎が遠くを眺めて、

「始皇帝《しこうてい》（二）の命令で万里《ばんり》の長城《ちょうじょう》を作っている人たちが、腹がへって泣いているんだ」

と話すと、力持ちの三郎が言った。

「おいらが行って代わってやろう」

三郎はお昼前に着くと、その日のうちに長城を作りおえてしまった。あっというまに作りお

えたので、始皇帝はそのすごい力に恐れをなして、三郎を殺してしまおうとした。

それを眺めていた次郎が、

「たいへんだ。始皇帝がうちの三郎を殺そうとしているぞ」

と叫ぶと、石頭の四郎が言った。

「おいらが行って代わってやろう」

四郎が行くと、始皇帝は何十本もの刀をだめにしたのに、その首を切り落とすことができなかった。そこで棍棒で体を殴りつけようとした。困った四郎は泣きだした。

「まただれかの泣き声が聞こえる」

と一郎が話すと、遠くを眺めた次郎が叫んだ。

「やあやあ、たいへんだ。始皇帝が棍棒をふりまわして、うちの四郎の体を殴りつけようとしているぞ」

こんどは鉄人の五郎が言った。

「おいらが行って代わってやろう」

五郎が行くと、始皇帝は何十本もの棍棒をだめにしたのに、五郎を殴り殺すことができなかった。そこで海のなかへ放りこもうとした。困った五郎は泣きだした。

それを聞きつけた一郎が、

「まただれかの泣き声が聞こえる」

と話すと、遠くを眺めた次郎が叫んだ。

「たいへんだ。始皇帝がうちの五郎を海のなかへ放りこもうとしているぞ」

こんどは足長の六郎が言った。

「おいらが行って代わってやろう」

六郎は行ってすぐに、始皇帝に海のなかへ放りこまれた。

ところが、海の水は六郎の足の甲《あしのこう》のあたりまでしかとどかない。魚をつかまえるのにはちょうどいい。六郎は二、三十キロの魚をつかまえたが、入れるものがない。

そこへ七郎が様子を見にきたので、声をかけた。

「七郎か、いいところへ来てくれた。おいらは二、三十キロの魚をとったが、入れるものがないんだ」

大頭の七郎が麦わら帽子をぬいで入れると、二、三十キロの魚は半分にもならなかった。二人はそれをかついで戻った。しかし、たきぎがなくては魚を焼いて食うわけにもいかない。

大足の八郎が
「おととい山へたきぎを取りにいった時、足にトゲをさしたんだ。こいつを抜いたら使えるかもしれない」

と言って、トゲを抜いてみると、それは大きなチャンチンの木(二)であった。

三郎がそれを叩きわってたきぎを作り、九郎が火をたいた。

魚が焼けると、九郎が言った。

「よく焼けたかどうか、まず一口おいらが食べてみよう」

九郎は大口だから、一口食べるとなると二、三十キロの魚では歯くそにもならない。あてがはずれた十郎は、腹をたてて泣きだした。大目玉の十郎が泣くと、はじめはしとしと降りの小雨《こさめ》であったが、やがてザアザア降りの大雨になった。

おしまいには大水になって、あっという間に万里の長城を押し流してしまった。曲者《くせもの》の始皇帝も、大水のために海まで流され、スッポンのえじきになったそうだ。

(一) 始皇帝――中国最初の統一王朝を建てた秦の始皇帝。後世、万里の長城の築造に徴発された夫の死を悲しみ、哭泣して長城を崩した「孟姜女《もうきょうじょ》」の話などの流布により、悪政の象徴として語りつがれることになった。
(二) チャンチン――原文、椿樹。中国原産の落葉高木。高さは三〇メートルにもなり、天を突くほどそびえるので、日本の新潟県高田地方ではテンツキとも呼ぶという。

31　エンマ様をぶち殺した農夫
——目腐れも登場する〈俵薬師〉（湖北省）

むかし、あるところに張彪《チャンピアオ》という農夫がいた。チャンは長者の娘を嫁にもらっていた。しかし、長者はチャンがどうしても気に入らなかった。

ある年の冬のこと、チャンは長者の家にいって、仕事を手伝っていた。夜になると、長者はチャンを粉ひき小屋に泊まらせ、布団もやらなかった。これでチャンを凍《こご》え死《じ》にさせ、できれば娘をよその金持にとつがせたいと考えていた。ところが、あくる朝、長者が早々と起き出していってみると、チャンは汗をびっしょり流して、元気そのものといった様子であった。

長者はわけが分からず、チャンにたずねた。

「おまえはどうして、そんなに汗が出るんだい」

「おいらの着こんでいた上着《うわぎ》が『火竜《かりゅう》の衣《ころも》』（一）だったのさ。夜中に仙人が現れて、おいらにくれたんだよ」

チャンの返事を聞いて、長者はすっかり目の色を変えた。そして、その上着を自分と取りかえてくれたら、別に銀貨で十両のお礼をしようと言った。

「取りかえるのはかまわないが、これを着たら火傷《やけど》をするかもしれないよ」

「それじゃ、どうすればいいのかい」

「これを着たら、家のなかにじっとしていないで、裏の山の高いところに登って腰をおろしているといいよ」

ただもう「火竜の衣」を手に入れたい一心の長者は、二つ返事で、

「よしよし、そうしよう」

と答えた。

チャンは自分のぼろの上着を、長者のりっぱな絹の着物と取りかえたばかりか、十両の銀貨までも手に入れた。

長者はチャンのぼろの上着を着ると、その話をまにうけて、裏の山に走っていった。

山の上は風の吹きさらしで、おまけに雪も降っていた。いくらもたたないうちに、長者は凍えてまったく歩けなくなってしまい、やっとのことで木の洞《うろ》のなかにもぐりこんだ。

長者は知るはずもなかったが、チャンは夜どおし挽《ひ》き臼《うす》を回しつづけて、あんなに汗を流していたのであった。

ところが、長者が木の洞にもぐりこんでいるところへ、たまたま山火事が起こって、むごいことに長者は焼け死んでしまった。

こうなると、長者の三人の息子は腹の虫がおさまらなかった。

ある日のこと、息子たちはチャンをだまして家へ呼びよせた。そして、チャンをがんじがらめにしばって麻袋に押しこみ、大きな川のそばまでかついでいって、川に投げこもうとした。

すると、末の息子が言った。

「待て待て、あわてることはない。こいつはうちのおやじをひどい目にあわせ、凍えさせてから、焼き殺したんだ。こいつもまず川のそばに放っておいて凍えさせ、それから投げこめばいいさ。やすやすと死なせてなるものか。凍えさせて、少し吹きさらしにしておけ」

息子たちはチャンを入れた麻袋を川のそばに放りだしたまま、近くにある飲み屋へ酒を飲みにいった。

そこへちょうど、長者の家で番頭をしている「目腐れ」が、十何頭かの豚を追って通りかかった。そして麻袋に何かが入っているのを見て、声をかけた。

「いったい何をしているんだい」

それを聞いて「目腐れ」の声だと分かったチャンは、とっさに言った。

「おいらは赤くなった目に覆いをしているのさ。こうやって覆いをしていると、腐った目がすばらしい目に変わり、地下の三尺までも見えるようになるんだ」

これを耳にした「目腐れ」は、せきこんでたずねた。

「おれの目にも、覆いをさせてもらえるのかい」

「もちろん、かまわないよ」

チャンがそう返事をすると、「目腐れ」は麻袋の口をほどいてチャンを出してやり、かわりに自分が中に入った。

チャンは麻袋の口をしっかり結んで、こう言った。

「『目腐れ』さん、しっかり目に覆いをしているんだよ。おいらは帰るからね」

かなり長いあいだ、「目腐れ」は麻袋のなかでじっとしていた。そのうちに、麻袋のなかにいるのがつらくなり、外に脱けだしたくて必死にもがいた。すると麻袋はごろごろ転がって、川のなかに落ちてしまった。

チャンは豚を追って、自分の家にもどっていった。

ところで、息子たちは日が暮れるころまで酒を飲んでいて、それから川のそばへ行ってみると、麻袋がなくなっていた。

上の息子が言った。

「これはきっと川のなかに転げ落ちたんだよ」

二番目の息子が言った。

「それじゃ、おれたちの手間がはぶけたじゃないか」

末の息子が言った。

「軽はずみな判断はいけないぞ。誰かに助けられているということもあるから、家に行ってみた方がいい」

それっとばかり、息子たちはチャンの家まで走った。

息子たちが来るのに気づいたチャンは、あわてててたらいの水をくんで体にかけた。やってきた息子たちは、チャンが濡れた着物の水をしぼっているのを見て、あっけに取られてしまった。すると、チャンはにこにこしながら話しかけた。

「三人の息子さん、ありがとうよ。あれを見てくれ。おいらは川のなかに入ったおかげで、あんなにたくさんの川にいる豚を連れてもどったのさ」

息子たちが振りむくと、豚の囲いのなかには、ほんとうに十何頭もの肥えた豚がいて、ブウブウと鼻をならしていた。息子たちはすっかり目の色を変えて、せきこんでたずねた。

「川のなかには、まだ豚がいるのかい」

「ああいるとも、たくさんいるよ」

チャンの返事を聞くと、息子たちはチャンに背を向けて走りだした。

川のそばまで行くと、上の息子は、

「おれが先に入るぞ」

と言って、ザブンと音を立てて跳びこんだ。そして、何回か手をばたばたさせていたかと思うと、やがて姿を消した。

「おれも兄貴を手伝ってやらなくっちゃ」

二番目の息子もそう言うと、ザブンと音を立てて跳びこんだ。そして、何回か手をばたばたさせていたかと思うと、やはり姿を消した。

末の息子も、この川にはまだ豚がたくさんいるにちがいないと自分に言いきかせ、やはりザブンと音を立てて跳びこんだ。

こうして三人の息子は、みんなおぼれて死んでしまった。

あとからやってきたチャンは、川のなかにペッとつばを吐いて言った。

「やれやれ、これでしゅうとやこじゅうとたちから、『目腐れ』のスッポンまで、みんながエンマ様に会っておいらを訴えるにちがいない」

そしてハッハッと大声で笑いながら、チャンは家にもどった。

長者と息子たちと「目腐れ」は、エンマ様の前にいってチャンを告訴した。

その訴えを聞いたエンマ様は、ハダシの鬼をつかわして、チャンに出頭命令を伝えさせることにした。

ちょうど脱穀場で麦を打っていたチャンは、ハダシの鬼がやってきたのを見ると、トゲのあるハマビシを木のスコップ（二）一杯分もすくい、すばやく脱穀場にまき散らした。

ハダシの鬼は脱穀場のそばまできて叫んだ。

「チャンピアオ、エンマ様がおまえを呼び出しているぞ」

「あわてることはないさ、まあ一服やってくれ」

チャンにそう言われて、前へ出たハダシの鬼は、そのとたんにハマビシを踏みつけて「アイタタッ」と悲鳴をあげた。チャンはこの時とばかり、さっと桑の枝をつかんで、ハダシの鬼をめちゃくちゃに叩きまくった。

ハダシの鬼はエンマ殿に逃げてもどり、チャンのやり口のひどさをエンマ様にくわしく訴えた。これを聞いたエンマ様は、こんどは判官《はんがん》をつかわして、チャンに出頭命令を伝えさせることにした。

チャンのやり口を知った判官は、わざわざ鉄の靴をはいていった。チャンはそれを見ると、エンドウ豆を木のスコップ一杯分もすくい、すばやく脱穀場にまき散らした。

判官は脱穀場のそばまできて叫んだ。

「チャンピアオ、エンマ様がおまえを呼び出しているぞ」

「あわてることはないさ、まあ一服やってくれ」

チャンにそう言われて、前へ出た判官は、そのとたんにエンドウ豆を踏みつけてすべり、すってんころりと尻餅をつき、起き上がるとまた転んだ。判官が「アイタタッ」と悲鳴をあげているると、チャンはこの時とばかり、さっと桑の枝をつかんで、こんども判官をめちゃくちゃに叩きまくった。

判官はエンマ殿に逃げてもどり、チャンのやり口のひどさをエンマ様にくわしく訴えた。これを聞いたエンマ様は、チャンはとても一筋縄《ひとすじなわ》ではいかないと考えた。そこで、こんどは長《なが》すねの蚊《か》の神《かみ》をつかわして、チャンに出頭命令を伝えさせることにした。

チャンは長すねの蚊の神がやってきたのを見ると、急いで家にもどり、戸のすきまや窓にすっかり目張りをした。

長すねの蚊の神は外にいて叫んだ。

「チャンピアオ、エンマ様がおまえを呼び出しているぞ」

「あわてることはないさ、まあ一服やってくれ」

チャンにそう言われて、長すねの蚊の神は家のなかに入ろうとしたがどうしても入れず、

「どうやって入ったらいいんだい」

とたずねた。

「窓のところに穴があるよ」

チャンがそう言うと、長すねの蚊の神は、さっそくその穴にもぐりこんだが、くぐり抜けることができなかった。それというのも、チャンはわざわざ残した穴に、竹筒をさしこんでおいたのだ。

チャンは竹筒を抜きとると、泥でその口をふさいで地面に置き、バンバンと叩いた。長すねの蚊の神は痛くてたまらず、取りみだして泣き叫んだ。そのうちに、叩かれて竹筒が割れたので、長すねの蚊の神はようやく命拾いをして逃げ帰った。

長すねの蚊の神はエンマ殿に逃げてもどり、チャンのやり口のひどさをエンマ様にくわしく訴えた。さすがのエンマ様も、こんどばかりはがまんがならず、みずから千里の馬にまたがって、チャンに会いにいくことになった。

チャンの家の前までいくと、エンマ様は言った。

「チャンピアオ、おまえはまったくひどいやつだ。さあ、今すぐおれといっしょに来い」

「まあまあ、そんなにあわてないで、ぽちぽち先に行っていてくれ。おいらには万里の牛がいて、エンマ様の千里の馬よりもずっと早く走るんで、すぐに追いつけるさ」

「それじゃ、おまえの牛とおれの馬を取りかえてくれないか」

エンマ様にそう言われると、チャンは答えた。

「取りかえるのはかまわないが、この万里の牛は人見知りをするから、着ているものも取りかえなくてはいけないよ」

チャンはエンマ様と着るものを取りかえてから、千里の馬に乗って、あっというまにエンマ殿にやってきた。そこでチャンは、鬼《おに》や判官や牛頭馬頭《ごずめず》の獄卒たちに命令して言った。

「みなの者、頼んだぞ。チャンピアオが門のところに来たら、すぐにぶち殺してしまえ」

エンマ様は老いぼれ牛にまたがり、やっとのことでエンマ殿にたどりついた。すると、鬼や判官や牛頭馬頭の獄卒たちがいっせいに襲いかかり、うむをいわせず棒で叩きのめし、エンマ様をぶち殺してしまった。

（一） 火竜の衣――火と竜の模様の描かれた衣。「火竜」は身体から光熱を発する竜をさす場合もある。

（二） 木のスコップ――原文の「木鍁《ムーシエン》」は、木製のスコップの形をした農具で、穀物を空中にまき散らして選別するもの。

32　蛇が大臣を呑みこむ

——蛇の両目をくりぬいた男（河北省）

あるところに母親と息子が二人きりで暮らしていた。とても貧乏で、たきぎ取りをして、なんとか暮らしをたてていた。

ある日のこと、まだ子どもであった息子は、山へたきぎを取りにいった。そして石の下じきになっている蛇を見つけ、ほかの子どもたちに傷つけられるといけないと思い、洞穴《ほらあな》のなかへ入れてやった。

子どもはたきぎを取って家にもどると、それを売りにいって米や小麦粉を少し買い、二人で食べおわると、残った食べ物をもって山へいき、洞穴のなかにいる蛇にあげることにした。

何年もたって、その蛇も大きくなり、精気をたくわえ、人間の姿に変身できるようになった。

母親と息子は相変わらず、たきぎ取りをして暮らしをたてていた。

ある日のこと、息子はたきぎを取りにいく途中で一人の年寄りに出会った。その年寄りは息子にこう話しかけた。

「わたしはあなたの気立てのよさにほれこんだのです。ぜひ義兄弟のちぎりを結んでくれませんか」

「わたしはまだ子どもですし、ずっと年上のあなたと義兄弟になるなんてとんでもありません。でも、どうしてもと言われれば、わたしには断れません。家にもどって母と相談した上にしたいのですが」

とっさのことに、たきぎ取りがそう返事をすると、年寄りは言った。

「どうぞ、そうしてください。わたしに気がねはいりません」

たきぎ取りは家にもどって、母親に、年寄りに出会って義兄弟になろうと言われたことを話した。

「せっかくの話だから、その人の望むようにしなさい。『四海《このよ》のうちはみな兄弟』と言うじゃないの」

たきぎ取りは取って返し、義兄弟になると話したので、年寄りはとても喜んでくれた。

二人は盛り土をして炉を作り、かおりのいい草を供えて香をたき、義兄弟のちぎりを結んだ。

すると年寄りが言った。

「わたしたちは他人でありながら兄弟となりました。身内同然となったからには、ほんとのことを話しましょう。わたしはあなたに助けられた蛇が姿を変えたものです。あなたに恩返しがしたくて義兄弟となりました。明日からは山へ来ても、あなたがたきぎを取る必要はありません。ただ籠を背負ってくるだけでいいのです」

「籠は背負ってきますが、いったい誰がたきぎを取ってくれるんですか」

たきぎ取りがそう聞くと、年寄りは言った。

「あなたに籠を背負ってくるだけでいいと言うからには、もちろんたきぎを取ってあげる者がいるのです」

そこで、たきぎ取りは家へもどった。

年寄りは手を休めることなく、夜どおしかかってたきぎを刈りとった。

あくる日になって、たきぎ取りが山へいくと、山のなかにはたくさんのたきぎが刈りとってあった。たきぎ取りはそれを拾いあつめて籠に入れ、山とのあいだを何度も往復した。

それに街へ行くと、そのたきぎがまたよく売れた。たきぎ取りは大喜びで、おいしい物をたくさん買って帰り、母親に食べさせてあげた。

「まずい物を食べていても、これを食えなくなったらどうしようって心配するんだよ。こんなにおいしい物を食べていたら、どうなるのかしらね」

母親がそう言うと、息子は答えた。

「これからはおいしい物を食べたって大丈夫なんだ。わたしの義兄弟になった人が、朝から晩までたきぎを刈ってくれているのさ。わたしは籠を背負っていって、一日に二度も行き来すれば、これがまたよく売れるんだ。この年になるまで、母さんにはおいしい物を食べさせられなかったけれど、こんどはおいしい物を買ってあげられるよ」

「これからは、もうおいしい物は買わないでいいわ。お金があったら取っておいて、雨が降りつづいて困ったりする時に役立てるのよ」

母親にそう言われると、息子は「うん」と返事をした。

それからも何年間か、年寄りは毎日たきぎを刈りとっておき、たきぎ取りは毎日それを背負ってくるだけの日がつづいた。

あいにくのことに、そのころ王女が病気にかかった。

「王女の病気は、りっぱな珠《たま》を見つけなくては直りません」

お付きの医者がそう言うと、皇帝はただちに、いちばんすばらしい珠を見つけだした者は大官に取り立てる、というお触《ふ》れを出した。そのお触れはいたるところの町々に貼りだされた。

この話を聞きつけたたきぎ取りは、さっそく義兄弟をたずねていった。そして王女が病気で珠をさがしていることを話すと、年寄りは言った。

「その話はわたしも聞いています。あなたがわたしのところへ来たのは、わたしの珠が一つ欲しかったからでしょう。命を助けていただいたわたしですから、あなたの役に立つのなら、なんでも引き受けます。どうか小刀でわたしの目玉を一つくりぬいてください。これもわたしの恩返しです」

たきぎ取りはためらいもなく、進みでて年寄りの目玉を一つくりぬいた。珠を手に入れたたきぎ取りは、すぐさま県の役所に届けでた。それを見た役人はたいへん喜び、下へもおかぬもてなしぶりで、たきぎ取りにごちそうをすすめる一方、人をつかわして皇帝に奏上させた。

皇帝はすぐさま迎えの人をよこし、たきぎ取りを呼びよせた。たきぎ取りが珠を出して見せると、宮中ではみんな大喜びで、その珠をお付きの医者に渡した。医者が珠を使って治療すると、王女の病気はすっかりよくなった。

政府では、この上なくめでたいこととして、たきぎ取りを大臣に取り立てた。

やがて王女は、その珠をながめているうちに、こんどは対《つい》になるもう一つの珠が欲しくなった。何日もたたないうちに、王女はまたふさぎこむようになった。

そこで政府の役人がたずねた。

「『ロバの病気がなおったかと思うとウマの病気になった』とか申しますが、いったい王女さまはどうされたのですか。おうかがいします」

「こんどは病気ではありません。この珠をながめているうちに、対になる珠が欲しくてたまらなくなったのです」

王女の返事を聞いた政府の役人は、また大臣を呼んで言った。

「もう一つの珠を手に入れてくれたら、あなたを王女と結婚させてやろう」

たきぎ取りは家にもどって、このことを母親に話した。口にこそ出さなかったが、義兄弟のもう一つの珠をくりぬきたいと思っていたのだ。それを察した母親は、腹を立てて大声でどなりつけた。

「なんという薄情者め、おまえは欲に目のくらんだ畜生だ。大臣にまでなれたというのに、その上、王女の婿になりたいなんて。おまえの義兄弟が、もう一つの目玉をくりぬかせてくれるとでも思っているのかい」

たきぎ取りは母親の言うことを聞くどころか、ものすごい剣幕で食ってかかった。母親は腹立ちのあまり、何度も赤い血を吐いて死んでしまった。

たきぎ取りは、すぐに母親を埋めてしまうと、義兄弟のところへたずねていった。

その義兄弟はといえば、この前に目玉をくりぬいたあとがまだ良くならず、洞穴の奥で痛さのあまりうめき声をあげていた。それに洞穴の出口から抜けでることも、人間の姿に変身することもできなくなっていた。

たきぎ取りが自分の来たわけを話すと、義兄弟は大声で言った。

「この上、わたしのもう一つの目玉をくりぬきたいのかい。さあ、くりぬくがいい」

とんでもないことに、相手が痛かろうが死んでしまおうがおかまいなしで、たきぎ取りはまた小刀で目玉をくりぬいてしまった。

まさしく欲に目のくらんだ奴と思い知った義兄弟は、大きな口をあけてぱっくりとたきぎ取りを呑みこんでしまった。

こんなことがあってから、のちの人たちは、「欲に目がくらんだ奴がいると、蛇が大臣をのみこむこともある」と言うようになった。

33 人は金の欲で死ぬ

——太陽の国で焼け死んだ兄（河北省）

むかし、あるところに二人の兄弟がいた。兄は家にいて百姓をやり、弟は学校で勉強をしていた。二人とも、それぞれ嫁さんがいた。

この兄嫁は根性が悪く、夜となく昼となく亭主をそそのかして、弟と分家させようとした。むだめしを食う者は、この家に置きたくないというのであった。

「『大きな口でも小さな口でも、ひと月には三斗』って言うじゃないの。分家すれば、うちでは毎年何石《こく》もの穀物が残ることになるわ」

こんなせりふを、兄嫁は亭主の耳にしょっちゅう吹きこみ、夜になって二人で寝る時にも聞かせた。おまけに亭主もまた、もともと「石臼をまわすよりも銅銭を手にする方がずっと大切」と考える男であった。女房の話が火に油をそそいだ結果になり、まもなく弟と大げんかをして分家することになった。二人は畑を八十ムー（一）ずつ分けて持った。

タネまきの時期になったが、弟はタネまきのやり方も知らないし、まくタネもなかった。そこで、兄のところへ行ってタネを借り、タネまきのやり方をたずねた。

それを聞いた兄嫁は、さっそく家のなかに入って、コウリャンのタネを二斗計《はか》ってから、二つかみ分をもとにもどした。それから二人がかりで鍋のなかで炒《い》ったタネを、弟に貸してやった。ただタネを炒った時に、どうしたわけか、一粒だけが炒ってなかった。

弟はその二斗のコウリャンのタネを畑にまいた。芽が出るころになってみると、広い畑にたった一本のコウリャンしか生えなかった。弟は毎日のように水をかけにいき、土寄せをし、よく世話をしてやった。

やがてコウリャンはとてつもなく大きくなって、その茂った葉が八十ムーの畑をおおうほどになった。コウリャンの一粒は一斗ますの大きさぐらいあった。コウリャンがみのるころになると、弟は一日もかかさず見張りにいった。

ある日の夕方、一羽の大きな頭の鳥（二）がやってきて、こうたのんだ。

「とても腹がへっているんだ。ねえ、このコウリャンを、おれに食べさせてくれないか」

「おれたちの一家には、このコウリャンしかないんだ。おまえが食ってしまったら、どうなるんだい」

弟がそう返事をすると、鳥は言った。

「おれに食べさせてくれたら、東の海のむこうに連れていくよ。そこから銀貨をかついでくればいいのさ」

「それなら食べてもかまわないよ」

鳥はコウリャンをすっかり食べてしまうと、弟に言った。

「家にもどって袋を持ってくるといい」

家にもどって木綿の袋を持ってくると、弟は鳥の背中にまたがって乗った。

いくらもたたないうちに、東の海のむこうに着いた。

「さあ、早く銀貨を拾いなさい。おれは水を飲みにいってくるけれど、決して時間をかけてはいけないよ。さもないと、太陽がじきに出てきて、おれたちは焼け死んでしまうからね」

弟が海のほとりに立ってみると、見わたすかぎりの場所はすべて銀貨で埋まっていた。弟はあたふたと銀貨を拾いあげたが、しばらくすると袋はいっぱいになった。袋に入れおわると、弟はその上に腰をおろしていた。まもなく鳥がもどってきてたずねた。

「入れおわったかい」

「入れおわったよ」

「それじゃ帰るとしよう」

鳥はまた弟を背中に乗せて引きかえした。

家に帰ると、大金が手に入ったので、弟の夫婦は朝から晩までおいしいものや辛いものを食べて、とてもいい気分だった。

話を聞いた兄がさっそくやってきて、弟にたずねた。

「いったいどうやって大金をもうけたんだい」

弟は別にかくしだてもしないで、ほんとにあったことを話してきかせた。

すると、兄はあわてて家へかけもどり、自分のかみさんに二斗のコウリャンを鍋で炒らせ、わざわざ一粒だけをつまみだして炒らないようにさせて、タネをまいた。

コウリャンが出てくると、兄も朝から晩まで水をかけたり、土寄せをしたりした。コウリャンは同じように大きくなり、同じように大きな粒になった。もうじきみのるというころに、こんども大きな頭の鳥がやってきた。

鳥が口をきくより前に、兄の方からたずねた。

「おまえはこのコウリャンを食べたら、銀貨をかついでこられるところに、おれを連れていってくれるのかい」

「いいとも」

鳥がそう答えると、兄は大よろこびで急いで家へもどり、木綿の袋をいくつもたばねたものを持って引きかえした。鳥がコウリャンを食べおわるのを待って、兄は鳥の背中にまたがって飛んでいった。東の海のむこうを見ると、目に入らないほど遠くまで、まっしろな銀貨で埋まっていた。

「これはすごい」と有頂天《うちょうてん》になった兄は、鳥から下りるとすぐに拾いはじめた。あっというまに、いくつもの袋が銀貨でいっぱいになった。

それでも兄は欲ばって、まだ拾うのをやめなかった。

もうじき太陽が出てくるころになって、鳥は兄に声をかけた。

「さあ帰ろう。太陽が出てきたら、おれたちは焼け死んでしまうよ」

その声も耳に入らず、頭をあげるひまもおしんで、兄は拾いつづけた。

東の空が明るくなってくると、鳥は、

「まだ帰らないのなら、おれはもう待っていられないよ」

と言うなり、さっと羽ばたいて飛び立った。

兄はぜんぶの袋がいっぱいになると、大きな銀貨をいくつか拾って腰のあたりに押しこみ、さてと振りかえると、鳥はもういなかった。いくらもたたないうちに太陽が出てきて、兄は銀貨の山に埋もれて焼け死んだ。

大きな頭の鳥はもどってから考えた。

「まったく欲に目のくらんだ奴だ。焼け死んだあいつの肉を、今夜になったら食いにいってやろう」

日が暮れると、鳥はまた東の海のむこうへ飛んでいった。銀貨の上に横たわっている兄を見つけると、鳥は舞いおりてすぐに食いはじめた。しばらく食っているうちに、太陽が出てくるころになった。それでも鳥がついばんでいると、あっというまに太陽が出てきた。鳥は海のほとりで焼け死んだ。まさに、

「人は金の欲で死に、鳥は食べ物の欲で命を落とす」

ということわざのとおりであった。

（一）　八十ムー――「凡例」に記した換算によると日本のおよそ五十四反歩に相当するが、話の内容から考えると、やや過大な数字に思える。ほかの類話では数畝《ムー》程度という場合が多い。

（二）　大きな頭の鳥――原文の「大頭鳥」が、実在の鳥の別称か、空想上の鳥かは分からない。ほかの類話ではワシのたぐいの鳥である場合が多い。

34 乞食となる運勢

――幽霊屋敷で手に入れた宝物（台湾）

ヒグレとハガナイは二人とも乞食《こじき》であった。二人は兄弟のように仲がよかっただけでなく、同じ年の同じ月同じ日の生まれで、生まれた時間が一刻《いっこく》(十五分)ちがうだけであった。

ある日のこと、二人は自分たちの行く末を話しあった。こうして物乞いをしているばかりでは、いつまでもうだつがあがらない。やはりめいめいが自分の運勢を切り開かなくてはということになり、東と西に分かれて出発した。

ヒグレは東に向かって歩き、行く先々で物乞いをした。

ある日のこと、ヒグレは州の中心にある大きな町に来た。夜になって、別に理由もなく、ある金持の家の二階屋の軒下で寝こんだ。

この金持の家にはきれいな娘がいて、その夜、恋人と待ち合わせをして家出することになっていた。夜更けになると、娘はまず二階の自分の部屋の窓からりっぱな着物の入った包みを放りなげた。その包みがちょうどヒグレのそばに落ちたので、ヒグレはねぼけて手をのばし、包みを枕がわりにして眠った。やがて娘は二階から帯をぶらさげ、それにつかまって下りてきた。しかし、恋人は来ていないし、着物の包みは見知らぬ男が枕にして眠っていた。

娘は恋人にだまされたことに気づいたが、いまさら二階の自分の部屋にはもどれない。夜が明けてから、こんなことが父親に知れたら、ひどく叱られるにちがいない。娘はしばらくぼっとして立っていたが、どうしたらいいのか分からない。しかし、ぐずぐずしている時間の余裕はなかった。

しかたなく娘はヒグレをゆさぶって起こし、事情を話して、自分をどこかへ連れていってくれるように頼んだ。話を聞いてびっくりしたものの、もともと気のいいヒグレはすっかり娘に同情し、その頼みをきいて、いっしょに歩きだした。二人は歩いていく道々話しているうちに、すっかり気があうようになり、夫婦として結ばれた。

ある日の夕方、町に着いた二人は、一軒の大きな屋敷を訪ねて一夜の宿を頼んだ。その金持の主人は親切な人で、申しわけなさそうに言った。

「あいにくうちにはいま空いている部屋はありません。しかし、どこにも泊まるところがないということでしたら、近くにうちの空き家が一軒あります。家は新しいのですが、どうしたわけか、しょっちゅう幽霊が出るので、だれも住まないのです。あなたがたがいやでなかったら、どうか泊まってください」

主人はその家の場所までも、二人にくわしく教えてくれた。

あたりはしだいに暗くなってきたのに、泊まるところはなかなか見つからない。幽霊の出る家というのは少し気味がわるいけれど、二人はやむをえず思いきって泊まることにした。

夜中になると、はたして角《つの》や牙《きば》をはやした、赤い顔をした幽霊と青い顔をした幽霊が現れた。二人はこわくてがたがたふるえていた。ところが、その幽霊たちが二人に話しかけた。

「どうしてもっと早く来なかったんだい。この家の地下にはたくさんの金や銀の宝物があって、そっくりおまえたちのものになるんだ。おれたちは宝物の番をしていて、待ちくたびれていたところだから、もうおまえたちに引き渡すよ」

この幽霊たちは土地の神さまのよこした宝物の番人だったのだ。

夜が明けると、ヒグレはさっそく大きな屋敷へ行き、主人にその幽霊の出る家を買いたいと申し出た。主人はもともとその家は要らなかったので、安い値段で売ってくれた。

やがてヒグレの家の倉には金や銀の宝物があふれるほど一杯になり、ヒグレはこの町一番の大金持になった。

しかし、ヒグレは大金持になったけれど、あまりうれしくなかった。それというのも、半年前に橋の下で分かれたハガナイが、西へ向かって行ったきり、どうなったのか分からなかったからである。ヒグレはいっしょに苦労した相棒のハガナイを、片時も忘れたことはなかった。

いまハガナイはどうしているだろうと思うと、毎日のごちそうもおいしくなかったし、やわらかな布団も気持よくなかった。

二人は物乞いをして生きていたころ、苦楽をともにして、少しの物でも分けあって食べた。そのころの気持は、いまから振り返っても大切なものに思えた。だから、いま自分一人だけが幸せでも張りあいがなかった。むしろハガナイに申しわけない気がした。

ヒグレは貧乏な人や乞食に物惜しみせずに施しをした。そして、いろいろ手を尽くしてハガナイをさがしたけれども、消息はまったくつかめなかった。

ある日のこと、ヒグレはこんな触れ書きを出した。ある一日をかぎって、自分の屋敷に来た貧乏な人には、一人残らず小麦粉で作った亀と四円の銀貨をあげるというのである。

このうわさはたちまち多くの土地に伝わった。当日になると、やはり遠くや近くのさまざまな土地から貧乏な人や乞食がこの町につめかけ、通りにもあふれて身動きがつかないほどであった。ヒグレはいちいち自分の手から亀と銀貨とを来た人に手渡した。しかし、日が西の山に沈みかけても、さがしているハガナイは現れなかった。ヒグレはがっかりして奥の部屋に引きこもった。

ところで、ハガナイはといえば、ヒグレと分かれてから西に向かって進んだものの、いい機会をつかむこともなく、あちこちと放浪していた。

ある日、ハガナイは乞食仲間からヒグレが施しをするといううわさを聞いた。それはすごいじゃないかと喜んで、ハガナイは夜も歩きつづけて道を急いだ。しかし、ヒグレの屋敷に着いた時には時間がおそく、施しはとっくに終わっていた。なんとか一人前をもらえないかと門番に頼んでみたが、相手にしてはくれなかった。

奥の部屋にいてやりあう声を聞きつけたヒグレが、急いで出てきてみると、それこそ心をくだいてさがしつづけ、そして片時も忘れることのなかった相棒であった。

「ハガナイよ、ずいぶんさがしたぞ」

二人はしっかりと手をにぎりしめ、涙を流したまま、しばらくは交わすことばもなかった。

ハガナイは奥の部屋に案内され、体を洗い、髪をとかした。それから新しい着物に着がえようとすると、ふいに針で刺したように全身に痛みがはしった。ハガナイがあわてて新しい着物を脱いで古いボロの着物に着がえると、痛みはすっかりおさまった。

ふと思いあたることのあったハガナイは、ヒグレに向かって言った。

「兄貴よ、おまえの気持はよく分かっている。しかし、おれの一生はやはり乞食となる運勢なのだ。おまえとここで幸せに暮らすことはできないらしい。これからはもう気をつかって、おれをさがしたりしなくてもいい。万一、おれの死んだ知らせを聞くことがあったら、その時は線香の一本でもあげて拝んでくれ。相棒であったおれとしては、それで十分だ」

ヒグレはハガナイの決心が堅いのを知って、むりに引き止めようとはしなかった。そして家の者たちにたくさんの小麦粉の亀をこしらえさせ、それぞれのなかに八円の銀貨を隠して入れておいた。

あくる日の朝早く、ヒグレが引き止めるのもきかず、ここでは暮らせないというハガナイは、ボロの破れた包みを背負い、ぶらりと門から出ていった。

その道々、ハガナイはたくさんもらった小麦粉の亀を、二つだけ残して、売りはらったり、農夫に頼んでサツマイモと交換したりしてしまった。かなり歩いてから腹がへったので、残しておいた小麦粉の亀を食べようとして割ったところ、なかから八円の銀貨がころげ落ちた。もう一つの方にも、やはり八円の銀貨が入っていた。

ハガナイは思わず長いためいきをつき、自分に運がついていないことを嘆いた。そして、おれの一生にはもう希望はないと思いつめ、十文字の遺書を書き、岩に頭をぶつけて自殺した。

その十文字の遺書には、こう書いてあった。

「ヒグレ(日暮れ)を恨みはしない。枝にハガナイ(葉がない)のを恨む」(一)

(一)　遺書の原文は「莫恨太陽偏、自恨枝無葉」で、この「太陽偏」(日暮れ)と「枝無葉」(葉がない)が、それぞれの人名となっていた。

35　マトモとマヤカシ
——〈聴耳〉で禍福を分けた義兄弟（河北省）

マトモとマヤカシ（一）は小さいころからの友だちで、そのうえ、義兄弟のちぎりを結んでいた。凶作となった年に、二人はいっしょに出稼ぎにいった。タネまきから土寄せまで、畑仕事があればなんでもやった。

何年か働いて、めいめいが銅貨の十さしか八さし（二）ほどはかせいでためた。

「兄貴、今年は作物の出来もよさそうだし、いっしょに家へ様子を見にもどろうか」

マヤカシがそう言うと、マトモは答えた。

「うん、おまえの言うとおりだな。もどってみるか」

宿屋の支払いをすませて出かける時に、またマヤカシが言った。

「兄貴、荷物は一つにまとめよう。かわるがわる背負えば、おたがい楽ができるよ」

「うん、やりたいようにすればいいさ」

歩いて帰る道々、マヤカシはあれこれ考えた。

「二人の金がそっくりおれの物になったら、いいだろうな」

やがて歩いていくうちに、道のわきに井戸があった。

「兄貴、おれはもう歩けないよ。井戸のそばで休んでいこう」

「うん、休みたければ休もう」

マヤカシは荷物をおろして、あたりを見まわしたが、近くに人のいる気配はなかった。

「兄貴、おれはのどがかわいたから、水が飲みたいな」

「荷物をほどいて、紐を出せばいいじゃないか」

「それは面倒だから、二人の帯をつないで汲むことにしよう」

二人の帯をつなぎおわると、水がめのかわりに袋にした厚手のハンカチを、その端《はし》に結びつけて試してみたが、井戸のなかの水にはとどかなかった。

「兄貴、おれはもう暑くて頭がくらくらしているよ。おれが両足をつかんでいるから、おまえがぶらさがってくれないか。そうすれば水にとどくだろう」

「よし、わかった」

マヤカシはマトモの両足をつかみ、マトモは体を井戸のなかにのりだして、水をくもうとした。その時、マヤカシが両手をはなしたので、マトモは井戸の底へどすんとはまった。マヤカシはその上へ石でできた井戸の蓋を落とし、

「溺れて死ななくても、ぶつかっただけで命はないだろう」

と思い、荷物をかついで走り去った。

ぐあいよく石の蓋は井戸のなかへ斜めに落ちた。力をふりしぼって井戸の水のなかから起きあがったマトモは、その石の蓋につかまり、一息入れてから大声で叫んだ。

「通りがかりのみなさん、助けてください」

だいぶたってから、道を歩いてきたたきぎ取りのじいさんが、井戸のなかで人が叫んでいるのを聞きつけ、そばに来てたずねた。

「だれだい、この昼日中《ひるひなか》に井戸へ落っこちるなんて」

「おれは旅の者さ、砂ぼこりの風に目がくらんだんだ」

じいさんはたきぎをしばってあった縄をほどき、結び目をつくってマトモにつかまらせ、上に引きあげた。

マトモはじいさんにお礼を言い、水にぬれた着物をしぼって乾かし、また道を急いだ。日の暮れたころ、荒れはてた廟《びょう》のそばを通りかかった。あたりには人家は見あたらず、腹がへってくたびれていたので、マトモは考えた。

「ここに一晩泊まって、夜が明けたらまた歩こう」

枯れ草をかき集めて供え物のテーブルの下にしき、垂れ布を煉瓦でしっかりとおさえた。

マトモがそこへ横になっていくらもたたないうちに、ビュービューという風の音がして、三匹の妖怪が入ってきた。それはとんがった鼻のやつと、ぶらさがった耳のやつと、おしゃべりな口のやつであった。

とんがった鼻が入ってくるなり叫んだ。

「人間くさいぞ、人間くさいぞ」

すると、おしゃべりな口が言った。

「気にしなくていいよ。殺されるとわかって、わざわざおれたちのところへ転がりこんでくるやつなんていないさ」

ぶらさがった耳が言った。

「みんな聞いたかい。この先にある村の跡取りなしのじいさんの家で、娘の病気のことで張り紙を出したんだ。娘の病気を直してくれた者を婿にするそうだ」

とんがった鼻が言った。

「そうかい、道理でたくさんの医者がやたらに押しかけているんだね」

おしゃべりな口が言った。

「どんなに医者が押しかけたってむだなことさ。病気を直すには、裏庭の井戸にいる年とった亀を石灰で焼き殺し、中庭の古いエンジュの木の下にある石猿を起こし、病人の頭に生えている三本の赤い毛を抜いてしまわなくてはいけないよ。おれたちが話さなければ、このことは誰にもわからないけど」

三匹の妖怪は飲み食いをしたり話したり笑ったりで、夜中すぎまでさわいでいて、ものすごい突風をまきおこして立ち去った。

マトモはこわくてたまらず、一晩じゅうまんじりともしなかった。夜が明けるのを待ちかねて、その廟からはやばやと出た。

十何里か歩くと、一つの村があった。一軒の家の黒光りする門の前に、たいへんな人だかりがしていた。塀の上に貼りだされた紙には、あの妖怪の話したとおりのことが書いてあった。

「この娘の病気を直してあげた方がいいんだろうな。直し方を知っているおれが、やってあげなくっちゃ」

そう思ったマトモは、前に出ていって赤い紙をはがし、名乗りでた。見張りをしていた者がいそいで主人に知らせ、マトモを奥に連れていった。

広間にいるたくさんの医者たちは、まるで役に立たない様子であったが、マトモがやせ細ってぼろを着ているのを見て、ガヤガヤと言いあった。

「あんな得体のしれない死にぞこないに、病気が直せると思うかい」

主人もマトモの格好が医者らしくないのを見て、心配そうな顔でたずねた。

「いや、あなたはまだ年も若くて、とてもお医者さんには見えん。ほんとうにうちの娘を直してくれるのかい」

マトモはみんなが自分を相手にしないので、内心びくびくしていた。

「万一直せなかったらどうしよう。だが、ここにいる本物の医者たちだって、病気が直せなくても平気な顔をしている。やってみないうちから、おれがだめと思うことはないさ」

そう考えたマトモは、胸をはって主人に言った。

「まだ直せるかどうかは分かりません。まず三つのことをおたずねします。このお宅の裏庭には井戸がありますか」

「あるよ」

「中庭には古いエンジュの木がありますか」

「あるよ」

「娘さんの頭には三本の赤い毛が生えていますか」

主人は急いで人にたのんで奥の部屋に聞きにいかせた。じきにもどってきた人が言った。

「たしかに娘さんの頭には三本の赤い毛が生えています」

「そうですか。では三日もたたないうちに、病人はよくなりますよ」

医者たちは仙人でも現れたのかとみなびっくりし、おたがいに顔を見あわせて、一人残らずこそこそと立ち去った。

主人はマトモをさっそく上座《かみざ》に坐らせ、ひざまずいて言った。

「あなたはほんとにわが家の恩人だ」

マトモは妖怪が話していたとおり、年とった亀を焼き殺し、石猿を起こし、病人の頭に生えている三本の赤い毛を抜いた。娘の病気はすぐに良くなり、飲み食いもできるようになり、話したり笑ったりして、病人であったことがうそみたいになった。

娘の父親と母親は、この上なしの喜びようで、娘の手をとり、婿の手をとって言った。

「いまここで、おまえたちのために結婚式をあげよう」

一方、マヤカシはといえば、飲む打つ買うで、悪いことなら何でもやった。二十さしほどの銅貨は、半年もたたないうちに使いきってしまった。

マトモが結婚したといううわさを聞きつけたマヤカシは、恥知らずにもマトモの家にたずねてきた。

マトモはマヤカシに親切に応対し、以前のことは何一つ言いださなかったし、女房にもこう言いきかせた。

「おれたちは小さいころからの友だちで、ほんとの兄弟のようにつきあってきた。だから、おまえも親切にしてやってくれ」

だが、マヤカシの方はこんなことを気にしていた。

「マトモはどうして死なかったのだろう。それに、こんな幸運にめぐりあうなんて」

今日も明日もとしつこく問いつめられて、マトモは仕方なく事のいきさつを残らず話してきかせた。マヤカシは心のなかで考えた。

「そうか、マトモがすぐ話さなかったのは、おれが廟へいって、もっとすごい幸運にでっくわすのがいやだったんだな」

ある日、マトモが外に出ている時を見はからって、マヤカシは言った。

「おかみさん、おれは出かけるよ」

「お急ぎですか。うちの人が戻ってからにしていただけませんか」

「おれはどうしても出かけるんだ」

むりには引き止められないと分かったおかみさんは、

「それではわたしがマントウを作りますから、それを途中で食べてください」

と言い、急いで粉をこねて、せいろう一つ分のマントウを作った。そのマントウには一つに一つずつの銀貨を入れて、マヤカシにはこう言った。

「マントウには銀貨が入っていますから、途中で役立ててください」

マヤカシがマントウを持って出かけてまもなく、マトモが戻ってきた。マヤカシが出かけたと聞いて、マトモは飛びだして追いかけた。

「弟よ、戻ってくれ。戻ってくれないか」

マヤカシはマトモが追いかけてくるのに気づき、

「きっと銀貨を取り返しにきたのだろう」

と思った。そして振り向きもしないで、どんどん走り、走りながらマントウをほうり投げた。

マントウを投げおわったころには、マトモの姿は見えなくなっていた。

マトモはマントウを拾いあつめて、ため息をつきながら引き返した。

やがて三匹の妖怪が荒れはてた廟のところまで走っていき、夜のふけるのを待った。

マヤカシは荒れはてた廟のところまで走っていき、夜のふけるのを待った。

やがて三匹の妖怪がまたやってきた。とんがった鼻が入ってくるなり叫んだ。

「人間くさいぞ、人間くさいぞ」

ぶらさがった耳が言った。

「こんどこそさがし出そう。これ以上おれたちの話を聞かれないようにな」

おしゃべりな口が言った。

「そいつを八つ裂きにして、食ってしまわなくちゃ」

ぶらさがった耳が聞き耳をたて、とんがった鼻がかぎわけて、おしゃべりな口がさがしまわって、供え物のテーブルの下からマヤカシをさがし出し、耳をつかんで引きずりだした。

「さあ、ここにいたぞ」

おしゃべりな口はそう叫んで、さらにつづけた。

「こいつは子牛のようによく太っているよ」

三匹の妖怪はマヤカシをとりかこんで、うれしそうに言った。

「今日ばかりはついているぞ。山盛りのごちそうがころがりこんできたんだ」

(一)　マトモとマヤカシ——原文は「理長」と「理短」で、「道理にかなっている」と「筋が通らない」という意味を直接的に示した名前。
(二)　銅貨の十さしか八さし——原文は「十吊八吊銭」。一さしと訳した「吊」は穴あき銭を紐でくくることに由来する昔の貨幣単位。もとは一千文を一さしと言い、のちには百文か銅貨十枚をさす場合が多かったという。

36　雲から落ちた刺繡靴

――大蛇の穴から救われた王女　（内モンゴル自治区）

乞食《こじき》と独り者がいた。独り者も乞食をしていたし、乞食も独り者であった。日が暮れて、二人は宿屋に入った。乞食は体の調子がよくなかったので、独り者に鍼《はり》を打ってもらった。鍼を打ちおわると二人は仲よくなって、義兄弟となった。乞食が兄貴分に、独り者が弟分ということになった。

兄貴分が言った。

「弟よ、こんな寒空では、わしらが物乞いにいっても商売にならない。いっそのこと、二人で斧と縄を買いこんで、いっしょに山へたきぎを取りにいこう」

話はさっそく決まった。二人はまず仕事に使う道具を買いそろえた。そして、毎日山へ行って二束《たば》のたきぎをかついできて売れば、飲み食いにも不自由しないし、たばこにも不自由しない、ともくろみをたてた。

ある日のこと、二人が山でたきぎを取っていると、向こうの方から天にとどくほどのつむじ風がやってきた。つむじ風のなかには黒い姿の妖怪がいて、赤い着物の女をかついでいた。

二人はかけ声をかけて大きな斧をふりまわし、そろってつむじ風めがけて投げつけた。乞食の斧にあたって落ちてきたのは刺繡《ししゅう》をした布靴《ぬのぐつ》であった。独り者の斧は妖怪にあたって、「ギャー」という叫びとともに、なまぐさい血がぽたぽたとしたたり落ちた。集めてあったたきぎはすっかりつむじ風に吹きとばされ、あたりも暗くなってきたので、二人は山からもどった。

皇帝の娘が大風にさらわれてしまい、娘の両親は日がな一日泣きつづけた。

城門の外に告示が張りだされ、皇帝のお触《ふ》れがしるされてあった。娘をさがしだした者には、金貨が欲しければ金貨を、銀貨が欲しければ銀貨を、役人になりたければ役人の地位を、名馬に乗りたければ名馬を、娘が欲しければ娘をやる、とあった。

そこで、乞食と独り者も告示を見にいった。独り者は他人《ひと》が読みあげるのを聞くと、手をのばして告示を引きさき、名乗りでた。告示の番人が二人を連れていくと、皇帝がたずねた。

「おまえたちは娘をさがしだすことができるのか」

「できます」

と独り者が答えた。

皇帝は二人に腹いっぱい飲み食いをさせ、旅費と弁当を持たせた。二人はそれから出発し、山の上についている血のあとをたどってさがしにいった。

どんどん歩きつづけて、どのくらい歩いたか分からなかったが、暗《くら》がり山《やま》の谷あいにやってきた。そこに一軒の家があって、じいさんとばあさんが泣きながら、六つ七つばかりの男の子の頭を剃ってやっていた。年寄り夫婦には、この子が一人いるだけであった。

独り者がたずねた。

「おじいさん、おばあさん、どうして泣いているんですか」

「はい、よそでは豚や羊をいけにえに捧げますのに、わしらの土地では人間をいけにえにするのです。今夜はこの子を九つの頭の大蛇に捧げるところで、そうしないと、村中に災難がふりかかるのです」

「そうですか」

独り者はこう返事をしながら、胸のうちでは「あいつのしわざだ」と思い、

「お二人とも心配はいりません。わたしたち兄弟がこの子のかわりになります」

と言った。

夜になった。乞食は食うものを食い、飲むものを飲んで、よく眠った。それから独り者に言った。

「弟よ、おまえの方が度胸がいいから、行ってくれ」

そこで独り者が行った。

いつも妖怪にいけにえを捧げる時は、お堂も庭も塵一つなく掃ききよめ、子どもを灯《あかり》の前に立たせておく。そこへ、妖怪がやってきて連れ去るのであった。今夜は灯もつけないし、庭も掃除をしなかった。

独り者はお堂の門のかげにかくれていた。耳をすましていると、はじめは静かな風の音がしたが、やがて黄色い砂のまじった嵐となった。小石が飛んできたかとおもうと、じきに大きな石にかわった。山門はバタバタ鳴り、飛んできた石がぶつかって開いてしまった。

「そうか」

と妖怪は叫んだ。

「今夜はまっくらで、灯もつけてないな。あの老いぼれどもが、子どもをよこしたくなかったというわけか。こうなったら、おれは村じゅうの者を食い殺してやるぞ」

妖怪がお堂の門をくぐろうとした時、独り者は斧をさっと振りおろした。切りつけられた方は「ギャー」と叫び、桶いっぱいほどのなまぐさい血を流し、砂嵐を巻きおこすと、どこかへ消え去った。

斧についた血を布靴の底でぬぐうと、独り者はもどってきた。

あくる日、じいさんとばあさんは弁当をこしらえると、独り者と乞食に背負わせた。二人は出発すると、こんども新しい血のあとと古い血のあとをたどってさがしにいった。

どんどん歩きつづけて、荒れはてた山のなかに入っていくと、日のあたらない岩かげに洞穴《ほらあな》があって、血のあとはそのなかへつづいていた。

そこで二人は相談した。

「まず一人が下におりて、必要になったら下にいる者が縄を引く。すると鈴が鳴るから、上にいる者が引きあげることにしよう」

兄貴分は弟分を行かせることにし、弟分はぶらさがって下りていった。しばらくして洞穴の底に着いたが、まっくらで何も見えなかった。岩の壁をさぐりながら進んでいくと、かなりたってから、やっと明るい場所が見えてきた。ずっと歩いていくと、驚いたことに、行けば行くほど広々として明るくなり、りっぱな地下の世界となっていた。

王女はちょうど冷たい泉の水で、妖怪の血のついた着物を洗っていた。その水面に人の影がちらっと映ったので、ふいに頭をあげてみて、おもわず声をあげた。

「あら、どうやってここに来たの」

独り者がこれまでのいきさつを話してきかせると、王女はやっと笑顔をみせて言った。

「よかったわ」

「それじゃ、おれたちは出ていこう」

と独り者が言うと、王女は言った。

「いいえ、だめだわ。妖怪を殺してから、上がらなくてはいけないわ。切り殺してしまわなければ、わたしたちの方がすっかり食べられてしまうかもしれない」

「それじゃ、先にあいつを片づけなくっちゃ。どうやって殺すんだい」

「あいつは頭の下に百二十斤の大きな銅の刀を枕にしています。あなたがその刀を持ちあげて、ほんとの頭を切り落とし、それから体をいくつにも切りきざめば、死んでしまいます。わたしが先にいって、眠っているかどうかを確かめます。あいつは浅い眠りの時は声を出さず、深い眠りの時は雷のようないびきをかきます。それを聞いたら入ってきてください」

独り者はしっかり聞いてから入っていったが、あまりの寒さにびっくりして体がふるえ、あわてて外へ飛びだした。王女も追いかけてきて言った。

「こわがらなくていいわ。さめていると、そんなことはないのに、眠りこむと口と目をあけているの。でも、殺すならすぐにやるのよ。そのうち目をさましたら、わたしたちの命はなくなってしまうわ」

独り者はもう一度中に入っていき、そっと刀を抜きだして構えると、妖怪のほんとの頭めがけて、ぐさりと振りおろした。それから、サッサッと刀を二度使い、妖怪の体を三つに切り刻むと、刀を下に置いた。二人は振りかえりもしないで、夢中で外へ飛びだし、汗まみれになって走った。

洞穴の下まで来ると、独り者は縄をつかんで引っぱり、鈴を鳴らした。上にいる兄貴は、これを聞きつけ、引きあげる支度をした。

女は男に先に上がってと言い、男は女に先に上がってと言った。そこで王女が言った。

「それじゃ、わたしが先に上がるわ。父上はお触れでどう言っていたの」

「あなたをさがしだした者には、欲しいものを何でもやる、と」

「で、あなたは何が」

「おれはおまえと結婚したい」

王女は急いで金の腕輪をはずし、手で二つに割ると、きれいなハンカチを出してそれぞれを包み、一つは男に渡し、一つは自分がしまった。そして独り者を安心させるように言った。

「わたしたち二人が結婚する時には、これが証拠になるのよ」

洞穴の上にいた乞食は、縄で引きあげてみると、王女がとても美しいのでびっくりした。義兄弟でありながら、兄貴分は気がかわってしまい、王女に先になって行ってくれと頼んだ。

王女がきいた。

「下にいる人を引っぱりあげてから、いっしょに帰るのではないですか」

「あなたが引っぱりあげてくれないか。おれはもう元気がないよ」

乞食はそう言いながらも、大きな石を運んできて、洞穴のなかへ投げこんだ。ごろごろという音で独り者がすばやくよけなければ、押しつぶされて死ぬところであった。

独り者が鈴を鳴らしてみても、上からは返事がなかった。もう一回鳴らしても、同じであった。頭をあげて上をみると、洞穴はふさがっているではないか。独り者は思った。

「おまえが結婚したければ、すればいいじゃないか。どうしておれを殺すのさ」

しかたなく独り者は、引き返して歩きだした。歩いているうちに腹がへったので、妖怪がつかまえてあった獲物を拾いあつめ、焼いて食べた。腹がいっぱいになると、洞穴のなかを歩きまわってみた。

歩いていくと岩の戸があり、押してみるとなかは冷え冷えとしていた。小さな白い竜が鉄の柱に鎖でつながれていて、独り者に向かってしきりに首を振った。独り者はかわいそうだと思い、近寄って柱の鎖を斧で叩いてみたが、火花が出るだけで、どうしても切れなかった。

すると、竜が話しかけた。

「ほんとに助けてくれるのだったら、うらの大広間へ行き、入口の机の下にある青い石の蓋を開けると、石の小箱があるんだ。その小箱のなかの天書《てんしょ》(天上の神の記した書物)を手にとって読んでもらえば、鎖が切れるはずだ」

独り者が天書を手にとって読みだすと、ものすごい音がして、洞穴を揺りうごかして響きわたった。つながれた鎖から抜けだして、竜は色白の若者に変身し、独り者に言った。

「おれは五海老竜《ごかいろうりゅう》の三男坊なんだよ。ある時、雲を広げて雨をふらせていたら、九つの頭の大蛇にやっつけられて地獄に入れられ、もう何年にもなる。こうしておれを助けてくれたからには、おれたちは兄弟分というわけだ。兄貴はどうしてここへ来たんだい」

独り者がこれまでのいきさつを話してきかせると、弟分は言った。

「大丈夫だよ。おれが連れて出てやるさ」

若者は竜に変身すると、兄貴分を背中にまたがらせ、ものすごい勢いで雷を鳴らして、洞穴の出口へと上がっていった。独り者は目まいがして下に落ちてしまい、あやうく死ぬところであった。竜はあわてて引き返し、気を失った兄貴分の目を覚ましてやった。

二人が部屋のなかに引き返してみると、九つの頭の大蛇は三つに切っておいたのに、いつのまにか二つになっていた。竜は手のひらに入る雷を使って、化け物の蛇を火で焼いて灰にし、絶対に生き返れないようにした。

「兄貴、こんどはちゃんと目を閉じて、しっかりおれにつかまっているんだぞ」

そう言うと、竜はしっぽを動かし、まわりの石をはじき飛ばしながら、青い煙となって洞穴を出た。あっというまに海のなかの孤島に着いて、そこに下りた。ここは四方を水にかこまれたなかに、そこだけ少し乾いた土地があった。竜は若者に変身して言った。

「兄貴、どこへも行かないで、おれが迎えに来るのを待っていてくれ」

独り者の目の前で、弟分は水に飛びこんで、波もたてずに姿を消した。あとには一面の広々とした海が、独り者を取りまいているだけであった。

そこに立って、独り者はずいぶん長いこと待っていた。いつ来るかとながめていると、とつぜん巡海夜叉《じゅんかいやしゃ》に引かれた二頭立てのラバのついた車が見えた。車には竜が乗っていて、海辺を飛ぶように走ってきた。

「さあ兄貴、乗ってくれ」

と竜に言われて、独り者が乗りこむと、車は走りだした。

車のなかで、竜が兄貴分に言った。

「あとで親父が、金貨をくれるといっても、銀貨をくれるといっても、もらわない方がいい。親父のうしろの壁にかかっているヒョウタンを、しばらく使ったら返すからと言って、もらうといいよ」

独り者は言われたことを、よく覚えておくことにした。

竜王の五海老竜は、独り者に会うとたいへんな喜びようであった。

「よく来てくれた、賢い男よ」

こうして独り者は、すばらしいご馳走のもてなしを受け、そのまま竜宮に引き止められて暮らしはじめた。

一方、乞食の方は王女の婿となるために宮殿に向かった。この男が嘘をついているのを知っていた王女は、皇帝にたずねさせた。

「おまえは何か証拠になる物を持っているか」

「何も持っていません」

「おまえは嘘をついているな。五十両の銀貨をやるから、おまえは自分で女房をさがしに行くがいい」

王女は人にたのんでお堂を立ててもらい、独り者の姿そっくりの像を作って祭らせた。そして一日に三度はお参りをし、毎日欠かすことがなかった。

竜宮で暮らしている独り者は、はじめは芽をだした草が青くなるのを見、やがてその草が黄色になるのを見た。芽をだした草が青くなれば地上では一年がたち、黄色になれば地上ではさらに一年がたっていた。

独り者が竜王に、

だ。

「家にはおっかさんがいるから、もどらないわけにはいかない」

と話すと、竜王もむりには引き止めず、独り者を帰らせることにした。

そこで夜叉を呼び、お盆に山盛りの銀貨を持ってこさせたが、独り者はいらないと言い、またお盆に山盛りの金貨を持ってこさせたが、それもいらないと言った。そして独り者はたのんだ。

「竜王さま、あの壁にかかっているヒョウタンを、何日か使ったら返しますから、わたしにくださいませんか」

竜王もこればかりはと困ったが、「子どもの命を助けてくれた人だから」と思いなおし、

「よろしい。さしあげよう」

と言った。

独り者はヒョウタンをもらうと、別れのあいさつをして出発した。

送りにきた弟分が、独り者に言った。

「兄貴、これはすばらしい物だ。欲しいものがあれば、指ではじいて息を吹きかけると、すぐ手に入るよ」

「そうか、分かった」

歩いているうちにくたびれた独り者は、ヒョウタンを取りだし、指ではじいて息を吹きかけ、

じっと眺めていると、小人が現れてたずねた。

「何が入り用かね」

「二頭立てのラバの引く車を出して、おれを乗せてくれ」

すると、小人は見えなくなり、目の前に二頭立てのラバの引く車がおかれていた。独り者はそれに乗って道を急いだ。

やがて、日が暮れたので宿をとることにした。

「番頭さん、泊めてもらえるかい」

「うちは車や馬といっしょに泊まれる宿屋なんで、どうぞ」

「きれいな部屋がいいんだが」

こうして独り者は、奥の座敷に休むことになった。いい気分になった独り者は、ヒョウタンにたのんで、十二人の竜宮の美女を出してもらい、楽器をひいたり歌をうたったりして、大いに気晴らしをした。

ところで、ここは旅人をねらう強盗の宿であった。にぎやかな歌声を聞きつけて、強盗が踏みこんでみると、独り者がいるだけなので、こう問いつめた。

「おかしいじゃないか。今しがた、この座敷でたしかに歌う声がしたのに、誰もいないはずはない。何か隠しているな」

「いや、何も隠してなんかいない」

独り者はそう答えたが、強盗はうむをいわせず独り者をしばりあげた。それから、持ち物をひっかきまわし、ヒョウタンとハンカチの包みまで取りあげた。さらに独り者の上に、大きな石の飼い葉桶をのせてしまった。

小さな白い竜は、兄貴分を安心させるために、困ったら三度つづけて呼べばやってくる、と話してあった。

独り者が弟分を三度呼ぶと、竜はさっそくやってきた。そして猫に姿を変えて、そこいらをさがしまわった。強盗が猫にさわろうとしたが、その毛は刀よりも鋭かったので、とてもさわれなかった。猫はヒョウタンや腕輪を包んだハンカチをさがしあて、くわえて逃げだした。強盗がさえぎろうとしたので、こんどは商人に姿を変え、ヒョウタンにたのんで何人もの兵隊を呼びだし、強盗をしばりあげた。竜は兄貴分を助けてから、とがめるように言った。

「どうして兵隊を呼ばなかったのさ」

「とっさのことで、忘れていたんだよ」

しばらくぶりに顔を合わせた兄弟分は、また別れ別れになった。

独り者は婿になるために宮殿に向かった。

これを見た王女は、うれしがって言った。

「わたしの婿さんが来たわ」

皇帝が二人にたずねた。

「何か証拠になる物を持っているのか」

王女が着物の襟《えり》を開くと、独り者も着物の襟を開き、二人がめいめいのハンカチを広げて、半分ずつになった金の腕輪を取りだした。それを合わせてみると、ぴったりであった。

「これは本物だ」

と皇帝が言った。

そこで結婚の式をあげ、正式に王女の夫となった。

独り者は自分の家にもどり、おっかさんの世話をしたいと思った。宮廷からの贈り物は何もいらないと言い、女房と連れ立って出かけた。歩いているうちに腹がへったので、ヒョウタンにたのんで熱いごちそうを出してもらい、くたびれたので、車を出してもらって乗りこんだ。

あと一里ほどで家に着くところまで行ってから、ヒョウタンにたのんで大きな屋敷を作ってもらった。入口の門には金の獅子をおき、第二の門には銀の獅子をおき、第三の門にはかがみこんだ虎をおき、そこに住むことになった。

あくる日、夜が明けるとすぐに、独り者はおっかさんを迎えにいった。

すると、おっかさんが言った。

「どこかで泥棒をやったんじゃないだろうね。おまえの身なりを見ていると、早くどっかへ行ってほしいと思いたくなる。おまえが誰かにひどい目にあわされるのは見たくないからね」

そんな話には取りあわず、独り者はよいしょとおっかさんを背負い、さっさと歩きだした。途中で独り者はヒョウタンを取りだし、おっかさんに振ってみせた。

「おっかさん、こいつがおれの宝物なんだよ」

「なにさ、わたしをごまかそうたってだめだよ。そんなものなら、うちの屋根の上にごろごろしているじゃないか」

やがて家に着くと、嫁さんが屋敷の入口で出迎えた。

「おかあさん、お帰りなさい」

「はい、ただいま」

この嫁さんを見て、おっかさんもほんとにびっくりしてしまった。

独り者はヒョウタンを取りだすと、指ではじいて息を吹きかけ、熱いごちそうを出してもらい、おっかさんにすすめた。

「これはすごい宝物だね。どこから持ってきたんだい」

とおっかさんがきくと、独り者が

「道で拾ったのさ」

と答え、みんなは大笑いをした。

あくる日、こんどは義兄弟の兄貴分を食事に呼ぶことにした。お客が来てから、またヒョウタンにたのんで、おいしいごちそうをテーブルに出してもらい、それを食べた。

兄貴分とかみさんは、すぐにその宝物に目をつけ、家の者が席にいない時を見はからって盗んで逃げようと思った。ヒョウタンは壁に掛けてあって、炕《カン》(オンドル)の上に立っても手が届かなかった。そこで乞食はかみさんに言った。

「おれの肩の上に馬乗りになれ。それで、おれが押さえているから、手を伸ばしてみろ」

肩の上にあがっても、まだ手は届かなかった。乞食のかみさんが、うんと背のびをしてみたが、ヒョウタンがその分だけ上にあがってしまった。あわてたかみさんは、さらに背仲びをしたところ、ドスンと鼻が壁にぶつかった。そして壁にくっついた鼻が長くなりはじめた。宙ぶらりんになったかみさんは、下りようとしても下りられなくなった。

かみさんは大声で叫んだ。

「あれまあ、おまえさん。早く、人を呼んで。鼻が一尺にもなったら、死んでしまうわ」

乞食は炕から跳びおりて駆けだし、そのまま大きな音をたてて扉にぶつかった。そして、動こうにも動けなくなり、突きだした額の骨が戸口の上にくっついてしまった。

ヒョウタンは、壁からはずれて飛びだした。独り者が隣の人と話をしていると、ヒューという音がして窓から飛びこんできた物があった。ころころと転がって炕のテーブルに落ちたヒョウタンを見て、独り者は言った。

「おや、これはうちの物じゃないか。うちで何かあったのかな」

独り者がヒョウタンを持って、家にもどってみると、兄貴分は戸口にくっついているし、かみさんは壁にくっついている。

「何があったんだい」

ときくと、乞食が言った。

「かみさんがヒョウタンを見たいと思って、背伸びをしていたら、鼻が壁にくっついて長くなってしまったんだよ。おれは人を呼ぼうとして駆けだしたら、こんなことになってしまったのさ」

ヒョウタンのなかから出てきた小人《こびと》が、独り者に言った。

「まだ欲しいものがあったら、何でも言ってくれ。おれはもう期限が来たから、帰らなくてはいけないんだ」

独り者が必要なものをみんな出してもらうと、ヒョウタンは竜宮に飛んでもどってしまった。

乞食の夫婦は二人とも下におりたものの、ひどい顔つきになってしまい、二度と人前には出られなくなった。

V 男と女のかかわりで

北京市の年画：天に昇るかまどの神

37　生まれつきの運

——月に残る〈炭焼長者〉譚の影　（広西チワン族自治区）

　わたしの田舎はあまり開けているとはいえない。だから、いたるところに信じられないような伝説がある。わたしが子どものころのことであった。わたしの村に根性の良くない男がいて、婿を毒殺して娘を再婚させ、娘の身《み》の代金《しろきん》でひともうけしようとしたが、その悪だくみを他人にあばかれてしまった。村の人たちのあいだでは、つぎからつぎへと話が広まり、その残忍さと悪者ぶりは誰ひとり知らない者がなかった。そんなこともあって、ある晩にわたしの母親と伯母が、この「お月さまにある薬の木（一）」の物語をわたしに聞かせてくれた。

　あるところに石崇《シーチョン》という大金持がいたが、根性の悪い男であった。この男には十人の娘がいて、いちばん下の阿香《アーシアン》は、父親とちがって気立てがいいのに、まだ結婚していなかった。

　もったいぶった父親は何かあるたびに威厳を示そうとした。ある年の正月に、自分で書いた対聯《ついれん》（二）を門の外に貼りだした。「天下には金持がいるばかりで、貧乏人はいない。この世は自分しだいで、他人には左右されない」というのがその対聯であったが、いつもはひどい目にあっている貧乏人たちも、誰一人としてこれに表だって悪口を言わなかった。本人はますます意気さかんとなり、あたるべからざる勢いであった。

ところが、いちばん下の娘のアーシアンは、それを見るたびに気になり、よその人にも恥ずかしいと思った。そこで、こっそり対聯を書きなおし、「天下には金持もいるし、貧乏人もいる。この世は生まれつきの運しだいで、他人には左右されない」と改めた。

書きなおした対聯を見て腹を立てた父親は、家にいる居候《いそうろう》たちのしわざではないかと疑って、さっそく十数人の居候を呼び集めて問いただした。居候たちは口々に言った。

「旦那のお書きになった対聯は見事ですし、お家柄にもふさわしいものです。誰が書きなおしたりできましょう。わたしたちにはそんなことはできません」

怒りのやり場のなくなった父親は、なんとかして書きなおした者をさがしだし、尻を百回叩かなくてはならないと考えた。

それを知ったアーシアンは、父親の前にかけつけて、遠慮することもなく申し開きをした。

「あれはわたしが書きなおしたので、ほかの人がやったのではありません。天下に生きている者はすべて幸せにならなくてはいけませんし、金持でも貧乏人でもそうなるべきなのです。また、この世の一切を一人の能力で支配することはできません。うちの田畑ばかりが広くなれば、他人の入りこむすきまがなくなるようなものです。なにもかも自分のやりたいようにできるわけがありません。ですから、わたしは対聯の文字を書きなおしたのです」

アーシアンの話を聞きおわると、父親はプンプン怒って口もきかず、娘の両頬に力まかせにびんたをくらわせてから、どなりつけた。

「それなら、おまえの生まれつきの運でやってみるがいい」

父親はさっそくアーシアンをいちばんの貧乏人と結婚させることにした。

ある日のこと、ぼろぼろの着物をつけた貧乏な男が物乞いにやってきた。そこで父親はたずねた。

「毎日あちこち物乞いをして歩けば、なんとか朝から晩までひもじい思いをしないでいられるのか」

「わたしだけはどうにか飢えをしのげますが、年とった母を養うことまではできません」

その答えを聞いて、この貧乏な男は物乞いをして歩いていても、どうにか飢えをしのいでいるのだから、それほどの貧乏人とはいえない、と父親は思った。

またある日のこと、糞を拾って歩く若者が家のそばを通りかかった。父親はこんども呼び止めてたずねた。

「毎日、日暮れまで歩きまわれば、なんとか手に入れた金で食べるだけの米を買えるのか」

「まあ父親に煙草《たばこ》銭《せん》を出してやれるくらいは残ります」

その若者の答えを聞いて、これも貧乏人とはいえない、と父親は思った。

またある日のこと、たきぎ売りの朋居《ポンチュ》という男がたきぎをかついで売りにきた。こんとも父親はたずねた。

「毎日たきぎを売り歩いた金で、なんとかおまえ一人は暮らしていけるのか」

「一日に一回のおかゆを食べられるだけで、たきぎを取る鉈《なた》も買えません。毎日、山でたきぎを取るのに素手を使うので、手をすっかり痛めてしまい、一日で取れるたきぎも少なくなりました。こんな具合では、何日かのうちに飢え死にするかもしれません」

これほどひどい話を聞くと、この男が天下でいちばんの貧乏人だろう、と父親も認めた。そこで、少し立ち入って、

「かみさんはいるのか」

とたずねた。

「いません」

この答えを聞くと、父親は手をのばして娘のアーシアンをさして言った。

「それでは、この娘を連れていって、おまえのかみさんにしてくれ」

「からかわないでください。こちらはお屋敷のお嬢さま、わたしは食うにもことかく貧乏人。

かみさんにするなんて、とんでもありません」

ポンチュがそう言うと、父親は声をはりあげて言った。

「この世は生まれつきの運しだいで、他人には左右されないそうだ。娘がおまえのかみさんになるのも、自分の生まれつきの運なのだから、おまえがことわることはない」

父親はすぐにアーシアンを家から出し、ポンチュについていかせることにした。アーシアンは両親のもとを離れるのが悲しかったけれども、行かないわけにはいかなかった。

家を出ていく時に、娘をかわいそうに思った母親は、父親には内緒でちまきのなかに金の塊をしのばせておいた。

ポンチュとアーシアンの二人は、連れだって川のそばまで来ると、大きな橋のたもとの木かげで休んだ。ポンチュが、

「おれは腹がへった。さっきおっかさんがおいしそうなちまきをくれたようだけど」

と言い、アーシアンから受けとったちまきを開いてみると、中に石ころが一つ入っていた。

ポンチュはなんの気もなく石ころを川に投げ捨てた。それを見たアーシアンはびっくりして涙声で叫んだ。

「まあ、あれは金の塊なのよ。それを川に投げ捨てるなんて」

「あれが金の塊なら、おれが毎日たきぎを取りにいく山にいくらでもあるよ。あんな金の塊

が欲しかったら、山へ行った時に何十でも何百でも取ってきてやるさ」

ポンチュがそう話すのを聞いて、アーシアンはすっかりうれしくなった。木かげでしばらく休むと、二人は家への道を急いだ。

家へ着いたあくる日の朝、ポンチュが山へ出かける時に、アーシアンはいっしょに山へついていこうとした。しかし、ポンチュはアーシアンが纏足《てんそく》をしているのを見て、山道を歩くのはむりだと思い、連れていってくれなかった。

困ったアーシアンは、あれこれ考えたすえに一つの手口を思いついた。その次にポンチュが山へ出かける時に、一袋の殻つきの落花生と一本のさとうきびを持たせ、山道で食べるようにと言った。アーシアンの計略とは知らずに、ポンチュはそれを食べながら山道をのぼった。落花生の殻とさとうきびのかすを目じるしに、アーシアンは山道をのぼっていくことができた。だしぬけにアーシアンがやって来たのをみて、ポンチュはおどろいてたずねた。

「どうやって来たの。こんなけわしい山道を、どうやって下りるんだい。びっくりさせるじゃないか」

ポンチュの話には取りあわず、アーシアンはたずねた。

「金のような石ころはどこにあるの」

「むこうの窪地だよ」

ポンチュの返事を聞くと、アーシアンは気がせいて、すぐに見たいから連れていってと頼んだ。ポンチュは言われるままに窪地の方へと向かった。山の中腹をまわっていき、窪地に着くと、金の塊が山のようにあるのが、アーシアンの目に入った。

こんなにたくさんの金を見て、アーシアンはうれしくなり、夫のポンチュに言った。

「これでわたしたちは大金持になれるのよ。もうたきぎを売って暮らさなくともいいわ」

「飢え死にしないですむのはうれしいな。しかも大金持になれるなんて」

ポンチュがそう返事をすると、アーシアンが言った。

「心配しなくていいわ。この金の塊をいますぐ持ち帰れば、たちまち金持になれるのよ」

二人はあれこれ言いあったすえに、金の塊の一部分を家へ持ち帰った。

こうして、二人は思いがけなく金持になった。食べるものも使うものも、なにからなにまで粗末なものから立派なものへと変わった。早く大きな家を建てたいと思ったが、どんな家にしたらいいのか、なかなか決められなかった。そこで、アーシアンの父親であるシーチョンの家の間取りに合わせることにした。

ある日、朝飯をすませてから、ポンチュはふだん着でぶらりとシーチョンの家へ相談をしにいった。

「わたしはお宅の間取りに合わせて家を建てたいので、図面を書いていただけませんか」

ポンチュがそう切り出すと、シーチョンは家を建てるなんて夢みたいなことを言っていると思い、不機嫌な顔をして、あざ笑うように言った。

「夢でも見てるのかい。今夜の飯を食べられる手はずさえつけば、それでおまえの役は終わるんじゃないのかい。とんでもないことを言いだして、ばかめが」

それでもポンチュが、

「わたしには家を建てる力はないかもしれませんが、せめてお宅の図面だけでも書いていただけませんか」

とくりかえし頼むと、シーチョンはお説教をたれたあげくに、ようやく便所の図面を書いてよこした。

便所の図面をほんとうの家の間取りだと思いこんだポンチュは、得意になって駆けもどった。ところが、アーシアンが開いてみると、それは便所の図面だった。この上なしのひどい貧乏をしている者が、突然あのような大きな家の間取りに合わせて建てるといっても、なかなか信じてもらえないんだ、とアーシアンは心のなかで思った。

あくる日、アーシアンは自分で父親のところへ行き、ほんとうの家の間取りを書いてもらってきた。それにいろいろ手を加え、結局、シーチョンのところよりも大きな家を建てることになった。中に入れるものも、それなりに整ったが、入口の門だけはどうにも決まりがつかなかった。

そのうちにアーシアンが、金の塊のあった山の上に両開きの門になるような大きな岩があったのを思い出した。たくさんの人夫を使って、その岩を運んできてみると、ちょうどいい具合にぴったりであった。この門を取りつけてから、山の上に残っていた金の塊がひとりでに集まってきて、新しい家のなかにあふれるほどになった。これは門にした天然の岩が金の塊の生みの母であったからだそうだ。

それからというもの、二人はシーチョンの何層倍かわからないほどの大金持となり、その土地でも一躍有名になった。そして、「シーチョンの富は天下に知られているが、それでもポンチュの門の片方にも及ばない」と言う者さえいた。

シーチョンは大金持になったポンチュを毒殺して、その財産を奪いとることをたくらんだ。ポンチュは賢い犬を飼っていて、外を出歩く時にはいつも連れていた。

ある日のこと、シーチョンは鋭い剣を手にして、山のなかの大きな木のかげにかくれて待ちかまえていた。そこはポンチュがいつも通る場所であった。その日、ポンチュはひどく疲れていたので、木の根元に腰をおろして休もうとした。すると、木かげにいたシーチョンが力をこめて剣で刺した。ポンチュの体はぐったりとなり、すぐに倒れた。

シーチョンはうまくいったと思い、内心大喜びで飛ぶように駆けもどり、ポンチュについての知らせがとどくのを待った。

ポンチュの犬は主人がやられたのを見ると、まっしぐらに駆けもどり、女主人のアーシアンの前で尾を振って、悲しそうな声で鳴いた。アーシアンは犬の様子が変だし、夫も戻らないので何かあったと思い、犬のあとについていった。犬はアーシアンといっしょに木のところまで走りつづけた。木のところに着くと、夫が誰かに殺されていた。

アーシアンが悲しくて夫の屍に取りすがってしばらく泣いていると、突然、小さなネズミが現れてアーシアンの足の指にかみついた。あまりにも痛かったので、その気はなかったのにアーシアンは小さなネズミを踏みつぶしてしまった。すると少したって、木の洞《うろ》から大きなネズミが出てきて、その木の根元の皮をちょっとかじり、それを小さなネズミの屍の上にかぶせた。驚いたことに、小さなネズミはいくらもたたないうちに生き返った。

ネズミの様子を見ていたアーシアンは、自分もその木の根元の皮を口に入れて少しかみ砕き、それを夫の傷口に吐き出して塗りつけた。夫はたちまち小さなネズミのように、死にかけていたのによみがえった。その木には死にかけたものをよみがえらせる働きがあり、薬の木と呼ばれているのであった。

ポンチュは死にかけてからよみがえったのだが、誰が自分を殺そうとしたのかはまったく分からなかった。だが、アーシアンがこのことをシーチョンに知らせると、シーチョンはとてもがっかりしていた。

シーチョンはまだなんとかポンチュを殺してしまいたいと思っていた。だが、薬の木があるかぎりポンチュを殺すことはできない。そこで、シーチョンはポンチュを殺すには、まずその木を枯らさなくてはいけない、と考えた。

なによりも木を枯らすことが第一だと、シーチョンはよく切れる斧で何日も切りつづけた。ところが、（三）一日ではほんの少ししか切れないし、切りおわらないでいると、あくる日にはまた元どおりになっていた。

とうとうシーチョンはがまんができなくなり、夜になっても家へ帰らないで、木の切り口に横になって眠り、元どおりになるのを防ごうとした。しかし、木の根に自分が取りこまれてしまうなんてことは考えもしなかった。あくる日、シーチョンが目をさますと、体が木の根から離れられなくなっていて、永久にそのままになった。

これは天の神様がわざわざ根性の悪い者にした仕打ちで、この世の人たちへの永久の見せしめであった。

わたしの母親と伯母が、この物語をわたしに聞かせてくれた時、二人は月のなかの黒い影が薬の木で、その木の根元に横になっているのがシーチョンだと言った。そして同時に、わたしたちに心のやさしい人にならなくてはいけないよ、と教えてくれたのであった。

（一）　薬の木——原文の「天丹樹」は「天の薬の木」の意で、おそらく架空の植物名。「丹」はもと漢方薬の調剤に朱砂（辰砂）を用いたことから、漢方薬一般をさす。ふつう中国で月にあるとされる木は「桂（モクセイ）」で、その代表種が「丹桂（キンモクセイ）」であることの連想もあるかもしれない。語り物や演劇の「白蛇伝」で、蛇の姿を見て驚死した許仙を生き返らせるために、白娘子が崑崙山から盗み出そうとする「霊芝仙草」も、おなじ作用を持つ植物といえよう。

（二）　対聯——めでたい対句を二枚に書き分けて、門や神棚や壁面に貼り出すもの。新年用はとくに春聯という。ここの原文は、「天下有富不有貧、世間由我不由人」で、それを娘が「天下有富亦有貧、世間由命不由人」と一字ずつ二か所改めたのである。「由命不由人」とは、親など他人の世話にならなくとも、自分の持って生まれた運（福運）で幸せを手に入れるという意。

（三）　元どおり——切られかけた樹木が一夜のうちに元どおりになってしまう話は、古くから『捜神記』などの諸書にも見える。

38　かまどの神の由来
——張郎と丁香の物語（山東省）

毎年、旧暦の十二月二十三日はかまどの神を祭る日である。

山東《さんとう》省膠東《こうとう》地方の西部のあたりでは、かまどの神を祭る日をこんなふうに過ごしている。

この日になると、人々はかまどのうしろの壁から、ほこりにまみれた古いかまどの神の画像をはがして焼きすて、新しく買ってきたかまどの神の画像をそこに貼りつける。人によっては、画像の両わきに「天に昇ってはめでたいことを申しあげ、下界にくだっては幸せをさずける」という対聯《ついれん》(一)を貼りつけ、さらに「一家の主《あるじ》」という横書きの一句を添えることもある。

また、この日にはどこの家でもうどんを食べることになっている。貧乏で小麦粉で作った白いうどんを口にできない人たちは、雑穀の粉で作ったうどんでもいいから食べようとする。

そのうえ、この日には、というよりこの日だけは「一家の主」とたてまつられるかまどの神も、年に一度の延びたうどんの供え物にありつくことができる。そこで、この日には人々が「かまどの神の苗字《みょうじ》は張《チャン》、延びたうどんを年に一杯」という歌にちなむ物語を語るのである。

このチャンと呼ばれるかまどの神には、どんな由来があるのか。また、人々はどうして毎年、旧暦の十二月二十三日になるとうどんを食べるのか。では、その物語を聞かせることにしよう。

ずっとむかし(それがいつであったかはわからない)、あるところに(それがどこであったかはわからない)、チャンという苗字の世間なみの暮らしをしている一家があった。年寄り夫婦のほかに、息子とその嫁の四人暮らしで、息子は張郎《チャンラン》、つれあいは丁香《ティンシアン》といった。年寄り夫婦は息子と嫁をとてもかわいがっていたし、息子たちは夫婦仲もよく、ティンシアンはしゅうととしゅうとめによく孝行をつくした。そんなわけで、はじめのうちはなごやかな日がつづいていた。

ところが、そのうちにチャンランは家にいて畑仕事をするのがいやになり、なにがなんでも外へ出て商売をするのだと言いだした。年寄り夫婦とティンシアンは、チャンランに外に出てもらいたくはなかったから、なんとか思いとどまらせようとした。けれども、チャンランはどうしても聞き入れないので、しかたなく行かせることにした。

チャンランが出ていってから、一家の暮らしの重荷はほとんどティンシアン一人の肩にかかることになった。しゅうととしゅうとめはもう年で、力仕事はむりであった。雨の日も風の日も、ティンシアンが山や畑で必死に働かなければならなかった。それでようやく、一家三人がひもじい思いをしないですむのであった。

チャンランが出ていってから五年たったが、なんの音沙汰もなかった。年寄り夫婦は息子のことを気に病んで、二人とも寝こんでしまった。ティンシアンは医者にも見せてあらゆる手をつくしたが、病気は思わしくなかった。やがて、二人は前後して亡くなった。ティンシアンは質入れや売り食いをしてしゅうととしゅうとめの葬式をすませたので、暮らし向きはますますたいへんになった。

チャンランが出ていってから十年たったが、やはりなんの音沙汰もなかった。それに何年もの日照りつづきがかさなって、ティンシアンの暮らし向きは悪くなる一方であった。家にある物はほとんど売り払ってしまった。ただ自分が長年世話をしてきた老いぼれ牛とぼろ車だけは、どうしても手離せなかった。それもそうだ。この老いぼれ牛とぼろ車がなければ、女手一つで山の畑を耕したりすることは、とてもできなかったろう。

つらい目にあえばあうほど、ティンシアンにはチャンランのことが思われてならなかった。それこそ、歩いていても腰かけていても、また食事をしていても眠っていても、チャンランのことを心にかけていないことはなかった。

ある日のこと、ティンシアンが畑から家にもどると、もう日が暮れてまっくらになっていた。一日の疲れで体が痛んで、なにをする気力もなかった。ティンシアンは食事もとらないで、炕《カン》

（オンドル）の上で横になると、うとうと眠りこんでしまった。

ティンシアンが炕の上で横になっていると、ふと大きな男が入ってくるのが見えた。その男は髪の毛はぼさぼさで、着物もぼろぼろであった。ティンシアンはおもわずドキッとなった。だれだろうと思って起きあがってみると、なんとそれはチャンランではないか。チャンランがもどってきたとわかって、ティンシアンの心には驚きと喜びとが、また嬉しさと悲しさとが、どっとばかりこみあげてきた。ティンシアンはそのままチャンランの胸にもたれかかると、声をあげて泣きだした。

チャンランも泣きながら話しかけた。

「ティンシアン、おとっつぁんやおっかさんには済まないことをしたし、おまえにも迷惑をかけた。こんなに長いこと留守にしていて、おれは一銭の金もかせいでこなかったし、おまえにはずいぶんつらい思いをさせた。おとっつぁんやおっかさんだって、おれのことを気に病んだばっかりに、早死にしてしまった。おれはもう人に会わせる顔がないよ」

チャンランが悲しんで泣くのを見ると、ティンシアンは涙をこらえて、いたわりのことばをかけてやった。

「チャンラン、過ぎてしまったことはもう言わないで。あなたが無事にもどってきてくれただけでいいのよ」

ティンシアンは、チャンランがよそで出会ったいろんなことを話してくれるのを、じっと聞いていた。するとコケコッコーというオンドリの鳴き声がして、はっと眼をさました。起きあがってみると、家のなかにはチャンランの姿はなかった。がらんとした部屋のなかは、いつものようにティンシアン一人だけであった。

「ああ、やっぱり夢だったんだわ」

と、ティンシアンは長いため息をついた。あたりの様子をうかがうと、まだ一番鶏《いちばんどり》が鳴いたばかりで、夜明けにはだいぶ間《ま》があった。そこで、また横になったが、もうどうしても寝つかれなかった。ティンシアンが、夢のなかのやりとりを思いうかべて、何度も寝返りをうっているうちに、いつのまにか朝になっていた。

それから何か月かたったある日のこと、チャンランがほんとうにもどってきた。しかし、そのチャンランはもうむかしのチャンランではなかった。チャンランは成金《なりきん》の商人《あきんど》になっていた。星をあおぎ月をながめ十年も待ちこがれていた夫がもどったのだから、ティンシアンの喜びはこの上なかった。さっそくお湯をわかし食事の支度にとりかかったが、ぼっとしていたためか、ごちそうを作る鍋に水を入れ忘れたり、水を入れると中身を忘れたりした。

「まあ、わたしはなんてことをしているの」

そうつぶやいて自分を責めながらも、ティンシアンの顔には喜びの色がかくしきれなかった。

ところが、家に入ってきてからのチャンランは、ティンシアンの顔をまともに見ようとはしなかった。そして、家のなかから庭の方まで見てまわってから、一通の離縁状をティンシアンの前に放りだして言った。

「おまえには老いぼれ牛とぼろ車をやるから、すぐにこの家から出ていってくれ」

離縁状をつきつけられるなんて、ティンシアンにはまったく晴天の霹靂《へきれき》であった。今日か明日かと十年も待ちこがれて、やっともどってきた夫からこんな仕打ちをうけようとは、夢にも思わなかった。あまりのことに動転してしまったティンシアンは、しばらくしてからようやく口を開き、

「チャンラン、これは本気なの」

とたずねた。

「おれがおまえをからかったりするもんか」

チャンランは腹立たしげにそう答えた。

「わたしのどこに落ち度があったの。どうして出ていけと言うの」

ティンシアンはなっとくできないといった口ぶりで聞きかえした。

もともと無理を承知のチャンランは、こう言われると返すことばもなかった。しばらくしてから、苦しまぎれに言った。

「おれがそうしたいから、出ていけと言うんだ」

「あなたはわたしたちのむかしの仲を忘れたんですか」

「むかしの仲なんて関係ないよ。つべこべ言わずにとっとと消えてくれ」

チャンランはつれなくそう言いすてると、むこうへ行ってしまった。

ティンシアンには、この上なにを言ってもむだだとはっきりわかった。そこで自分の着るものをまとめ、長年世話をしてきた老いぼれ牛を引っぱり出して、ぼろ車につないだ。ティンシアンが車にあがって腰をおろすと、牛はティンシアンをのせて歩きだした。

ところで、ティンシアンはどこへ行ったものか。自分の里《さと》へもどろうとしても、両親はとっくに亡くなっていたし、兄嫁が「離縁」された女を引き取るはずもない。親戚に世話になろうとしても、そこで一生暮らすわけにはいくまい。あれこれ考えても、行く先は思いうかばなかった。そこで、この牛が連れていってくれるところへ行くことにしよう、どこだってかまわない、と腹を決めた。

牛はティンシアンをのせて、どこまでも歩いていった。夜が明けてから日暮れまで歩き、日が暮れると夜明けまで歩いた。どれほど歩いたか、どこまで歩くのか、まったくわからなかった。いつまでも牛が止まる気配をみせないので、ティンシアンは牛に声をかけた。

「ねぇ、わたしをどこへ連れていくの。あとどれくらい行ったら着くのかしら。お婿さんのいる家へ連れていってくれるのなら、頼みがあるわ。お金持のところへなんか連れていったら、包丁をといでおまえを殺してしまうよ。でも、貧乏な人のところへ連れていってくれたら、押切りでわらをきざんでおまえに食べさせるわ」

それを聞くと、牛は大きくうなずいて、なおもティンシアンをのせて歩きつづけた。

やがて、ティンシアンをのせた牛は大きな山へと入っていった。山のなかを歩きまわった牛は、日が暮れるころになってようやく、近くにはまったく家のない一軒屋の前で止まった。

「あら、ここへ連れてきてくれたのね」

とティンシアンがたずねると、牛はうなずいた。

「だけど、よその家へ入っていくなんてきまりがわるいわ」

ティンシアンがそう言うのを聞くと、牛は頭をあげてモーモーと鳴いた。

しばらくすると、ギーと門をあける音がして、庭先からやさしい顔立ちのおばあさんが出てきた。おばあさんはそばにくると、

「どちらからお越しですか」

とたずねた。

「おばあさん、わたしは道に迷ったのです」

ティンシアンがそう答えると、おばあさんは、

「まあ、なんでまた一人で出かけたのですか」

とやさしく叱り、こう言った。

「さあ、車からおりて、うちで休みなさい。あしたになったら、息子に送らせます。あなたが一人で道をさがすのはとてもむりですから」

おばあさんがやさしくて、気のよさそうなのを見て、ティンシアンはあとについて家に入った。話を聞くと、おばあさんは息子と二人暮らしで、三十に近い息子はまだ独り者であった。その日、息子は山へたきぎを取りにいって、まだもどっていなかった。

日が暮れると、山へたきぎを取りにいっていた息子がもどってきた。息子もまじめで、気のよさそうなのを見て、ティンシアンは自分の身の上を包みかくさずに二人に話して聞かせた。二人はティンシアンの身の上にすっかり同情した。おばあさんはティンシアンの気立てや人柄がよいのを見て、引き取って息子の嫁にすることにした。

話かわって、チャンランはどうなったか。ティンシアンを離縁したあくる日、チャンランはよそから連れてきた芸者の海棠《ハイタン》を正式に妻に迎えた。

まわりの人たちはチャンランのそんなやり口が気に入らなかった。そこで、こんな歌を作った人もいた。

「チャンラン、チャンラン、根性腐り。おもてからティンシアン追い出して、うらからハイタン引き入れた。義理を忘れたその身では、おごった暮らしもいつまでか」

偶然であったのかもしれないが、みんなの歌いはやしたとおりのことが、チャンランの身に起こってしまった。ハイタンを迎えて一年もたたないうちに、家が大火事にあい、家財が丸焼けになっただけでなく、ハイタンまでも焼け死んだ。チャンランは燃えさかる火のなかから命からがら逃げ出しはしたものの、火にやられて両眼がほとんど見えなくなってしまった。生きていく手だてを失ったチャンランは、しかたなく乞食《こじき》をして歩くことになった。

ある日のこと、ティンシアンが庭先でわらをきざんで牛に食べさせていると、一人の乞食が門口《かどぐち》に来ているのに気づいた。ティンシアンは、残っていたうどんをどんぶりに山盛りにして、乞食に食べさせた。乞食はガツガツと二口、三口でうどんを平らげてしまい、

「おくさん、もう一杯いただけませんか」

とティンシアンに頼んだ。そこで、ティンシアンがうどんをもう一杯あげると、こんども二口、三口でそれを平らげてしまい、またティンシアンに言った。

「おくさん、できることなら、もう一杯いただけませんか。この山に入って道に迷ってしまい、二、三日も食べ物を口にできなかったのです」

ティンシアンは、その乞食の口のきき方に覚えがあったので、もしかしたらと疑った。そして近寄ってよくながめると、乞食はまちがいなくチャンランであった。チャンランとわかると、

ティンシアンは腹の煮えくりかえる思いであった。はじめは気のすむまで嫌味を言ってやろうかと考えたティンシアンも、その落ちぶれた様子を見てかわいそうになり、そんなことをする気にはなれなくなった。

ティンシアンは一言も口をきかずに、チャンランにやる食べ物を取りに家のなかへもどった。そして、食べ物をどんぶりに入れながら考えた。

「チャンラン、あなたがこんなことになるなんて思ってもみなかった。だけど、わたしはあなたみたいに腹黒いことはできないわ」

ティンシアンはさらに考えた。

「あの人に食べ物もあげたわけだし、ついでに、もっと助けてあげようかしら。あの人とわたしがむかし夫婦だったなんて、だれにも分かりやしないわ」

そう思い返すと、ティンシアンは頭から一本のかんざしと一つの蓮《はす》の葉の飾りを抜きとって、どんぶりのなかに入れた。チャンランがうどんを食べるときに気がつけば、それを金にかえることもできるだろうと思ったからだ。

チャンランはティンシアンのよそってくれた三杯目のどんぶりを受けとると、またガツガツと食べはじめた。三口目で蓮の葉の飾りに当たると、火にやられた眼がよく見えないせいか、豆の葉とまちがえた。チャンランはその蓮の葉の飾りをどんぶりのなかから手でつまみだして、

「豆の葉だな」

とつぶやいて、地面に投げすてた。

食べおわるころになって、かんざしに当たると、チャンランはそのかんざしをつまみだして、

「豆の根っこだな」

とつぶやいて、これも地面に投げすてた。

そんなチャンランの様子をながめていたティンシアンは、怒るわけにも笑うわけにもいかず、なんと言っていいかわからなかった。

ティンシアンが思いなやんでいると、突然、チャンランの声が耳に入った。

「おくさん、もしできることなら、もう一杯いただけませんか」

これ以上がまんできなくなったティンシアンは、思わず口走った。

「なんてことを言うの、チャンラン。むかしの女房をおくさんと呼んだりして」

チャンランは食べ物をめぐんでくれた「おくさん」が、まさか自分の追い出したティンシアンだとは考えてもみなかった。思いがけない出会いにうろたえたチャンランは、しばらくしてからやっと口を開き、つっかえながら言った。

「お、おまえがティンシアンだって」

「そうです。わたしはあなたに離縁されたティンシアンです」

それを聞いたチャンランは、恥ずかしくて居たたまれず、かまどのなかにもぐりこんで、それっきり出てこようとはしなかった。

やがてチャンランは、かまどのなかで息がつまって死んでしまった。

チャンランが死ぬと、玉皇大帝《ぎょっこうたいてい》は自分とおなじ苗字だというだけの理由から、あとさきの考えもなくチャンランをかまどの神に取り立てたのだそうだ。（玉皇大帝の苗字もチャンというので、みんなはチャン玉皇と呼んでいる。）そしてチャンランの死んだのが旧暦の十二月二十三日であったから、その日をかまどの神を祭る日とさだめたという。

かまどの神のチャンランは、玉皇大帝がじきじきに取り立てたのだが、みんなはそれほど重きをおいていない。それでも、玉皇大帝の前であることないこと告げ口されてはかなわないので、あまりおろそかにもできず、祭りのたびに供え物をあげるぐらいのことはする。

のちに、こんなことを考えだした人がいた。

「ティンシアンのくれた延びたうどんを食ってからチャンランは死んだのだから、これからはこの日に、延びたうどんをチャンランに食べさせたらどうだろう」

みんなもそれに賛成して、それからはかまどの神には、ほかの供え物をあげずに、毎年、旧暦の十二月二十三日にだけ延びたうどんを食べさせることにした。

かまどの神にしてみると、みんなのこんな扱いが気に入らない。しかし、自分のやったことが面目《めんぼく》ないことはよく承知しているので、文句をいうわけにもいかない。だから、不満をいだきながらも、年に一度の延びたうどんを飲みこむほかはない。

みんながかまどの神を祭る日にうどんを食べるのも、また「かまどの神の苗字は張《チャン》、延びたうどんを年に一杯」という歌が伝わりはじめたのも、それ以後のことだという。

これがかまどの神の由来を語る物語である。

(一) 対聯――対聯については「生まれつきの運」の訳注(二)を参照。ここの原文は「上天言好事、下界降吉祥」で、横書きの一句(「横批」)は「一家之主」。

39　幸せをさがしに

――西の国の仏様をたずねた若者（山東省）

ずっとむかし、いつの時代かわからないが、金福《チンフー》という若者がいた。チンフーは気立てもよく、働き者であったけれど、暮らしは苦しかった、チンフーは母親といっしょに、長年、地主の家で仕事をしていたのに、食うものや着るものにも不自由していた。

チンフーが十八の時、母親が重い病気にかかった。お金がなくて医者に見せることもできず、病気は日一日と悪くなるばかりであった。心配でたまらないチンフーは、どこにも出かけないで、母親のそばにつきっきりでいた。素人療法をおそわって漢方薬をのませてみたけれども、あまり効き目はなかった。

ある日のこと、もう病気が直らないと分かった母親は、弱々しい声でチンフーを呼んだ。

「チンフー、こっちへおいで。おまえに話しておきたいことがあるの」

チンフーがそばにいくと、母親はチンフーの手をとって話しかけた。

「チンフー、お父さんが早く亡くなったあと、おまえをこの年まで育てるのはたいへんだった。おまえが大きくなって働いてくれるようになったら、暮らしもらくになるだろうし、それでおまえに嫁さんをもらってやれたら、死んでもいいと思っていた。ところが、うまくはいかないもんだね。おまえが一人前に働くようになっても、千年このかたとおなじ貧乏暮らし。ねえおまえ、年上の人たちの話では、西の国には仏様がいて、どうしたら人が幸せになれるか、知っているそうだよ。おまえは幸せになりたかったら、それをさがしに行ってみたら……」

そこまで話して、母親は息をひきとった。チンフーは母親に取りすがって、ひとしきり大声で泣いた。しかし、泣いてばかりいるわけにもいかず、棺桶を買ってきて母親を葬った。

母親を葬ってから家にもどると、あとに残されたのは自分一人だけで、これ以上、仕事をつづける気持にはなれなかった。そうなると、母親が死ぬ前に話したことが気にかかりはじめ、地主の家に住込みで働くのをことわり、西の国へ行って仏様をたずね、幸せをさがそうと決心した。

チンフーはさっそく地主のところへことわりにいった。ところが、門を入ったとたんに地主が現われ、牛のような、卵ほどの眼でにらみつけてどなった。

「何をしに来た。どうせ働く気がないんだったら、もう来なくていいんだ」

そう言うなり、家のなかへ引き返すと、地主はチンフーが使っていた掛け布団を持ってきてほうりなげた。

チンフーはじっとこらえて、口もきかずに、布団を拾って出てきた。家へもどると、チンフーは金にかえられるものはすっかり売り払い、少しばかりの旅費を工面して出発することにした。

何日も歩いているうちに、チンフーは旅費をすっかり使いはたしてしまった。それでも、チンフーはへこたれなかった。働きさえすれば食うことはできる。何日か臨時雇いをやって旅費をかせいでから、また道を急げばいい。そう思っていた。

ある日のこと、張家荘《ちょうかそう》という小さな村に着いた。チンフーは一人の年とった農夫に会うと、おじぎをしてたずねた。

「おじいさん、どこかに仕事の口はありませんか」

「村の西のはずれに仕事の市《いち》がたつ。仕事がほしければ、そこで待つがいい。きっと誰かが声をかけてくれるだろう」

チンフーは年とった農夫にお礼をいうと、仕事の市へと向かった。

仕事の市で待っていると、いくらもたたないうちに、五十をすぎた年配の男がやってきた。その男はチンフーを一目見て、体つきもがっちりしているし、きっと仕事のできる若者にちがいないと思い、そばにいって声をかけた。

「兄さん、仕事をさがしているんだろう。どんな仕事ができるんだい」

「どんな仕事だってやりますよ」

チンフーがそう返事をすると、男はよろこんで言った。

「じゃ、わしのところへ来てくれ」

この年配の男は、もともと張《チャン》という姓で、女房とのあいだに口のきけない娘が一人いた。三人で十何畝《ムー》の畑を作っていたが、以前には男手一人でも余力があった。ところがこの何年か、年をとって手足がきかなくなり、いそがしい時になると、どうしても二、三日は臨時雇いを頼まなければならなかった。

チャンさんはチンフーをつれて帰ると、さっそく仕事をやらせてみた。働かせてみると、チンフーは畑の仕事でも作業場の仕事でも、手ぎわよくきちんと片づけた。

その仕事ぶりがすっかり気にいったチャンさんは、自分にこんな息子がいればどんなに助かるだろうと思った。それに娘が口をきけさえしたら、こういう人と結婚させてやれるのに、娘がこんなでは、自分からそんな話を切りだすことはできないとも考えた。

チンフーはチャンさんの家でつづけて十何日も働き、それが終わるとチャンさんに言った。

「おじいさん、わたしはあした出かけたいのですが」

「もう何日か働いてくれないか。それにどこへ行くというんだい」

チャンさんにそういわれて、チンフーは答えた。

「おじいさん、うちはとても貧乏で、小さいころから他人の家で働きました。しかし、朝から晩まで働いても、食うものや着るものに不自由しました。おっかさんが死ぬ時、わたしに話しました。西の国には仏様がいて、どうしたら人が幸せになれるか、知っているそうだ。おまえはそこへ幸せをさがしに行ってみたら、と」

「じゃ、どうして道を急がなかったのかい」

チャンさんがそう聞くので、チンフーは言った。

「旅費がなくなってしまったんです」

「それならそうと、早くいってくれれば、わしだって少しは手助けができたのに」

チャンさんはそういったあと、チンフーが仏様をたずねていくと聞いたので、おもわず自分の気にかかっていることを思いだし、長いためいきをついた。

「チャンさん、どうしましたか。なにか心配ごとでもあるのですか」

チンフーがそう聞くと、チャンさんは話をはじめた。

「実をいえば、わしには玉枝《ユーチー》という娘がいて、今年で十七、八になる。この娘は生まれつきりこうで、なんでもできるのだが、口をきくことだけができない。わしらにとっては、この娘のことがいつも気にかかっているのだ。ほんとに、おまえさんが仏様のところへ行けたなら、どうかたずねてみてくれないか。この子はいつになったら口をきくようになるのか、と」

これを聞いたチンフーが、

「承知しました」

と答えたのはいうまでもない。

チャンさんは部屋にもどると、このやりとりをかみさんにも話して聞かせた。二人は大喜びで、チンフーをひとしきりほめちぎったあと、朝までかかってチンフーのために旅費を用意し、弁当の支度をしてあげた。

あくる日の朝、チンフーはチャンさんにお礼を言ってから、張家荘をあとにして、先へと道を急いだ。夜が明ければ歩き、日が暮れれば泊まって、何日もいくうちに、また旅費をすっかり使いはたしてしまった。それでも、西の国への道のりはまだ遠かった。

ある日のこと、楊樹荘《ようじゅそう》という小さな村に着いた。すると、一人の白いひげの年寄りが、雨傘を手に持ってせかせかと歩いてきた。チンフーは、近寄ってたずねた。

「ご老人、どなたか働き手をさがしている方はおりませんか」

チンフーの身なりをながめてから、年寄りは言った。

「若い衆よ、おまえさんは知らないだろうが、わしらの楊樹荘はもとから貧乏なところへ、今年は日照りにあい、飲み水さえない始末だ。仕事をたのむ者なんかおりはせん」

「ご老人、わたしは旅の者で、これから西の国へ仏様をたずねていくところ……」

チンフーがそう話しはじめると、年寄りはせきこんで聞きかえした。

「どこへ行くんだって」

「西の国の仏様のところへ、幸せをさがしに行くのです」

チンフーがそう答えると、年寄りは言った。

「幸せをさがしに行くというのかい。わしらのところでは、日照りにあえば飲み水さえなくなる。そうすると十何里の先まで水くみに行かなくてはならん。日照りにあっても水が飲めるようにするには、井戸を掘ることだ。水をくみだせなければ、雨乞いも役に立たない。これが村中の人の悩みなのだ。おまえさんが仏様のところへ行けたなら、楊樹荘の者のためにたずねてみてくれないか。どうしたら水が飲めるようになるか、と」

これを聞いたチンフーが、

「分かりました。きっとたずねてみます」

と答えたのはいうまでもない。

この返事を聞いて、年寄りは大喜びで、チンフーを家に連れかえって休ませた。そして、チンフーが村の人たちのために水の出る方法をたずねてくれることを、みんなに話した。ところで、この年寄りは李《リー》という姓で、村中の人から推薦されて雨乞いの会頭《かいとう》になっていた。村の人たちはリー会頭の話をきいて、たいへん感激し、すすんでチンフーの旅費を集めてくれた。

チンフーが出かける時には、村中の人がドラや太鼓を鳴らして見送ってくれた。チンフーは人々に別れのあいさつをしてお礼をいうと、また先へと道を急ぎ、西に向かって歩きだした。

チンフーは例によって、夜が明ければ歩き、日が暮れれば泊まり、腹がへれば食べ、のどがかわけば飲んだ。何日歩いたかも分からなかったし、どれだけのつらいことや危ないことに出会ったかも分からなかったけれども、チンフーはひたすら先を急いだ。

何日も歩いているうちに村里はしだいに少なくなり、やがて何日歩いても人家を見かけなくなった。チンフーはそれでもへこたれず、宿がなければ道ばたに野宿し、食うものがなければ木の実や草を食べて飢えをしのいだ。

ある日のこと、チンフーは大きな川のほとりに出た。川は向こう岸が見えないほど広く、川底も見えないほど深く、波がさかまいて、流れは速かった。船もなければ、橋もなくて、どうしてこの川を渡ることができようか。これではどうにもならない。そう思ったとたん、腹がへって疲れていたチンフーは、とつぜん目の前がまっくらになり、気を失ってしまった。

まもなくチンフーが気をとりもどし、目をあけてみると、すぐ前に一匹の小さな蛇がとぐろを巻いて頭をあげているのが見えた。そして、とつぜんチンフーに話しかけた。

「旅のお方、あなたはどこへ行くのですか」

チンフーは、自分は西の国の仏様のところへ幸せをさがしに行くところだと答え、おしまいにこう言った。

「なかなか思うとおりに事ははこばないものだ。こんな大水に出会ってしまったら、渡るのはむつかしいだろう」

するとと小さな蛇が言った。

「船がなくとも心配はいりません。わたしはあなたを乗せて渡れます。ただ一つだけお願いがあります。どうか仏様にたずねてみてください。いつになったら、わたしはまた天上の宮殿にもどれるのか、と」

チンフーは蛇のためにきっとたずねてやることを承知した。

小さな蛇はとても喜び、頭を振ったりしっぽを挙げたりしてから、チンフーに目を閉じて自分の体に乗るようにと言った。チンフーが目を閉じて蛇の上にまたがると、蛇の体は屋根の横木のように太くなったように思われた。チンフーが蛇の体にしっかり抱きついていると、ちょっとのあいだ水の音がして、じきに止み、目をあけてみると、もう川を渡って向こう岸についていた。

チンフーは小さな蛇に頭をさげて別れのあいさつをしてから、また西の国に向かう広い道を歩きはじめた。

それからまた何日歩いたか分からなかった。ある日のこと、歩いているうちにあたりがだんだん暗くなり、伸ばした自分の手のひらも見えなくなった。何が起こったのか分からなかったが、チンフーは歩きづめでへとへとに疲れていたので、荒れ地に横になると、そのまま眠りこんでしまった。

どのくらい眠ったか分からなかったが、とつぜん空中から人が大声で叫ぶのが聞こえた。

「仏様が地上にお出ましになった。願いごとのある者は申し出てもよいぞ」

チンフーはあわてて体を起こした。しかし、体を起こすと声は聞こえなくなった。自分の気がはやっていたために聞きちがえたのかと思い、チンフーはまた横になった。すると、横になったとたんに、また人の叫ぶのが聞こえた。

「仏様が地上にお出ましになった。願いごとのある者は早く申し出られよ。あまり時間はないぞ」

チンフーは、これが自分のたずねてきた西の国の仏様かもしれないと思い、あわてて起きあがって問いかけた。

「天にまします仏様、張家荘にチャンという年配の人がおりまして、十七、八になる娘がありますが、いまだに口がきけません。いつになったら口をきくようになるでしょうか」

「娘を本気で愛する者が現われれば、口をきくようになるだろう」

仏様がそう答えたので、チンフーはさらにたずねた。

「楊樹荘という村では飲み水がまったくありません。どうしたら井戸の水がくみだせるようになるでしょうか」

「村の入口に大きな柳の木があって、村中の水を吸いあげてしまっている。この木を根こそぎ掘りとって、そのあとを一丈あまりも掘れば飲みつくせないほどの水が湧くだろう」

仏様がそう答えたので、チンフーはさらにたずねた。

「まだございます、東の方にある大きな川の岸べに一匹の小さな蛇がおりまして、もともと天上にいたのですが、いまだにもどれません。いつになったら天上にもどれるでしょうか」

「その蛇は水をよける珠《たま》を持っておる。この珠を捨ててしまえば天上の宮殿にもどることができよう」

仏様がそう答えた時、とつぜん人の声が聞こえた。

「もう時間になったぞ。仏様は天上にお戻りになるのだ」

チンフーはあわてて跳びあがり、大声で叫んだ。

「仏様、まだございます、まだ……」

しかし、仏様はもう立ち去って、その場にはいなかった。

なんとか人に頼まれたことだけはたずねたが、チンフー自身のことは何も聞けなかった。がっかりはしたものの、また考えなおして、人のために役立ったことでうれしい気持にもなった。

やがて夜も明けたので、チンフーはやむなく来た道を引き返すことにした。

その日、チンフーは急いで歩いたので、あっというまに大きな川の岸辺まで戻ってきた。すると、そこで小さな蛇が待ちかねたようにしているのが目に入った。

蛇はチンフーが戻ってきたのを見て、とても喜び、おじぎをしたりしっぽを振ったりしてから、チンフーをこの前のように自分の体に乗せ、川を渡してくれた。

小さな蛇は頭をあげ、望みをつなぐまなざしでチンフーを見つめた。チンフーはさっそく仏様の言ったことを話してきかせた。

「おまえのことをたずねたら、仏様はこういったよ。おまえは水をよける珠を持っている。その珠を捨ててしまえば天上の宮殿にもどることができる、と」

小さな蛇が喜んでくれたので、チンフーもうれしさを分けてもらったような気持になった。小さな蛇は口のなかからきらきら光る珠を吐きだして、チンフーに渡した。それからチンフーにお礼をいうと、一本の青い線となって大空に舞いあがり、やがて見えなくなった。

チンフーは小さな蛇のくれた品物をしまいこみ、楊樹荘に向かった。

楊樹荘は二年つづきの日照りで、様子が悪くなる一方であった。十里も先まで水をくみにいく人々が、機《はた》の梭《ひ》のように行きかい、ひどいさわぎであった。この何日かは、その十里先の水もなくなりかけていた。人々はいつになったら、こんな状態から抜けだせるのかと、ため息をつくばかりであった。

その日、リー会頭は村中の人々を集めて話した。

「わしらのところでは、日照りにあえば雨乞いも役に立たない。なんとしても井戸を掘ることだ。昔の人も山は高いもの水は深いものといっている。わしらのところにも、きっと水はあるはずだ」

人々はあれこれと議論した。

「井戸掘りのために骨を折るのは平気だが、骨を折っても水が出ないとがっかりする」

そういう者もあれば、またこういう者もあった。

「これまでにもずいぶん井戸は掘った。しかし、どこを掘っても水の出たためしがない」

みんなが議論しあっているところへ、チンフーがやってきた。リー会頭はいそいそと出迎え、みんなはチンフーをとりかこみ、いい知らせを持ってきてくれるのを待ちかねていた様子であった。

チンフーは笑顔でみんなに話しかけた。

「村のみなさん、わたしはみなさんの雨乞いについてたずねてきました。仏様はこういいました。村の入口にある古い柳の木を根こそぎ掘りとって、そのあとを一丈あまりも掘れば飲みつくせないほどの水が湧くだろう、と」

これを聞きおわると、みんなは歓声をあげた。こんどこそ貧乏の根っこを見つけたぞ。さあ、取りかかれ。井戸を掘ろう……と。

リー会頭はチンフーを休ませると、みんなを連れて古い柳の木を掘りにいった。みんなは昼も夜も掘りつづけ、二日目に木を掘りとった。それから一尺、二尺と掘りすすめ、一丈あまりの深さまで掘ったが、水はまだ出なかった。

「だめだ。やっぱり水は出ないぞ」

という人もいたし、また

「もっと掘ってみよう」

という人もいた。

みんながもっと掘っていくと、ガチンと音がして、煉瓦の形をした金の塊が二つ出てきた。この金の塊が水の湧く穴をふさいでいたので、それを取りのぞくと、二か所の清水から柱のように水が噴きだした。みんなは水を見ると自分の命のように思い、いっそう精をだして掘りすすめた。水はどんどんふえて、じきに井戸掘りはおわった。

井戸の水はきれいでおいしく、ほんとに飲みつくせないし、使いきれなかった。もうこれで楊樹荘も悲惨な目にあわないですむことになった。

楊樹荘の人々はチンフーに感謝して、水の穴をふさいでいた二つの金の塊を、お礼としてくれた。チンフーは何度もことわったが、みんながどうしてもというので貰うことにした。それからみんなと別れて、張家荘に向かった。

チンフーがまだ張家荘に着かないうちに、チンフーが楊樹荘のために水を出してやったうわさが、先にチャンさんの耳に入っていた。口にこそ出さなかったが、チャンさんはとてもうれしく、その着くのをいまかいまかと待っていた。

その日、チャンさんが庭でかたづけものをしているところへ、とつぜんチンフーが門をくぐって入ってきた。そのうしろに何人かの隣り村の人もついてきていたので、チャンさんの家は急ににぎやかになった。

チャンさんのかみさんもさわぎを聞きつけて、何ごとかと家のなかから出てきた。娘もあとから顔を出した。

チャンさんはチンフーが腰をおろすのも待ちきれないで、せきこんで娘のことはどうだったかとたずねた。チンフーは答えて言った。

「仏様はこう言いました。あなたの娘を本気で愛する者が現われれば、口をきくようになるだろう、と」

チンフーがそう話しているうちに、きれいな声が聞こえた。

「お父さん、この方はどちらのお客さまですか」

振りむいてみると、チャンさんの娘のユーチーが口をきいたのだとわかり、みんなはびっくりした。チャンさんはこれまでの半生《はんせい》で、はじめて娘がお父さんと呼ぶのを聞いたのだから、そのうれしさはたとえようもなかった。

チャンさんは、一つにはチンフーが帰ってきたのを歓迎し、二つには娘が口をきくようになったのを祝うために、祝宴を開いた。

その会のあとで、チャンさんはチンフーに言った。

「あなたはうちの娘にはじめて顔をあわせた。それほどきれいでもないが、醜いわけではない。家事をやらせれば何でもできる。あなたがいやでなかったら、わたしは娘をあなたと結婚させたいが、考えを聞かせてくれないか」

いましがた見た娘のユーチーは、木綿の服を着ていたのに、とても美しかった。チャンさんがその娘を自分と結婚させたいというのを聞いて、チンフーはこの上なくうれしかった。

しかし、そうとは言いだしかねて、

「とんでもありません」

と答えた。

すると、チャンさんはこう言った。

「仏様さえも仲人役をしてくれたのですよ。あなたが今さらことわるわけにはいきません」

そこでチンフーも、チャンさんの言うとおりにすることにした。

チンフーが承知したことをチャンさんがかみさんに話すと、とてもよろこんだ。娘もこれまでは口をきけなかったが、いつも両親がチンフーのことをほめちぎっているのを聞いていたし、そのうえ、今日はじめて顔をあわせたところ、りっぱでまじめな若者なので、すごく気にいっていた。

まもなくチンフーはユーチーと結婚し、仲むつまじい毎日をすごした。チンフーは人々から貰ったお礼の品物を、物々交換で農具に取りかえた。そして夫婦二人で一生懸命働いた。チンフーはまだ暗いうちから畑に出て仕事をし、ユーチーも暗いうちから機織りに精をだした。こうして二人の暮らしはいっそう幸せになった。

（一）　住込みで働く——原文、長工。ふつう一年契約で、地主の常雇いの作男となること。これに対し、あとに出てくるような臨時雇いを「短工」といった。

40　手品師の娘との恋

――傘に入れて連れだした嫁さん（河北省）

あるところに母親と二人の子どもが暮らしていた。おかあさんと娘は家で食事の支度や針仕事をしていた。小小《シアオシアオ》という名前の息子は、毎日、東河沿《とうがえん》にたきぎを拾いにいった。こうして、一家はヌカや野菜を腹のたしにして、どうにか生きのびていた。

ある日のこと、シアオシアオは東河沿にたきぎを拾いにいった帰り、村に外国の手品をやる一行がやってくるのに出会った。年のいった女の人が、四人の若くてきれいな娘を使って手品をやっていた。皿まわしやお碗のせをやるだけでなく、人間が熊に変身することもでき、変身ぶりがまた真に迫っていた。その芸当が気に入って村のなかをついてまわる人たちが、列を作るほどたくさんいた。

シアオシアオも一行の手品にすっかり夢中になってしまい、女の人たちにたずねた。

「おれを仲間に入れてくれないか。みんなに手品のやり方を教わりたいんだ」

一人のかわいい娘がにこにこ笑いながら答えた。

「あなたはほんとに手品のやり方を教わりたいの。それなら六月の一日《ついたち》になって、コウリャンの茎が伸びてくるころ、百さしの銅貨（一）を工面《くめん》して尋ねてきなさい。家を出たらずっと西に向かって歩くのよ。一日に銅貨を一枚使って、その銅貨がなくなった時には、わたしたちにきっと会えるわ」

それを聞くと、シアオシアオは大喜びで急いで家にかけもどった。そしておかあさんに、どうしても手品をおぼえたいから、旅費の百さしの銅貨を工面してくれ、と頼んだ。おかあさんはなんとか思いとどまらせようとしたが、息子は泣きわめいて行きたいと言いはった。

姉さんは弟が泣いているのを見てかわいそうになり、わきから口をはさんで言った。

「おかあさん、そんなに腹をたてないで、行かせてやりなさいよ。旅費がなければ、わたしがよそから借りてくるわ」

姉さんはあちこちから工面した百さしの銅貨を弟に渡して、

「よそへ行ったら、きっとおかあさんに手紙をよこすのよ」

と言いきかせ、その旅立ちを見送った。

シアオシアオは家を出ると、あの娘に言われたとおり、ずっと西に向かって歩きつづけた。ずいぶん長いこと歩きつづけて、百さしの銅貨も使ってしまった。もうじき日が暮れるというころに、腹がへってたまらなくなった。ふと頭をあげてみると、そこにぼんやりと大きな瓦ぶきの家が見えた。瓦ぶきの屋根の四隅には、小さな赤い灯籠《とうろう》が明るくともっていた。

「これはいいぞ。中に入って食事をめぐんでもらおう」

そう思ってシアオシアオがそばに行ってみると、白いひげのおじいさんが、左手に絹のうちわを、右手には払子《ほっす》を持って、入って二番目の門に腰をおろして涼んでいた。

「おじいさん、どうかわたしに食事をめぐんでください」

シアオシアオがそう言うと、おじいさんは相手をじろじろ眺めまわして聞いた。

「若い身そらで、どうして物乞いをしているのかね」

「わたしはもともと物乞いではなく、知り合いを尋ねてきたのです」

「知り合いって、どこのだれを」

「外国の手品をやる人たちです」

おじいさんは、あごのひげをふるわせてたずねた。

「手品師だと。その人たちはどんな手品をやるのかね」

シアオシアオは言った。

「その人たちの手品はすばらしいよ。娘が絹のうちわで皿まわしをやると、小さな皿が空中でクルクル回るんだ。娘が胸を地面につけないで、頭から皿に突っこんだとたんに、大きな熊に変身するんだ。その熊が一回転したかとおもうと、こんどは娘が皿の上に立って体をくねらせているのさ」

「女の人たちの名前を知っているのかい」

「五人の女の人なんだけど、名前は聞いておかなかったんだ」

「ちょっと待ってくれ。うちにはわたしの孫娘にあたる四人の女がいるが、あなたに会ったことがあるかもしれない」

おじいさんがそう言いながら、絹のうちわをちょっと動かすと、奥の方から四人の仙女のような娘たちがやってきた。

赤い服を着た娘は、お祝いの桃をのせた盆を両手で持って、いちばん先に立っていた。

黄色い服を着た娘は、まるごとのニワトリをのせた盆を両手で持って、赤い服の子のうしろに立っていた。

三番目の娘は緑の服を着て、まるごとのアヒルをのせた盆を両手に持っていた。

最後の娘は白い服を着て、まるごとの魚をのせた盆を両手に持っていた。

四人の娘はごちそうをおじいさんの前に並べおわると、食事の世話をするために、そのうしろに控えていた。

赤い服を着た娘が、ふと顔をあげてシアオシアオを見ると、身内にでも出会ったような口ぶりで話しかけた。

「まあ、あなただったの。ほんとに尋ねてきたのね」

この四人の娘があの手品師の女たちだということは、シアオシアオにはすぐ分かった。何といっていいか分からないほどうれしくなり、シアオシアオはおもわずこう叫んだ。

「おお、やっぱりここにいたのかい」

四人の娘は声をそろえておじいさんに言った。

「おじいさん、この人にすぐ奥の部屋へ入ってもらいましょう。この人はうちのお婿さんになる方なのよ」

白いひげのおじいさんが、さっそく払子《ほっす》をちょっと動かすと、どこに戸があったかも分からないうちに、みんなは奥の部屋に来ていた。シアオシアオが見ると、部屋のなかはきちんと片づけられていて、りっぱな作りの家であった。

おじいさんが四人の孫娘に向かって、こうたずねた。

「おまえたちのうちで、だれがこの人と夫婦になるのかな」

娘たちが返事をするより前に、シアオシアオがあわてて言った。

「わたしは結婚のためではなく、手品をおぼえに来たのです」

そう言いながらも、シアオシアオは四人の娘の方にじっと目をやっていた。四人の娘はみんなよく似ていて、だれが姉でだれが妹かも分からなかった。四人のそれぞれが、色白な顔にほんのり赤みがさし、黒い髪と濡れた瞳をしていて、ほんとに絵のなかから抜けでたような美人であった。

おじいさんは懐から四本の白い骨で作ったクジの棒を取りだし、それを竹筒のなかに入れながら、こう言った。

「おまえたちのうちで、根元に赤い字のあるクジを引いた者が、この若者と夫婦になることにしよう」

ぐあいよく根元に赤い字のあるクジを引いたのは、赤い服を着た娘であった。そのいちばん年上の孫娘を指さしながら、おじいさんは言った。

「おまえがこの若者の嫁さんになるのだよ」

赤い服を着た娘は、はずかしがって顔をまっかにして、低い声で言った。

「おかあさんに相談しなくてはいけないわ」

白いひげのおじいさんが払子《ほっす》をちょっと動かすと、しゅうとめがその部屋に入ってきた。しゅうとめは若者がきちんとしているのを見て、すぐに言った。

「この方をわたしのところに連れていって、召使に新婚の部屋へ案内させましょう」

するとおじいさんが言った。

「いや、それはよくない。明日の先祖さまへの礼拝がすんでから新婚の部屋に入るものだ。

今夜はわたしのところに泊めよう」

あくる日、シアオシアオといちばん上の娘が先祖さまへの礼拝をすませると、白いひげのおじいさんはシアオシアオのいないところで、家じゅうの者にこっそりと言いきかせた。

「みんな忘れないでくれ。どんなことがあっても婿を家に帰してはならん。ここにいてもらって、毎日のこまごました仕事をやってもらおう。一度でも家にもどせば、千年もの修練をかさねてきた術が破られてしまうのだ」

結婚してからのシアオシアオは、毎日、庭の掃除をしたり花や木の世話をしたりしていた。おじいさんもしゅうとめも、婿をとても気に入っていた。おいしいものがあれば、何でもまず婿に食べさせるのであった。

毎年、新しい年になると、しゅうとめは四人の娘たちを連れて、よそへ仙人の飲む薬を作りに行くことになっていた。今年もまたその時がやってきた。出かける前に、しゅうとめは婿に言いきかせた。

「明日、わたしたち五人は出かけますが、おじいさんは出かけません。食事の時には、おじいさんがうちわで合図をしたら食べにいってください。それにもう一つ、あなたは自分から手を出してはいけません。おじいさんが箸でつまんだら、それを食べなさい。おじいさんが箸をつけないものは、食べてはいけません」

しゅうとめがひとこと言うたびに、シアオシアオはうなずいた。

あくる日、五人は荷物をかついで出かけた。門を出る時になって、しゅうとめは婿に念をおすように言った。

「忘れないでください。わたしたちが出かけたら、あちこち動きまわってはいけません。とくに屋根には絶対に上がらないでください」

しゅうとめは四回も出たり入ったりをくりかえし、そのたびにおなじことを言いきかせた。

五人が薬を作りにいったあと、シアオシアオは考えた。

「屋根には絶対に上がるなというからには、何かわけがあるにちがいない。みんながいなくなったら、どうしても屋根に上がってみよう」

シアオシアオが屋根に上がってみると、屋根の上に小さな黄色い箱が置いてあった。急いで手にとって蓋をあけてみると、なかには百二十本の白い骨で作ったクジの棒がきちんと並べてあった。シアオシアオはちょっと見ただけで、さわりもしないでもとの場所へそっと置き、屋根からおりた。

シアオシアオは部屋にいて、おじいさんがうちわで合図をして食事に呼んでくれるのを待っていたが、いつになっても呼んでくれなかった。

「おじいさん、まだ食事になりませんか」

とシアオシアオが聞くと、おじいさんは言った。

「時間がないんだよ。おかあさんと妹たちがもどったら食べることにしよう」

腹がへってがまんしきれなくなったシアオシアオが、部屋の外へ出てみると、思いがけないことに、しゅうとめが四人の娘を連れてもどってきた。

しゅうとめはシアオシアオを見ると、プンプン怒って言った。

「あなたはずいぶんひどい人ね。屋根に上がるなって四回も言いきかせたのに、それでも上がるんだから。屋根に上がって何をやったの」

「あんなに言われなければ、わたしだって上がりませんよ。おかあさんがいけないと言うから見たくなったんです。それがいけないことなんですか」

シアオシアオがそう言いわけすると、しゅうとめは言った。

「あなたは見てはいけないものを見たのよ」

しゅうとめは部屋に入ると荷物を放りだし、ひと休みしてからシアオシアオに言った。

「あなたがうちに来てから、もうじき一年になるけど、あまり仕事は頼まなかったわ。これからは少しやってもらいたいことがあるの。うちの門の前に竹が一本生えているから、あの竹を切ってちょうだい」

「何で切りますか」

「さあ、このよく切れる小刀をやるわ」

シアオシアオは小刀を受けとると、門の外へ切りにいこうとした。すると嫁さんが出口で引き止めて、

「その前に、あなたに話したいことがあるの」

と言って、自分たちの部屋に連れていき耳打ちをした。

「あの竹を切ったら、決して振りかえらないで、すぐさま百歩くらい先まで走りなさい。それから振りかえってみるといいわ」

「うん」と返事をしてから、シアオシアオは小刀を手にして竹に向かって走っていった。狙いをさだめて竹にひと息で切りつけ、切ってしまうと向きをかえて走りだした。百歩くらい先まで走ってから振りかえると、竹だと思って切りつけたのは大蛇であった。大蛇はひどい傷を受けたために、百歩も追いかけないうちに、仰向けになって倒れてしまった。

「竹を切ったことを、おかあさんに知らせなさい」

嫁さんにそう言われて、シアオシアオはしゅうとめに知らせにいき、中に入るとすぐにこう言った。

「ただいま竹を切ってきました」

婿が大蛇に食われなかったことで、しゅうとめは気持がおさまらなくなった。そこで、また

こんな仕事を頼んだ。

「もうすぐお正月だわ。村の西の方に廟《びょう》があるけど、そこにいる仙人がよい年を迎えられるように、肉をとどけてちょうだい」

「どんなふうにとどけますか」

とシアオシアオが聞くと、しゅうとめは言った。

「廟の外まで行ったら、戸をたたいて『肉をとどけにきました』と言いなさい。すると中から人が出てきて受けとるわ」

シアオシアオは部屋にもどると、仙人に肉をとどけるのを頼まれたことを嫁さんに話してきかせた。すると嫁さんが言った。

「こんども、おかあさんはあなたを殺そうとしているのよ。でも大丈夫、あなたは肉をとどけなさい。戸をたたいて入口が開いたら、肉をなかに放りなげてすぐ引きかえすのよ。十歩よりも遠くまで走っていき、それから振りかえってみなさい」

シアオシアオは村の西の方までいき、大きな廟に向かって歩いていった。そして廟の入口の前に立つと、戸をたたきながら叫んだ。

「肉をとどけにきました。肉をとどけにきました」

言われたとおり、廟の入口はひとりでに開いた。シアオシアオは肉をなかに放りなげると、すぐ引きかえして走った。十歩よりも遠くまで走ってから振りかえると、大きな熊がむしゃむしゃと肉を食っていた。

シアオシアオがもどってきて嫁さんに話すと、嫁さんはまた肉をとどけたことを、すぐにしゅうとめに知らせにいけと言った。そこでシアオシアオは、しゅうとめをたずねていった。しゅうとめはシアオシアオを見ると、婿がこんども生きてもどったので、ますます気持がおさまらなくなった。それでも、しゅうとめは作り笑顔で話しかけた。

「あなたには、これからまだやってもらいたい仕事があるわ。うちの家の裏に大きな石の板があって、石の板の下には井戸があるんだけど、その井戸のなかにしまってあるものを、わたしに取ってきてもらいたいの」

シアオシアオが部屋にもどって嫁さんに話すと、嫁さんが言った。

「まだおかあさんはあなたを殺そうとしているのよ。こんどはうちの水がめにある水を口に含んでおき、飲みこんでしまわないようにするのよ。その場所へいって石の板をあげたら、下に向かって水を吹きかけて、それから井戸のなかをのぞいてみなさい」

シアオシアオは家の裏にいって、石の板をあげると、プッと水を吹きかけた。それから井戸のなかを見ると、なんと虎がいたのであった。虎はかけられた水にむせて、頭をかきむしってうなっていて、人を食うどころではなかった。シアオシアオはここぞとばかり虎を殺し、それを引きずって、しゅうとめのところへいった。

しゅうとめは婿がまた生きたままもどったのを見て、ようやく事の次第がのみこめた。

「なにもかも、あのいちばん上の女の子のしわざなんだ。こうなったら、こいつを一刻も早く追いだしてしまうしかない」

しばらく考えてから、しゅうとめは言った。

「あなたがうちに来てもうじき一年になるわ。おかあさんが心配しているでしょうから、一度、家に帰ってみたらどうかしら」

「家に帰るのはうれしいけど、旅費がなくてはどうにもなりません。百さしの銅貨をわたしにくれますか」

シアオシアオがそう答えると、しゅうとめは言った。

「お金を使わなくたっていいように、おいしいカボチャを二つあげましょう。歩いていておなかがすいたら食べなさい。二つ食べおわるころには、あなたの家にきっと着くわ」

しゅうとめの手からカボチャを二つ受けとり、シアオシアオは出かけぎわに嫁さんにもあいさつをした。嫁さんはこう言った。

「わたしたち夫婦もしばらくお別れね。出ていくあなたに、これといって送るものもないけれど、この雨傘を持っていって。だけど、どんなに大雨がふっても、この傘は広げないでほしいの。それにどこへいく時も、この傘を手から離さないでね。そうすれば三日で家に着くわ。行く先々でどんなに激しい雨や風に出会っても、この傘だけは開かないでちょうだい」

シアオシアオは言った。

「おまえに言われたことはよく覚えておくよ。でも、こうして別れて、こんどはいつおまえに会えるだろうか」

「もう行きなさい。あなたに会いにいく方法は、わたしがなんとか考えるわ」

嫁さんにそう言われてシアオシアオは少し落ちつきをとりもどし、切ない気持で嫁さんと別れた。しゅうとめの家を出ていくらもたたないうちに、さっそく強い雨が降りだした。雨やどりの場所もなくて困っていると、ふと先の方に村のあるのが見えた。村のなかに入ってみると、門の通路で料理を作っている人がいた。シアオシアオが水に落ちたニワトリみたいにびしょぬれなのを見た小僧が、大急ぎで呼びこんでくれた。

「なかに入って、食べていってください」

通路に入って雨宿りをしたシアオシアオは、小僧の持ってきてくれたお粥《かゆ》をフーフー言いながらすすった。食事をすませると雨もやんだので、シアオシアオは壁に立てかけておいた傘を取って出かけようとした。

その時、突然、外から入ってきた子どもが、そこにある傘を見て、

「あれ、傘があるぞ。どうしてささないのかな」

と言い、傘を手にとって開いてみた。

すると「ゴトン」という音がして、傘のなかから嫁さんがころげ落ちた。びっくりして何人もの人が集まってきたので、嫁さんははずかしくて、顔をニワトリのトサカのようにまっかにした。嫁さんは亭主を引っぱってさっさと歩きだし、歩きながら亭主に言った。

「あなたはずいぶんひどい人ね。あんなに傘を手から離さないでと言ったのに、そのとおりにしてくれないんだから。これできっとおかあさんに気づかれてしまったわ。さあ、急いで逃げましょう」

二人が村から出たとたんに、村の方からビューンという音がした。あわてて振りかえると、十本ものキラキラ光る剣が二人に向かって飛んできた。嫁さんはすばやく亭主を引っぱって、あぜ道にいた背の低いロバの下にかくれた。

ロバの腹の下で、嫁さんは亭主にささやいた。

「おかあさんが剣を飛ばして、わたしたちを殺そうとしたのよ。この剣は血を見なければもどらないわ」

その話が終わらないうちに、ブスッブスッという音がして、飛んできた十本の剣がロバの体につぎつぎに刺さり、刺しおわるとまた飛んでもどった。

嫁さんは笑顔をうかべて言った。

「おかあさんはこれで、きっとわたしたちを刺したと思っているわ」

そこへロバの持ち主があとを追ってやってきた。ロバが刺されて血だらけになっているのを見て、残念なことをしたと思った。そして、近くにはほかにだれもいないし、この二人がやったにちがいないので、弁償してもらうことにした。

「このロバはいくらになりますか」

嫁さんがそうたずねると、ロバの持ち主が、

「銅貨できっちり二十さしだね」

と言うので、物入れから二十さしの銅貨を取りだして弁償した。ロバの持ち主は、ようやく二人を放してくれた。

それからは何事もなく、二人は家へもどった。家の前までいくと、嫁さんは亭主といっしょに入るのは恥ずかしいと言いだした。

「あなたが先に入ってちょうだい。わたしは粉ひき小屋で待っていますから」

嫁さんにそう言われると、シアオシアオは「うん」と返事をして、家のなかに急いで入っていった。

しばらくするとシアオシアオは、おかあさんやお姉さんと連れだって、粉ひき小屋にいる嫁

さんを迎えにきた。こうしておかあさん、嫁さん、弟、お姉さんが顔をあわせて、一家は仲むつまじく暮らすことになった。

一家の建物がひどくこわれているのを見て、嫁さんは南側にある畑の空き地に一軒の家の図面を書いた。それに術を使って息を吹きかけると、地上にはたちまち瓦ぶきの大きな家ができあがった。

こうして家ができても、暮らしていくのに必要な金はまだなかった。嫁さんは亭主にあの傘を持たせ、自分はそのなかにかくれて、さっと飛ぶような早さで道を走り、毎日、亭主がたきぎを拾うのを手伝った。

ある日のこと、二人でたきぎを拾いにいった時、亭主がナツメの木のとげで足を傷つけてしまい、遠くへたきぎを拾いにいくのができなくなった。

すると嫁さんが家の塀に小さな門を書き、亭主にしっかり目を閉じて門のなかに入っていかせ、つかみとってきた品物を暮らしの足しにした。シアオシアオは嫁さんに言われるままに、門のなかに入ってつかみとっていた。とても手ごたえのあるものをつかむのだが、それがなにかは分からなかった。目をあけてみると、中に人がいて大声で叫んでいるのが聞こえた。

「なにをしているんだ」

そして数人がシアオシアオを取りかこんでしばりあげた。

「だれがこんな大胆なことをさせたんだ。ここは国の倉庫だぞ」

さきほどの人がさらにそう聞くので、シアオシアオは答えた。

「うちの嫁さんが塀に小さな門を書いて、わたしに門のなかから品物をつかみとらせて暮らしの足しにしていたのです。わたしは品物がなにか知りたくて目をあけたら、すぐにつかまってしまいました」

倉庫の番をしていた人は、シアオシアオの答えたとおりに県知事に報告した。県知事は人をやって嫁さんを役所に呼びだして牢屋に入れた。嫁さんは亭主を見ると言った。

「あなたに小さな門を書いてやるから、そこから出ていって、うちの戸棚の上においてある硯《すずり》を取ってきてちょうだい」

そう話しながら、嫁さんが小さな門を書いたので、シアオシアオはそこから外へ抜けだした。しばらくすると、シアオシアオは嫁さんに頼まれた硯を持ってもどってきた。

牢屋にいた何人かの囚人は、嫁さんの書いた門から外へ出させてくれと頼んできた。嫁さんがうなずいて承知したので、門が書かれたあと、囚人たちはその門を通って先をあらそって出ていった。

このことを知った県知事は、すぐにシアオシアオと嫁さんを呼びだし、法廷で裁くことにした。嫁さんに向かって県知事は言った。

「おまえは亭主を使って国の倉庫から品物を盗みださせ、たいへんな罪を犯した。そのうえ、こんどは囚人たちを逃がしてやった。これがどんな罪になるのか、分かっているのか」

嫁さんは笑いながら言った。

「あの小さな門は、わたしが術を使って作ったのよ。囚人たちはわたしの作った門を見て、そこから逃げだしたのだし、わたしがわざわざ囚人たちを外へ出したわけじゃないわ」

これを聞いた県知事は、せせら笑うように言った。

「そうか、おまえは手品師だったな。それほど、おまえの術がすごいのなら、この大きな建物を大水にしてみせてくれないか」

嫁さんはまた笑いながら言った。

「ええ、それくらいはお安い御用だわ。でも、わたしは大水にすることができるだけではなくて、舟をうかべることだってできるのよ」

嫁さんが手で地面を指さしながら、口に呪文をとなえると、役所のなかはたちまち大水になった。県知事やその手下たちは、一人残らずさかまく波のなかに巻きこまれてしまった。シアオシアオと嫁さんは、小さな舟をこいで自分の家にもどり、おかあさんやお姉さんとしあわせな日を送った。

（一）　百さしの銅貨——二五七ページの注（二）を参照。

比較のための注と資料出所

〔以下の注記に使った参考文献の略称と書名〕

＊ 鍾敬文＝「中国民間故事型式」（初出の本文は「中国民譚型式」）、初出『民俗学集鐫』第一輯（一九三一年）、再録『鍾敬文民間文学論集』下（一九八五年）（エーバーハルトとほぼ同内容の場合は、なるべく鍾敬文を引いた。『民俗学』五巻十一号、一九三三年十一月、に日本語訳が掲載されたことがある）

＊ エーバーハルト＝Wolfram Eberhard, "Typen chinesischer Volksmärchen," 1937, Helsinki, FFC120.

＊ 丁乃通＝Nai-Tung Ting, "A Type Index of Chinese Folktales," 1978, Helsinki, FFC 223.（アールネとトンプソンのＡＴ分類によっている。中国語訳に『中国民間故事類型索引』一九八六年、がある）

＊ 崔仁鶴＝「韓国昔話のタイプインデックス」、『韓国昔話の研究』（一九七六年）

＊ 大成＝関敬吾『日本昔話大成』（一九七八―八〇年）

＊ 通観＝稲田浩二『日本昔話通観』二八「昔話タイプ・インデックス」（一九八八年）

1 トントン、カッタン、サラサラ

「2 ヌングアマ」、「21 蛇の婿どの」と並んで、子ども向けに語られる、いわば「三大童話」というべき話型の一つ。中国でももっとも広く知られる昔話で、チベットや新疆などをのぞく、ほぼ全域に分布し、多数の採集例がある。グリムの〈赤頭巾〉や〈狼と七匹の子山羊〉と共通する要素があり、日本の〈天道さん金の綱〉や朝鮮の〈日と月の起源〉とは、最後の部分を除いて近い関係にある。

子どもたちに留守番をさせて実家へ帰ろうとした母親が、途中で人を食う半人半獣の妖怪に襲われる。妖怪は母方の祖母（外婆）あるいは母親のふりをして家に入りこみ、年下の子どもを食ってしまう。人を食うのは、「虎のおばあさん（老虎外婆）」がいちばん多く、ほかには狼、狐、熊などの動物の妖怪（精）が出てくる。さらに華南地方では「野人外婆」があり、また辺境へいくと「妖婆」「老変婆」「山人婆」など、まさに日本の「山姥」にあたるものが現れる。

年下の子どもが食われたのに気づいたほかの子どもたちは、用便などの言いわけをつくって脱出する。このあとの筋立てには、いくつかの変異がある。もっとも多いのは、木の上に逃げた子どもたちが、妖怪を縄で引っぱりあげてやると嘘をつき、途中でつき落として殺す場合と、下にいる妖怪に果物をあげると嘘をつき、開けた口のなかに刃物などを投げこんで殺す場合とである。ところが、日本と朝鮮の類話では、子どもたちは妖怪を殺したりはしないで、天の神に助けを求めて綱をさげてもらい、天上にのがれて日や月や星になる。これをまねた妖怪は、腐った綱にぶらさがったために、途中で落ちて死ぬ。

ここに訳した話は、そのような中国の「木からさがる綱」と日本・朝鮮の「天からさがる綱」との分岐点あるいは交叉点にあたるものではないかと思う。

また中国の南部では、家屋の構造が二階建てになっているという地理的な条件もあると思われるが、子どもたちが二階に逃げて、酢などをたらして灯りを消し、樽をころがして雷だとおどかし、こわがって櫃に逃げこんだ妖怪を熱湯で殺す筋立ても多く見られる。ところが日本では、この二階へ逃げる筋立ては〈牛方山姥〉型の話の後半に取り入れられている。しかも朝鮮にはこのモチーフは見られないから、〈天道さん金の綱〉型の話が朝鮮経由で伝わったのとは別に、直接日本へ入った可能性がある。

〔話型〕　鍾敬文・老虎母親（あるいは外婆）型。エーバーハルト一一・虎と子どもたち、二六例。丁乃通三三三C、一一一例。崔仁鶴一〇〇・日と月の起源。大成二四五、通観三四八。飯倉「中国の人を食う妖怪と日本の山姥」（『口承文芸研究』一六号、一九九三年）参照。

〔出典〕　『民間文学』一九五五年四号所収「門墩墩、門掛掛、鍋刷刷」、孫剣冰・採集整理、内モンゴル自治区ウラト（烏拉特）前旗。一九五四年秋、六六歳の秦地女から採集。祖母と父親は山東省からの漢族移民で、母親は土地の人という。『天牛郎配夫妻』（一九八三年）にも収める。翻訳のさい、馬場英子訳「ふみだんちゃん、しきいちゃん、ささらちゃん」（『世界昔ばなし』下、講談社文庫）を参照した。

2　ヌングアマ

子ども向けに語られる、いわば「三大童話」というべき話型の一つ。世界的には、グリムの〈ブレーメンの音楽隊〉などの〈夜営の動物たち〉の型に対応する。日本の〈猿蟹合戦〉の後半にあたる「仇討ち」のモチーフが独立したもの。中国の漢族では、一人暮らしの老婆が主人公で、これに危害を加えようとする動物または妖怪が、老婆に同情したものたちの助太刀で、逆にやっつけられてしまう話となっている。それ以外では、ここに訳した話のように、「1 トントン、カッタン、サラサラ」に似た〈虎のおばあさん〉型の導入部をもつものも多い。人を食う半人半獣の妖怪は、虎（老虎精）がいちばん多く、豚（猪哥精）、熊（熊人精）、人（野人精）などの妖怪もあり、沿海地方一帯で広く知られている。朝鮮の類話は、老婆と虎が登場する点など、中国の沿海地方に伝わるタイプの話にきわめて近い構成となっている。

一方、近年、西南中国の苗《ミャオ》、イ、トンなどの少数民族から採集された話は、いずれも動物同士または動物対妖怪の葛藤譚となっており、日本でも、むしろ岩手や山形などに伝わる〈雀の仇討〉型の話と近い対応関係をもつことで注目される。

〔話型〕　鍾敬文・老虎精型。エーバーハルト一四・メンドリとオンドリ、二四例。丁乃通二一〇・オンドリ、メンドリ、アヒル、ピン、針などの旅行、四八例。崔仁鶴五四・意地悪な虎の退治。大成二五～二七B、二九、通観五二二A、五二四、五二五、五二八A、五三〇。飯倉「中国の人を食う妖怪と日本の山姥」（『口承文芸研究』一六号）および斧原孝守「中国の〈猿蟹合戦〉譚」（『比較民俗学会報』七七号、一九九二年）参照。柳田国男は『昔話覚書』所収「猿と蟹」で、この話に言及している。

〔出典〕　『民俗』一五・一六号（一九二八年）所収「猡瓜麻的故事」、清水・採集整理、広東省翁源県。清水の昔話集『海龍王的女児』（一九二九年）にも収める。

3　犬が畑を耕す

兄弟の均分相続をたてまえとする中国では、分家のさいの財産分与の不平等をめぐる兄弟の葛藤をあつかったモチーフを発端にもつ話が多い。このたぐいの〈兄弟分家〉や〈両兄弟〉と呼ばれる話で、不当な扱いを受けた弟の成功と、それを真似た兄の失敗を語る物語の展開の仕方には、竜宮訪問などの筋立てのものもあるが、この話のような〈犬が畑を耕す(狗耕田)〉型が大半をしめる。

鍾敬文によると、その型は、「一、二人の兄弟が分家して、弟は一匹の犬をもらう(あるいは、初めはただ一つの小さな動物をもらうが、のちに次々と取りかえて犬を手に入れる)。二、弟は犬で畑を耕し、意外な財産や利益を手に入れる。三、それをうらやんだ兄は犬を借りて使うが、失敗したため犬を殺してしまう。四、犬の墓には木または竹が生えて大きくなり、弟はまたそのおかげで財産や利益を手に入れる。五、兄はそのやり方を真似たり、その物を借りたりするが、最後はやはり失敗する」と要約される。

この話は華北から華南にかけての漢族と西南地区の少数民族に広く知られている。とくに漢族の話では、ここに訳した例にも見られるように、「よい香りのする屁を売る」モチーフなどと結合し、役人(県官)をも登場させて笑話的に語られる場合が多い。しかし、「犬が畑を耕す」という特異な要素は、中国に広く伝わる犬が穀物をもたらしたという伝承と無縁ではない、と考えられている(伊藤清司「昔話『花咲爺』の祖型」および「犬と穀物」、『〈花咲爺〉の源流』所収、参照)。

対立者の一方に加担して犬が奇瑞をあらわすことや、広東省に伝わる一部の類話に、灰をまいて枯木に花を咲かせる例があることなどから、日本の〈花咲爺〉とのつながりが想定されるものの、現在の両国に残されている話全体の印象はかなりちがったものになっている。一方、その祖型とされる〈雁取爺〉の沖縄などに伝わる話の一部では、兄弟の葛藤が発端となっており、天の倉から財宝が降ってくるくだりなどは朝鮮の類話と一致し、中国の伝承により近い要素が見られる。

［話型］　鍾敬文・狗耕田型。エーバーハルト三〇・畑を耕す犬、一七例。丁乃通五〇三E・畑を耕す

犬、三九例。崔仁鶴四五八・兄弟と犬。大成一八七、一八九、一九〇、通観三六四A・B。

［出典］谷万川『大黒狼的故事』（一九二九年）所収「鶏狗耕地」、谷万川・採集整理、河北省望都県。

4 「漏る」がこわい

日本でも広く知られる〈古屋の漏り〉の話で、鍾敬文によると、「一、ある人が『家の雨漏りは恐ろしい』ことを口にする。二、虎はこれを聞き、この世には自分よりも強くて恐ろしい動物がいると思いこむ。三、泥棒が来ると、虎は（それがさきの動物だと）誤解し、身動きもしないでいる。四、泥棒は（その虎を）豚か牛だと思いこみ、（盗んで）連れて帰る。五、虎はのがれて逃げるか殺される」と要約される。虎は狼の場合もあり、豚か牛のほかにロバとするものもあり、漢族と中国南部の少数民族などに広く伝わっている。

日本では、最後の部分で、穴のなかにいる泥棒が猿のしっぽをつかんでちぎり、それでしっぽが短くなったと説明する話が多い。朝鮮に伝わる類話の一部には泥棒が兎のしっぽをちぎる例もあるが、朝鮮の話型が「虎より怖い串柿」と呼ばれるように、「雨漏り」をこわがるモチーフは見られない。その点では、日本と中国が「雨漏り」をこわがるモチーフを共通して持っている。ところが、中国では最後の部分では、ここに訳した例のように「猿が自分の体を虎にしばりつけて」（丁乃通七八B）ひどい目にあう話が大半をしめており、日本とはちがった趣向になっている。また、この結末は「28 山羊の王さま」にも見られる。

すでに高木敏雄が「驢馬の耳」という論文で言及しているように、この原型と思われる話がインドの『パンチャ・タントラ』（その成立は三、四世紀にさかのぼるという）の五巻九話「泥棒と悪鬼（羅刹）と猿」にある。なお、日本のこの型の話では、なぜかしばしば「唐土の虎」という言い方が出てくる。

［話型］　鍾敬文・怕漏型。エーバーハルト一〇・雨漏りがこわい、六例。丁乃通一七七・泥棒と虎、一七例。崔仁鶴五〇・虎より怖い串柿。大成三三A・B、通観五八三。

［出典］　林蘭編『怪兄弟』（一九三二年）所収「『漏』的故事」、孫佳訊・採集整理、江蘇省灌雲県。

5　羽根の衣を着た男

いわゆる〈絵姿女房〉型の話で、エーバーハルトによると、「一、ある男が美女を娶る。あまり美しくて、そばを離れられない。二、しかし、男は経済上の理由から働かなければならない。三、自分の姿を見られない夫のために、女房が自画像を書いて渡す。四、絵が風に飛ばされて、王の屋敷に落ちる。五、王はその女をさがし出し、連れてきて后にする。六、女房と打ちあわせておいたとおり、男は羽根の衣を着て、野菜を売りにいく。七、野菜売りを見て、女房がはじめて笑う。八、后が笑わないのを苦にしていた王は、喜んで王の服と羽根の衣を交換する。九、羽根の衣を着た王を殺して、男は自分が王になる」と要約される。

中国では、漢族と少数民族をふくめて広く知られている。その大半には男がさまざまな鳥の美しい羽根でかざった衣をつけて現れるモチーフがあり、〈百鳥衣〉という命名の由来ともなっているが、これは日本の類話にはまったく見られない。美しい女房の出自を天人女房や竜宮女房として説く導入部をもつタイプは、日本と中国に共通して存在する。そのほかに、女房の前歴を何も語らないタイプもあり、ここに訳した例では権力者と入れかわるのまでも放棄している。

［話型］　鍾敬文・百鳥衣型。エーバーハルト一九五・羽根の衣、七例。丁乃通四六五A_1・百鳥衣、六三例。崔仁鶴二二一・絵姿女房（難題女房）型。大成一二〇A・B、通観二一七A・B。伊藤清司「絵姿

女房譚の系譜」(『〈花咲爺〉の源流』所収)参照。

[出典]『民間文学作品選』上冊(一九八〇年)所収「羽毛衣」、棱記・採集整理、江蘇省北部。

6 仲たがいした犬と猫

日本の〈犬と猫と指輪〉とほとんど一致する話で、国際的には〈魔法の指輪〉(AT五六〇)として知られる。中国でも広く伝わっていて、エーバーハルトは、「一、ある男が猫と犬を飼っている。二、ある貴重なものを盗まれる。三、猫と犬とは(たいていは)ネズミをおどかして取り返させ、ふたたび持ち帰る。四、不公平によって両者は仲が悪くなる」と要約している。

斧原は、『シッディキュル』説話の「シリカンタの幸運」の流布したものとして整理しており、それによると、漢族のほか、チベット族、モンゴル族など一五の少数民族にも見られる。蛇が呪宝をさずけるという例はかなり多く、その呪宝を指輪とする場合も、漢族には見当らないが、周辺の少数民族には何例もある。

[話型] 鍾敬文・猫狗報恩型。エーバーハルト一三・動物の援助・猫と犬、九例。丁乃通五六〇・魔法の指輪、三七例。崔仁鶴二六五・宝珠と猫と犬、一六例。大成一六五、通観三八三。関敬吾「『犬と猫と指輪』説話比較資料」(『関敬吾著作集』四所収)、斧原孝守「『シッディキュル』説話の比較資料三(一三・シリカンタの幸運)」(『比較民俗学会報』五〇号)参照。

[出典]『民間文学』一九五六年五号所収「猫狗結仇」、申泮遠・黄克徳・李進祥採集、李赤整理、山東省。

7　人を食う蚊

エーバーハルトによると、「一、以前は蚊はいなかった。二、それは焼いた害獣または悪婦の灰からできた」と要約され、中国南部の数例があげられている。これに対し、北部の河北省で近年に採集された類話では、「蚊いぶし」の由来に力点をおいた話がいくつも知られている。人を食う蚊に人身御供として出された嫁が、着物を燃やして蚊を追いはらったという話や、万里の長城を造って人々に害を与えた秦の始皇帝が鉄の牙をつけた蚊に生まれかわったが、ヨモギの煙でいぶされるのをきらう、という話などがそれである。ここに訳した山東省の話は、これらの両者を兼ねあわせた話となっている。

〔話型〕　エーバーハルト八四・蚊、八例。崔仁鶴四・蚊の魂、二例。大成七八・蚤蚊の起源、通観四七五・のみと蚊と鬼。

〔出典〕　董均倫『伝麦種』（一九五二年）所収「吃人的蚊子」、董均倫・採集整理、山東省平度県。

8　小鳥の恩返し

エーバーハルトによると、「一、ある人が傷ついた燕またはほかの鳥を治療してやる。二、感謝した燕が呪力あるタネ（種子）をくれて、その人は金持になる。三、ほかの者が真似をして、故意に燕を傷つける。四、その者は罰せられる」と要約される。中国の採集例はそれほど多くはないが、漢族と少数民族にわたって広く分布している。とくにモンゴルから、中国東北部の満州族、それに中央アジアのウイグル、カザフなどの少数民族につながる伝承は、朝鮮、日本への伝承の経路を考える上で重要であろう。

日本に伝わる〈腰折雀〉は、『宇治拾遺物語』の「雀恩を報ゆる事」をふくめて、朝鮮や中国を経由しての伝来と考えられている。とくに朝鮮では、古典小説『興夫伝』の題材ともなっていることが注目される。

〔話型〕 鍾敬文・燕子報恩型。エーバーハルト二四・燕の恩返し、四例。丁乃通四八〇F・兄弟と鳥、三〇例。崔仁鶴四五七・ホンブとノルブ。大成一九二・腰折雀、通観三六五。西脇隆夫「シルクロードの『脚折れ燕』」(『比較民俗学会報』七六号)、松原孝俊「比較説話学から見た『興夫伝』」(『大谷森繁博士還暦記念朝鮮文学論叢』所収)参照。

〔出典〕 張振犂編『鍾敬文採録口承故事集』(一九八九年)所収「小鳥報恩」、鍾敬文・採集整理、広東省汕尾市海豊県。

9 小鳥前生 三話

中国の小鳥前生譚《ぜんしょうたん》は、日本の類話ともどこか似かよい、悲しい運命に翻弄された男女、親子、兄弟、嫁姑などの転生を、特異な鳴き声の「聞きなし」と結びつけて語っている。歴史的にも古い由来をもつ中国の鳥の伝承については、口承文芸研究の始まってまもない一九二〇年代に、すでに周作人や鍾敬文によるエッセイがそれぞれ何篇かあり、賈祖璋『鳥与文学』(一九四七年、復印一九八二年)のような小冊子もある。選集としては、林蘭編『鳥的故事』(一九二八年)や雪夫・裴明海編『鳥的伝説』(一九八六年)がある。

エーバーハルトによると、「鳥の起源」を二つのタイプに分け、タイプⅠでは「一、無実のために殺された人が鳥になる。二、最後の思想ないし言葉が鳴き声として今も残る」として、六つの死の方法をあげている。さらにタイプⅡでは、「一、自己の過失によって死んだ人間が鳥になる。二、その最後の思想ないし言葉が今もなお歌として現れ、しばしば鳥の毛の色で思い出される」としている。

［話型］　エーバーハルト八三・鳥の起源Ⅰ、六二例、鳥の起源Ⅱ、一三例。崔仁鶴一・杜鵑と鳥の由来、二、おしどりの由来と鳴き声、三、鳥になった娘。大成四六～六二・小鳥前生、通観四四二～四六六。

＊

「一、クイナになった嫁」に出てくるクイナは、姑悪鳥や苦悪鳥とも呼ばれ、中国では古くからの伝承がある。たとえば、宋の陸游が姑との不和で離婚をよぎなくされた最初の妻を偲んで作ったとされる、「夏の夜、舟中に水鳥の声を聞く。はなはだ哀し。姑悪というがごとし。感じて詩を作る」と題する詩にも、その伝承が記されている。

なお、『今昔物語』震旦部巻九の四二に見える、隋代の河南人の女房が姑にミミズを食わせた天罰で犬の頭になってしまう話など、似た話は古くから多くの書物に見える。

［出典］　張振犂編『鍾敬文採録口承故事集』（一九八九年）所収「苦鶏鳥」、鍾敬文・採集整理、広東省汕尾市海豊県。

＊

「二、トンビになった目連の母親」は、民間芸能と口頭伝承の深いつながりを示す話である。ネズミやヒヨコから蛇や魚まで餌食にするという貪欲なトンビを、地獄に落ちた目連の母親の転生とする着想は、なかなか現実的である。目連の母親が登場する話には、ほかにエーバーハルト八九の「大根」のような例があり、「一、目連の母親が大根を盗む。二、信心深い息子が自分の指を切って代わりに畑に植える。三、その時から大根は赤くなった（引用者注。中国では芯まで赤い大根がよく作られている）」と要約されている。

［出典］張振犁編『鍾敬文採録口承故事集』（一九八九年）所収「鷹婆」、鍾敬文・採集整理、広東省汕尾市海豊県。

＊

「三、ホトトギスになった女房」の話で（なかに鳥の名は出てこない）、女房の転生する子規または杜鵑と呼ばれるホトトギスについても、また古くから伝承が多い。蜀王の杜宇（望帝）が転生した伝説はすでに漢代からあったとされ、唐・宋代の詩にもよく出てくる。青木正児「子規と杜鵑」（全集八巻）には、この鳥の呼び名についての考証があり、「光棍奪鋤」がすでに清代の随筆に見えることも紹介されている。

［出典］林蘭編『鳥的故事』（一九二八年）所収「光棍奪鋤」、仲連・採集整理、山東省夏津県。

10　植物起源　三話

「一、草の実になった女」は、内容がそっくりの「老姑子」という話が山東省にもあることを谷鳳田が報告している（林蘭編『民間伝説』下、一九三〇年）。ほかにも類例のある話と思われる。

［話型］エーバーハルト八五・植物の起源Ⅰ、七例。

［出典］張振犁編『鍾敬文採録口承故事集』（一九八九年）所収「陸安伝説一・単身娘子」、鍾敬文・採集整理、広東省汕尾市海豊県。もと、『北京大学研究所国学門月刊』一巻一号（一九二五年十月）に「陸安伝説・一」として発表（署名・静聞、語句に異同がある）。

＊

「二、タバコの葉となった恋人」は、日本にも類話があり、大成は台湾の高山族の伝承を記した『生蕃伝説集』（一九二三年）から三例を引いている。エーバーハルトによると、「一、一人の女が死ぬ。二、その墓に草が茂って生える。三、相手の男は、その植物を利用し、アヘンの陶酔のなかで女に再会する」と要約されている。ここに訳した話では、再会する順序がちがっている。

〔話型〕　エーバーハルト八八・アヘンの起源、六例。崔仁鶴五七・タバコの由来（由来の説明内容はちがう）。大成八二・煙草の起源、通観四七六・たばこと娘。

〔出典〕　臨汾地区民間文学集成編委会編『尭都故事』第一集（一九八九年）所収「煙葉的来歴」、閻国傑・口述、狄西海・整理、山西省襄汾県、一九八六年。

＊

「三、神のくれた水仙の花」の話は、エーバーハルトによると、「一、あるとても貧しい家族に神が水仙を贈る。二、家族は水仙を栽培して金持になる。三、水仙は家族の土地にいつも生える」と要約される。ギリシャの美少年ナルキソスの伝説で知られるように、もとは地中海周辺の原産である。唐の段成式『酉陽雑俎』に記されたシリア産の「捺祇《ないぎ》」がのちの水仙とすれば、シルクロード経由で伝わった証拠であろうといわれる。しかし、水仙の名が詩文に多く現れるのは宋代以後である。中国では江南の各地に見られるが、福建省のそれは海路から入った可能性もあるという。漳州市文聯編『水仙花志』（一九八〇年）には、歴代の詩や伝説が収められている。

〔話型〕　エーバーハルト八七・水仙、六例。

〔出典〕　『民俗』四七号（一九二九年二月）所収「漳州特産水仙花的伝説」、翁国樑・採集整理、福建省漳州市。のち林蘭編『相思樹』（一九三四年）にも収める。

11 タニシ女房

中国では〈タニシ女房〉型の話は古くから知られている。晋代の『捜神後記』に見える「白水の素女」の話では、天の川の神女がタニシに姿を変えて、身寄りがなくて貧しい謝端という若者のもとを訪れる。唐代の伝奇小説「呉堪」(『原化記』)では、これがさらに物語化され、複雑な筋立てとなっている。このように神霊が貝に宿って降臨する例は、南方熊楠が「水の神としての田螺」(全集二巻)や「鮑が難船を救うた譚」(全集四巻)で指摘するように、中国や日本に広く見られる。

鍾敬文によると、「一、ある人が水辺でタニシ(あるいはその他の小動物)を手に入れる。二、その人の留守に、タニシは娘の姿となっていろいろな仕事を代わりにやってくれる。その人が帰って、これをふしぎに思う。三、別の日、その人はタニシ娘が部屋のなかで仕事をしているところをのぞき、すきをうかがって抱きつき、夫婦となる。四、しばらくたって、夫の隠してあった殻を手に入れて、タニシは去っていく」と要約される。ここに訳したのは、その要約に近い単純な形といってよい。しかし、さきの唐代の「呉堪」の後半にすでにあるように、上役が権力をかさに着て美人の妻を奪おうとさまざまな難題を出し、これに仕返しをするといった筋立てをもつ話も、近年に採集されたものとして発表されている。

〔話型〕 鍾敬文・螺女型。エーバーハルト三五・タニシ娘、一一例。丁乃通四〇〇C・タニシ娘、三〇例。崔仁鶴二〇六・田螺女房。大成一一二・蛤女房、通観二一九・貝女房。

〔出典〕 陳徳長・婁子匡合編『紹興故事』(一九二九年)所収「扑扑扑傣娘田螺殻、唫唫唫傣娘田螺精」婁子匡・採集整理、浙江省紹興市。

12　天の川の岸辺

〈天人女房〉型の話も、中国では古い記録がある。晋代の『玄中記』や『捜神記』(二〇巻本)に見える「毛衣女」の素朴な伝承は、敦煌出土の句道興『捜神記』(唐・宋間のもの)に記載された「田崑崙」の話では、背後に語り物の世界を想定させるような複雑な構成の物語となって現れる。しかし、以後の文献はかならずしも豊富ではなく、むしろ近年に採集された周辺部の少数民族をふくむ伝承の多様さが注目される。

中国の〈天人女房〉型の話は、構成のちがいから三つに大別される。

その一は、さらに古い由来のある牽牛織女の話と結びついた「七夕型」で、ここに訳出したのはもっとも単純な一例である。エーバーハルトによると、この型は「一、貧しい若者が川で水浴びをしている仙女を見つける。二、若者は仙女の衣を奪って妻にする。三、何年かあとに、仙女は(隠されていた)衣を見つけて天に飛んでいってしまう。四、夫は妻を追って天上にいく。五、神によって二人は永遠に引き離され、ただ年に一度だけ会うことを許される」と要約される。発端に〈兄弟分家〉のモチーフをもち、分け前にもらった牛が、若者に仙女が水浴びに来るのを教えてくれるといった例も多い。

その二は、仙女を追いかけて天上に行った男がさまざまな難題を課される「難題型」で、山東省の「春旺と九仙女」(村山孚訳『中国の民話』徳間文庫)や、「天人女房とふたりの子供」(村松一弥編訳『苗族民話集』平凡社・東洋文庫)などが、これに属する。なかには孫剣冰採集の「ウシ飼いと織姫」(村松一弥編『中国の民話』上、毎日新聞社)のように、発端に〈兄弟分家〉のモチーフをもつ「七夕型」の話でありながら、難題の部分をあわせもつ例もかなりある。

その三は、おなじく〈天人女房〉の話でありながら、やや異質の要素をもつ「七星（始祖）型」である。天上から地上にくる仙女が、自分の意志で親孝行の（あるいは貧しく働き者の）若者と結ばれるという点が前二者とはちがっている。鍾敬文が「孝子が妻を得る」型として要約したところによると、「一、ある男が孝行であるために、超自然の神通力をもった妻と結ばれる。二、その男がにわかに金持になったのを見て、県官が難題を出して苦しめる。三、二人は難題をすべて解決し、県官は手出しができない（さらにひどい目にあう）」となっている。

この第三の型は、中国では漢代の孝子董永《とうえい》の話として知られるもので、中国南部の少数民族ではその名前を残した昔話として近年まで語られている。また、これとほとんどおなじ構成の話が、沖縄では〈星女房〉（通観二二二）の昔話として、固有名詞ぬきで語られている（飯倉「董永型説話の伝承と沖縄の昔話」、都立大人文学部『人文学報』二一三号、一九九〇年三月、参照）。

［話型］ 鍾敬文・牛郎型。エーバーハルト三四・白鳥の妻、二五例。丁乃通四〇〇A・失踪した女房を探す男、九二例。崔仁鶴二〇五・きこりと天女。大成一一八、通観二二一。君島久子「中国の羽衣説話――その分布と系譜」、『日本昔話研究集成』第二巻、同書の福田晃の総説も参照。

［出典］ 林蘭編『換心後』（一九三〇年）所収「天河岸」、孫佳訊・採集整理、江蘇省灌雲県。

13　蛙の息子

中国の〈蛙息子〉型を、鍾敬文は二つのタイプに分けている。

それによると、第一は、「一、年をとって子どものいない夫婦が、蛙のような子どもでもいいから欲しいと神に祈る。二、まもなく、そのとおりの子どもをさずかる。三、息子が大きくなり、美しい娘を妻にしようとすると、娘の家人が難題を出す。四、息子は要求されたことをやりとげて、娘と結婚する。五、結婚式の夜、息子は蛙の皮を脱ぎすててりっぱな若者に姿を変える。六、妻が自分の姉妹や母に言われてその皮をかくすと、息子は蛙にもどれなくなる（変化。あるいは皮を破られたため、体が消失する。あるいはのちに皮を手に入れて逃げ去る）」となっている。

また第二は、一と二は同内容で、後半が、「三、息子が大きくなった時、たまたまその国で戦争がおこり、これに志願して出征する。四、敵を破って、約束どおり王女との結婚を許される。結婚式の夜、息子は蛙の皮を脱ぎすてて りっぱな若者に姿を変え、王女と結ばれる。五、国王は、その皮が自由に着たり脱いだりできると聞き、盗んで着たところ、とつぜん蛙になってしまう。六、息子は国王となる」と展開する。

エーバーハルトは、後者をタイプ四二、前者をタイプ四三とした。ここに訳出した話は前者の最後の部分が変化したものに近いが、蛙の特異な能力を隠れた財宝の発見で示すなど、かなりちがった筋立てになっている。また中国では、王女と結婚した蛙が若者の姿となって競馬で勝つが、皮を焼かれて特異な能力を失い死んでしまうという〈蛙の騎手〉の話が、近年チベット族などの少数民族で広く採集されており、丁乃通のあげた事例の大半はこれに属する。

〔話型〕　鍾敬文・蝦蟆児子型（第一式、第二式）。エーバーハルト四二・蛙王子、三例。同四三・蛙息子、九例。丁乃通四四〇A・蛙の騎手、三〇例。崔仁鶴二〇二・ひきがえる息子。大成一三四・田螺息子、同一三五・蛙息子、通観一三九・たにし息子。

〔出典〕　孫佳訊『娃娃石』（一九二九年）所収「蝦蟆児子」、孫佳訊・採集整理、江蘇省灌雲県。

プに分けている。

14 竜王のくれた宝石

楽器の演奏に長じた男が、竜王のおかげで幸運を手に入れる、中国の〈笛吹き〉型を、鍾敬文は二つのタイプに分けている。

それによると、第一は、「一、ふだんは簫《しょう》(あるいは笛)を吹いているばかりで、ほかには何もしない男がいる。二、その簫の音《ね》が竜王を感動させ、竜宮に招かれて歓待される。三、竜宮からもどる時に、竜王から宝物をもらう。四、その宝物のおかげで男は金持になる。五、隣の人あるいは兄嫁がこれを借りるが、使い方が分からないため失敗する」となっている。

また第二は、「一、ハゲ頭(あるいはシラクモ頭)の男が、ふだんは簫ばかり吹いている。二、ある金持の娘が、それに聞きほれて恋わずらいとなる。三、娘は男の顔立ちを見て恋する気持がなくなる。しかし、ハゲ頭の方は娘を見て好きになる。四、男は死んでからふしぎな能力のある石あるいは玉になる。五、のちに、その石あるいは玉は娘に会うことができると消滅する」となっている。

鍾敬文は、このほかに〈願いをかなえる竜王〉型として、「一、ある人が竜王の王子あるいは王女を助ける。二、竜王はそのお礼に、手下をつかわして男を竜宮に招く。三、男は手下(あるいは王子か王女)に内密に教えてもらい、竜王からある物を名ざしで手に入れる。四、男は最後に美しい妻をもらうか、あるいは多くの財宝を得る」と要約している。

エーバーハルトは、この〈願いをかなえる竜王〉をタイプ三九とし、〈笛吹き〉型の第一をタイプ四〇としている。タイプ三九の大半をしめる〈竜宮女房〉譚は、中国ではかなり広く知られているが、本書では訳出しなかった。馬場英子訳の「チャンさんと竜宮女房」（『世界昔ばなし』下、講談社文庫）は、その一例である。

ここに訳した話は、エーバーハルトのタイプ四〇に相当するものだが、発端の何人かの兄弟が同時に家を出て仕事をおぼえにいくモチーフは、別の話と結びついて語られている例も多い。

［話型］　鍾敬文・吹簫型（第一式、第二式）。エーバーハルト四〇・竜王の笛吹き、八例（同三九・望みをかなえる竜王、三六例）。丁乃通五九二A*・音楽家と竜王、三二例（同五五五*・恩返しをする竜王の王子または王女、三七例）。

［出典］　孫佳訊『娃娃石』（一九二九年）所収「飛去的珉」、孫佳訊・採集整理、江蘇省灌雲県。

15　母恋いの洲

この話は四川省灌県《かんけん》の伝説として知られる。長江（揚子江）の支流岷江《びんこう》の流域にあたる灌県には、西暦紀元前から灌漑工事の行われていた都江堰《とこうえん》があり、水害の激しかったことが分かる。ここには古くから灌口《かんこう》の二《じ》郎神《ろうしん》と呼ばれる水神の伝承がある（二郎神の伝承は、ほかの長江沿いの各地にもあるという）。一九三四年に刊行された『中国の水神』（黄芝崗著）に紹介された類話では、変身して川に入った竜が洪水を起こすのをふせぐため、最後は二郎神に鎮圧されるという筋立てとなっている。あるいは、これがもとの形に近いのかもしれない。悪者とされていた竜が無法な地主に抵抗するものとして語り変えられたとすれば、それは革命の時代を生きた人々によってなされたのであろう。

もっとも、「母恋いの洲（望娘灘）」の話そのものは、特定の土地の伝説としてだけでなく語られている例も、中国南部のトン族、イ族などをふくめていくつかある。また、そこに出てくる宝の珠については、鍾敬文が〈竜の卵〉型として、「一、一人の孝行息子が山のなかで卵を拾い、それを持ち帰る。二、卵を米のなかにおくと、米はいくら食べてもへらない。三、母親が穀物を売り、あるいは他人に米を施すと、卵はひとりでにどこかへ行ってしまう。四、それに気づいた息子は追いかけていき、卵を拾いあげて口に入れたため、呑みこんでしまう。五、そのため息子は竜に変身する」と要約している。これはエーバーハルトのタイプ六一に引き継がれている。

［話型］　鍾敬文・竜蛋型。エーバーハルト六一・竜の卵、七例。

［出典］　『中国民間故事選』第一集（一九五九年）所収「『望娘灘』的故事」、李華飛・採集整理、四川省。

16　毛蟹の由来

日本の〈猿蟹合戦〉型の話の後半にあたる〈仇討ち〉のモチーフが、中国で広く知られていることは、すでに「2　ヌングアマ」の項でふれた。しかし、その前半にあたる〈食物争い〉のモチーフとどこで結びついたのかは、判断の手がかりとなる資料がなかった。ところが斧原孝守は、この「毛蟹の由来」が日本の〈猿蟹柿合戦〉の前段ときわめて近い内容をもっていることに着目し、〈食物（ここでは柿）争い〉の話が中国で独立して語られているとすれば、それが〈仇討ち〉のモチーフと海外で結合してから日本にもたらされた可能性もあるのではないかとしている。そして〈猿蟹柿合戦〉の分布が九州北部に集中していることも、それを示唆しているのではないかという（斧原の論文は「2　ヌングアマ」の項を見よ）。

なお、この話の採集者金濤は、浙江省の舟山群島などの漁村民俗の調査研究も何篇か発表しており、その日本との比較を試みた論文もある。

〔話型〕　大成二四・猿蟹柿合戦、通観五二二A・柿争い――仇討ち型。（「2　ヌングアマ」の項も参照）

〔出典〕　金濤編著『中国螃蟹故事』（一九九〇年）所収「毛蟹的故事」、金濤・採集整理、浙江省。

17　魚売りと仙人

広東省で「李子長（李子祥とも書く）」と呼ばれる人物と仙人との交渉を語る伝説として知られている話で、もっと多くの挿話をともなう類話もある。明代（十五世紀中葉）の順徳県（現、仏山市）に実在した画家であったと語る話もある。しかし、たとえば浙江省杭州市では張という魚売りと呂洞賓という仙人の話として、おなじ筋立ての話が語られているなど、本来は伝承された話と思われる。

これを鍾敬文は〈魚売りが仙人に会う〉型として、「一、魚売りが、あるきっかけで仙人が通るということを聞く。二、その時刻に、道で仙人を待っている。（仙人から珠をもらう。）三、その珠を水のなかに入れて腐った魚を洗うと、魚はすべて生き返り、魚売りは大きな利益を得る。四、同業の者たちが妬んで、その珠を奪おうとする。あわてた魚売りは珠を飲みこんでしまい、そのおかげで有名な画家になる（この部分には変化が多い）」と要約している。

〔話型〕　鍾敬文・売魚人遇仙型。エーバーハルト一〇七・仙人に会った魚売り、一三例。

〔出典〕　張振犂編『鍾敬文採録口承故事集』（一九八九年）所収「李子長」、鍾敬文・採集整理、広東省汕尾市海豊県。

18　海の水が塩からいわけ

日本の各地に伝わる〈塩吹き臼〉の話は、古くからの伝承とは考えにくい要素を持ち、明治以後に翻訳紹介されたヨーロッパの話の翻案ではないか、とする説がある。その観点から中国に伝わる類話を検討してみると、欲しいものを無限に生みだす呪宝という点は共通していても、塩が臼から無限に出て海の水が塩辛くなったという日本の話に近いものは意外に少ない。中国の東北地方に居住する朝鮮族の話にそれが見られるのは、日本の統治期に教科書や副読本で朝鮮に入った話が伝承された可能性があるのではないかという(以上は、小林美佐子「塩吹き臼」、『土曜昔話論集・昔話の成立と展開』一九九一年、所収、による)。その見方からすると、この台湾の話も、朝鮮のそれとおなじく、日本の統治期に伝承化されたものと考えるべきだろうか。中国の各地の伝承がもう少し出そろった段階で判断すべきことではあるが。

［話型］エーバーハルト六三・呪宝、一六例。丁乃通五六五・魔法の臼、一二例。崔仁鶴二八四・海が塩辛い理由。大成一六七・塩吹臼、通観一一〇・塩ひき臼。

［出典］陳慶浩・王秋桂主編『中国民間故事全集』第一巻・台湾(一九八九年)所収「海水変鹹」、呉瀛濤・採集整理、台湾。

19　熊女房

いかにも実話小説風のこの話は、もともと世間話として語られていたものが、半人半獣の野人をめぐる昔話群の一つとして伝承化されたものと思われる。千野明日香の研究によると、元代の成立と推定される『湖海新聞夷堅続志』には、海島に漂着した貿易商が野人(おそらくは南島の住民)と結婚して男児をもうける話があり、その後もさまざまな随筆類に海上交通者を主人公とする類話が見られるという。また沖縄では中国伝来の「唐話《とうばなし》」として〈熊女房〉の話が語られており、演劇としても上演されているという（千野明日香「沖縄の『熊女房』譚と中国の類話」、日本昔話学会編『昔話―研究と資料・二一号・日中昔話の比較』一九九三年、参照）。

この話をエーバーハルトと千野明日香〔カッコ内〕によって要約すると、「一、男が島に漂着する〔または男あるいは女が、山中あるいは辺鄙な場所にいる。もしくは遭難する〕。二、雌熊に捕らわれ、さらわれる〔または野人、虎、南島の住民に捕らわれる。もしくは命を救われる〕。三、彼らは結婚して、子どもが生まれる。四、男が救出される〔または子どもを連れて逃げる。もしくは女房や子どもを連れて人里へ移住する〕。五、雌熊は自分と子どもたちを殺す。〔六、子どもは成長し、母親を家に迎える〕」となる。

〔話型〕　鍾敬文・熊妻型。エーバーハルト一二一・雌熊の情死、六例。崔仁鶴二一三・猟師と熊女房。大成補遺一B・熊の子、通観二二六・熊女房。

〔出典〕　山東省立民衆教育館編『山東民間伝説』第一集（一九三三年）所収「王平還家」付載「熊妻」、鮑維湘・採集整理、浙江省。

20　「年」という獣

一九三五年に上海で『新年風俗志』を出した婁子匡は、三十年たって台北で『歳時漫談』を刊行した。婁子匡が後者で書いているところによると、華北の沿海地方では「年獣」と呼ばれる怪獣が知られており、ふだんは深い海のなかにいるが、大晦日の夜になると陸にあがってきて水害をおこすのだと言われているという。さらに南へ下った福建や台湾では、「燈猴」という猿のうずくまった形をした竹製の燭台を毎年の年末に焼き払わないと、大地が陥没するという話も伝わっていたという。

一般的には、この大晦日の来訪者は恐ろしい形相の大きな体をした怪物で、手当りしだいに人を取って食うとされる。それを避けるために、年越しの夜は赤い春聯《しゅんれん》を戸口に貼り、門口で火を焚き、爆竹を鳴らす。そして一夜明けると、怪物を撃退したことを喜んで新年を祝うのだと説明されている。

［出典］妻子匡『歳時漫談』（一九六七年）所収「『年』到説『年』」に紹介された話。原資料の出所は不明だが、天津市の話とされている。

21　蛇の婿どの

別項の「1トントン、カッタン、サラサラ」型や「2ヌングアマ」型の話とともに、中国でもっとも広く知られる昔話の一つ。この〈蛇郎（蛇の婿）〉型は鍾敬文によると、「一、ある父親に何人かの娘がいる。二、ある日、父親が出かけて蛇の精（半人半獣の妖怪）に苦しめられ、一人の娘をこれに嫁がせることを認める。三、父親は娘たちにたずねるが、末の娘だけが蛇に嫁ぐことを承知する。四、末の娘は蛇に嫁いで幸せになる。姉が妹を殺して、自分がこれにとって代わる。五、妹の魂は鳥に姿を変え、その姉に悪口を言い、殺される。六、妹はまた姿を変えて、木や竹になり、姉はまたこれを憎んで切り倒す。七、姉は最後に妹の姿を変えたものによって、傷つけられたり死んだりする」と要約されている。

「蛇郎」を蛇の婿どの（本文では蛇婿）と訳したが、花婿を「新郎」と言い、牛飼いの男を「放牛郎」と言うように、「蛇の夫（若い男を含意する場合が多い）」の意である。また蛇婿と暮らす場所が竜宮となっている類話もあり、実質的には「蛇の王子」に相当する身分といってよい。結末では、最初の妻が生き返って二人で幸せに暮らしたと語る例も多い。ここに訳した話では明言されていないが、娘と結婚する時から人間の姿に変身することになっている話もあり、また蛇ではなく狼や馬が婿として登場する話もある。

漢族のあいだでは、ほぼ全国的に知られているが、ここに訳した話でも分かるように、「童話」的な語り口が強い。また中国南部の少数民族にも多くの採集例がある。〈灰かぶり〉型の話と結びついた漢族の「あばた娘とこまち娘」（沢田瑞穂訳、『中国の昔話』所収）や、〈たにし女房〉型と結びついた苗族の「ヘビむことタニシ女房」（村松一弥訳、『苗族民話集』所収）のように、入りくんだ構成となっているものもある。後者の場合の娘をとつがせる経過が、日本の〈猿婿入〉の導入部ときわめて近いことは注目される。

この話型の発端にあたる蛇が末娘と結ばれるモチーフは、日本では室町期の物語とされる『天稚彦物語』にも見られ、また朝鮮では崔仁鶴二〇〇・青大将婿に数例がある。しかし、姉が妹を殺すモチーフをもつ話は、日本では九州以南の島で記録されたわずかな例しか見られないし（大成一〇二・鬼婿入）、朝鮮では採集されていないようである。

〔話型〕　鍾敬文・蛇郎型。エーバーハルト三一・蛇郎、三一例。丁乃通四三三D・蛇郎、六一例。大成一〇二・鬼婿入、通観一六五・姉と妹。鍾敬文や劉守華らに中国語の論文がある。

〔出典〕　陳徳長・婁子匡合編『紹興故事』（一九二九年）所収「蛇郎」、婁子匡・採集整理、浙江省紹興市。

22 猿にさらわれた娘

山中に住む猿(または猿の妖怪)が人間の女をさらって妻にする話は、中国では六朝の志怪小説をはじめとして、唐代の伝奇小説『補江総白猿伝』から宋・元代以降の戯曲や小説に現れる「陳巡検、梅嶺にて妻を失う」話にいたるまで、一つの大きな説話の流れを形作っている。明・清代の随筆類には、ここに訳した昔話に近い内容が、あたかも実話のように記録されている。

そのような説話の流れにつながると思われる近年の昔話を、鍾敬文は〈猴娃娘(猿の子どもの母)〉型として、「一、ある老婆の娘が猿にさらわれて、その女房にさせられる。二、老婆はカササギに教えられて(このくだりを欠く場合もある)、猿の洞穴にたどりつく。三、母親と娘は手だてを考えて逃げ帰る。四、猿は女房を恋しがり、しきりに村のなかに来て泣き叫ぶ。五、母親と娘がある方法で猿を傷つけると、猿はもう来なくなる」と要約している。

さらにくわしいモチーフの異同については丁乃通の要約があるが、発端の部分に別に独立した形でも語られる〈蜜蜂の媒酌〉のモチーフを持つ例がある。また猿とのあいだに子どもの生まれる場合がほとんどで、それが話型名の由来ともなっている。さらに結末の部分では、猿の尻が赤い理由の説明となっている例も多い。いずれにしても、日本や朝鮮の異類婚姻譚のなかに直接対応する話は見られないようである。

[話型] 鍾敬文・猴娃娘型。エーバーハルト一一九・猿の母、一一例。丁乃通三一二A*・猿の洞穴から娘を救う話、四三例。葉徳均「猴娃娘型故事略論」(『民俗』一巻二号、一九三七年、中国語)参照。

[出典] 『馮沅君創作訳文集』(一九八三年)所収「猴老精」(もと『北京大学国学門月刊』一巻四号に淑継の署名で発表したもの)、馮沅君・採集整理、河南省唐河県。

23　小さなドラ

この日本の〈瘤取り爺〉や〈打出の小槌〉に似かよったモチーフを持つ話は、漢族の昔話では〈長い鼻〉の話として知られる。鍾敬文やエーバーハルトの要約したタイプ（さらに朝鮮や日本の類例）は、そのままでは一致していない。それぞれの話にはモチーフの異同が多く、丁乃通がくわしい整理をしている。

唐代の『酉陽雑俎』（九世紀）に新羅国のこととして記された「旁㐌《ぼうい》」の話は、この〈長い鼻〉のもっとも古い記録といっていいだろう（今村与志雄訳『唐宋伝奇集』下、岩波文庫、に訳文がある）。「旁㐌」の話は、発端の兄弟分家と弟に蒸したタネを与えるくだりが、別項の「33 人は金の欲で死ぬ」の〈太陽の国〉の話に似ており、後半の展開が、ここに訳した話に近く、さらに朝鮮の〈金の砧銀の砧〉や〈瘤取り爺〉につながる要素を持っている。

斧原孝守によると、モンゴルやチベットに伝わり、十三世紀以前の成立とされる『シディキュル』説話群の第十四話〈欲の深い弟〉に相当するもので、中国では少数民族をふくめて広く分布しており、とくに中国東部に分布の中心があるという（斧原「魔法の金の槌」、『比較民俗学会報』三四〜三九号、一九八八年、同「『シディキュル』説話の比較資料四」、『比較民俗学会報』五一号、一九八九年、参照）。

［話型］　鍾敬文・兪聴話（聴耳）型。エーバーハルト二七・猿の洞穴、七例、同二八・動物の会話、二一例。丁乃通六一三A・誠意のない兄弟と呪宝、五九例。崔仁鶴四六〇・金の砧銀の砧、同四七六・瘤取り爺。大成一八四・地蔵浄土、同一八五・鼠浄土、同一九四・瘤取爺、同一九五・猿地蔵、通観八一・地蔵浄土、同八二・鼠の浄土、同四七・こぶ取り爺、同一〇三・猿地蔵。

〔出典〕王統照編『山東民間故事』(一九三七年)所収「小銅鑼」、王之疆・採集整理、山東省。

24 狼

中国では、〈忘恩の狼〉を語る寓話として〈中山狼〉または〈東郭先生〉と呼ばれる話が知られている。春秋時代、晋国の趙簡子が中山地方に狩りに行き、狼を追っていると、そこへ来た東郭先生が書物の袋に入れて狼をかくまってやる。難をのがれた狼が袋から出て東郭先生を食おうとするので、三つの年老いたものに判断をあおぐことにする。杏《あんず》の木も雌の牛も仕方ないというが、藜《あかざ》の杖をついた老人がもとどおりに袋に入れて狼を殺す。明代の馬中錫に「中山狼伝」があるが、唐・宋代の作とする説もあるという。そこでは東郭先生が墨子の弟子とされているので、儒者が墨子の「兼愛説」を風刺した作品とする見解もあるが、もとはAT一五五の〈忘恩の蛇〉の系統に属する話の中国的な改作というべきであろう(鄭振鐸「中山狼故事の変異」、『中国文学研究』所収、中国語、参照)。舞台となる中山地方(現、河北省石家荘市周辺)は、戦国時代に中山国があり、北方遊牧民の影響を思わせる特異な文物が発掘された土地である。

〈中山狼〉の話は、中国では、さまざまな演劇や語り物にも取りあげられているが、ここに訳した話は、その異伝であろう。おなじ語り口の話は『泰山民間故事大観』にも記録されている。丁乃通の索引では、前者の〈中山狼〉系統の話が一五五に、異伝と見られる後者が別項の一五五Aとされている。両者あわせて、漢族では山東省の記録が多く、チベット族やモンゴル族にも類話がある。

〔話型〕エーバーハルト一五・忘恩の狼、一例。丁乃通一五五・忘恩の蛇が再び捕まる、二五例、同一五五A・忘恩の狼が恩人を食い殺す、五例。崔仁鶴一〇九・兎の裁判。大成動物新一三・商人と蛇。

〔出典〕　董均倫『半湾鎌刀』（一九四九年）所収「狼」、董均倫・採集整理、山東省平度県。

25　十二支の由来

十干十二支で年月を数える方式は、中国では殷代の甲骨文字にもすでに見られ、さらにその十二支を十二の動物にあてることは漢代ごろからの書物に現れる。二、三の動物の入れ替えのある場合もあるが、同様のやりかたは朝鮮、日本、ベトナム、インドなどにもある。

その由来を説明するための話が猫とネズミの葛藤を主題としている点では、日本と中国は共通している。エーバーハルトの要約によると、「一、猫とネズミは友達である。二、二匹は十二支に加わるための知らせを受ける。三、ネズミは猫が遅れてくるように教える。四、それから二匹は仲が悪くなる」となっている。

さらに、ここに訳した話の後半は、エーバーハルトの〈オンドリと竜〉に相当し、「一、オンドリは当初、角を持っている。二、オンドリはその角を竜に貸す。竜は天国でよい印象を与えるため、角を必要とする。三、竜はその角を返さない。四、オンドリは毎日、角を返せと叫ぶ」と要約されている。この話は、中国南部の少数民族を中心に広く伝わり、竜王と鶏身をした雷神との葛藤を反映しているという（百田弥栄子「華麗に成熟した竜」、アジア民族造形文化研究所編『アジアの竜蛇』一九九二年、所収、参照）。

〔話型〕　エーバーハルト六・猫とネズミ、五例、同一・オンドリと竜、三例。大成一二・十二支の由来、通観五四三・十二支の起こり――鼠の狡猾。

〔出典〕　劉金『九斤姑娘』（一九五四年）所収「関於生肖的伝説」（『民間文学作品選』上、一九八〇年、にも引く）、劉金・採集整理、浙江省嵊県。

26 猫と虎とネズミ

魯迅の回想文集『朝花夕拾』(岩波文庫、松枝茂夫訳、ほか)の一篇である「犬・猫・鼠」には、夏の夜に祖母が語ってくれた昔話として、この類話が紹介されている。採集例はあまり多いとはいえないが、南と北の各地に住む漢族のほかに、南方の少数民族地区でも知られている。

[話型] 丁乃通一〇五・猫だけの計略、一七例。通観四九六・虎と猫。

[出典] 『中国動物故事集』(一九六二年)所収「猫和老虎、老鼠」(もと『福建民間故事』第一冊、一九五七年、に収めるという)、福建省。

27 きこりと虎

虎などの獣のために刺さったトゲを取ってやる話は、中国では宋代に編集された『太平広記』のような古い文献にもすでに類話がある。ここに訳した話を整理した劉守華は、インドの説話から影響を受けた可能性があるとしている。また、この話が記録された湖北省では、同省の西部に住む土家《トーチァ》族が虎をトーテムとする古代の巴人の後裔とされているから、虎への信仰がとくに深いとも指摘している。さらに後半の遼との戦争をめぐる叙述は、歴史的な経過とほぼ一致しているという。

近隣との比較では、朝鮮の類話と比較的近い関係のあることが注目される。

[話型] エーバーハルト一六・動物の報恩、九例。同一七・虎の報恩、七例。丁乃通一五六・獅子の報恩、二七例。崔仁鶴一二二の一・虎の報恩。大成二二八・狼報恩、通観三八九・狼の守護。

〔出典〕 劉守華著『中国民間童話概説』（一九八五年）所収「樵哥」（もと『布谷鳥』一九八一年三号に発表されたという）、鄭家福・口述、劉守華、丁嵐・採集整理、湖北省興山県。

28　山羊の王さま

力の弱い動物が機知をはたらかして、自分を食おうとする動物をあざむく話。鍾敬文によると、〈虎と鹿の話〉として、「一、虎は鹿に出会ったことがなく、その姿を異様だと思う。二、鹿は相手の無知に乗じて出まかせを言っておどかし、虎はびっくりして逃げる。三、虎が猿に会って、そのことを話し、猿といっしょに引き返す。四、鹿はこんども出まかせを言って虎をおどかす。虎は夢中になって逃げだし、猿は手痛い目にあう」と要約されている。

ここに訳した話では、動物が鹿に似て大きな角を持つ山羊となっている。孫剣冰の採集した類話のなかには、人間の男性が、虎をあざむき、これにヒグマが介入してくる話もあり、その民話集にあわせて収められている。唐代に訳された仏教説話集のなかに、その類話があるという指摘もある。しかし、漢族のほかに、モンゴル、チベットをはじめとする少数民族にも広く知られているので、その伝播には別のルートを考える必要があるかもしれない。

〔話型〕 鍾敬文・虎与鹿型。エーバーハルト三・虎と鹿、三例。丁乃通七八・しばりあう動物、三三例、同七八B・虎にしばられた猿、一一例、同一二六・狼を追う羊、四七例。

〔出典〕『民間文学』一九五五年四号所収「老羚翺」、孫剣冰・採集整理、内モンゴル自治区ウラト前旗、一九五四年秋、杜東海ほか六人の話をもとに整理（『天牛郎配夫妻』にも収める）。

29　岩の戸よ開け

『アラビアン・ナイト』で知られる〈開けゴマ〉の中国版。外来の異人によって価値の知られなかった財宝が発見されるという、中国に古くから伝わる採宝譚と結びついて語られることが多い。

エーバーハルトによると、「一、ある男が呪物によって宝の山のなかに入る。二、その男は宝を持ち出すのに失敗する。三、山を開く呪物を紛失する。あるいは宝さがしにいった男が山のなかに閉じこめられる」と要約されている。呪物は、ふしぎな働きのある瓜がよく使われるが、ほかに包丁と薪、斧、ニワトリまたは鳥、石臼、金のカギ、鈴などの場合もある。ここに訳した話に出てくる葦は、どこか日本の〈片葉の葦〉の伝説を連想させるが、葦でスダレやヨシズを編んで売るのが、この地方の昔話の語り手たちのおもな仕事であることも関係しているかもしれない。

ここに訳した話では、「南の地方からやってきた人たち」が宝をさがしに来たとなっているが、ふつうは「南蛮子」(もとは南方の少数民族をさす蔑称で、南から来た異人の意味で使う)のこととして語る。唐代には西方から来た「胡人」の話として流布していたが、やがて「回回」(回教徒)の話に語りかえられ、近代では「洋人」が財宝を盗みだす話ともなった。石田幹之助や沢田瑞穂の研究論文があるほか、中国人の程薔に『中国識宝伝説研究』(一九八六年)がある。

[話型]　エーバーハルト一七〇・開けゴマ、七例。丁乃通六七六・開けゴマ、四一例。大成本格新一七・開け岩。以下は採宝譚についての話型。エーバーハルト一六九・回教徒の財宝発見、三八例。丁乃通七四五A・運命の決められていた財宝、四八例。大成補二八・魚石。

［出典］『民間文学』一九五六年八号所収「山東長白山区的伝説五篇」中の第三話、李晴波・採集整理、山東省鄒平県。雑誌『中国』一九七一年十月号に飯倉による全五篇の訳がある。

30　十人兄弟

日本の〈力太郎〉型の話だが、中国では誕生の異常さよりも能力の多様さに力点がおかれていて、独自の展開をみせる。鍾敬文によると、〈十人のふしぎな子ども〉型として、「一、年をとっても子どものいなかった夫婦に、一度に十人の子どもが生まれる。二、十人の子どもは、それぞれ変わった体つきや特別の能力をもっている。三、子どもたちの長兄が罪をおかすが、弟たちがつぎつぎに身代わりとなり、死をまぬかれる。四、のちに食べ物の分配が平等でなかったため、泣き出した下の弟の涙で兄弟たちが溺れ死ぬ」と要約されている。

兄弟の数は十人のほか、十一人、九人、六人、七人などさまざまで、罪をきせられる相手は役人（県官）あるいは皇帝である場合が多い。訳出した話は、発端の異常誕生の部分を欠くが、その皇帝を「孟姜女《もうきょうじょ》」の話で知られる秦の始皇帝に結びつけたもので、これとおなじ例は湖北省でも採集されている。漢族のほか、湖南省苗族《ミャオ》、雲南省イ族（君島久子訳『王さまと九人のきょうだい』）、吉林省延辺の朝鮮族（村松一弥編『中国の民話』所収「六人兄弟」）などにも、類話が伝わっている。

日本でもよく読まれたアメリカのC・H・ビショップらの絵本『シナの五にんきょうだい』（原作、一九三八年）は、作者の祖父が中国にいた時に聞いた話を父親を通して聞いたものをもとにしているという。しかし、話の発端で洪水が起こったり、泡立てたまごの白味をカマドに入れるなど、中国の類話には見られない構成もあり、作者などの手が加わっているものと思われる。

また、おなじく数人の特技のある兄弟が協力しあう話でありながら、これとはちがった展開をみせる型も中国とその周辺にある(丁乃通六五三・四人の特技のある兄弟、六例)。これはモンゴルやチベットに伝わる『シディキュル』説話群の第九話〈一人に五人〉が広まったものとされる(斧原孝守「『シディキュル』説話の比較資料三」、『比較民俗学会報』五〇号、所収、参照)。朝鮮の類話はむしろこれに近い。

〔話型〕鍾敬文・十個怪孩子型。エーバーハルト二〇八・十人の非凡な子ども、六例。丁乃通五一三・非凡な仲間たち、三九例。崔仁鶴二八七・四人の力士。大成一四〇・力太郎、通観一三一・こんび太郎。

〔出典〕『中国民間故事選』第一集(一九五八年)所収「水推長城」(張友編『水推長城』一九四六年、に初出という)、東為・採集整理、山西省。村松一弥編『中国の民話』の既訳を参照した。

31 エンマ様をぶち殺した農夫

日本の〈俵薬師〉は、中国では主人公の行動に即して〈ほら吹き〉と命名されている。鍾敬文によると、「一、ある人が、その岳父または債権者に向かって、ある物にふしぎな機能があるとほらを吹き、巨額の金を手に入れる。二、岳父または債権者がそれを試すと、まったく機能しない。その人のところへ責めに行って、またごまかされ、別の物を買って帰る。三、それを試すと、またうまくいかないので怒ってしまう。他人に頼み、その人を川のなかへ投げこませる。四、その人は計略を使って逃げ去る。五、岳父または債権者は、最後にその人のたくらみによって死ぬ(このくだりはない場合もある)」と要約されている。

少数民族地区をふくめて、中国の各地で類話が採集されている。トリックスター的な性格の強い主人公がしゅうとや地主や権力者をだますために使う品物は、「冬でも暖かい服」のように日本の話にはないものもあり、また「燃料なしで料理できる鍋」のように共通したものもある。袋に入れられた主人公が、日本とおなじく目の治療をしていると偽る例もかなりあるが、せむしの治療とするものも多い（馬場英子「中国の俵薬師の話について」、『中国民話の会通信』二三・二四号、一九九二年、参照）。

〔話型〕　鍾敬文・大話（ほら吹き）型。エーバーハルト一九一・ほら吹き、一二例。丁乃通一五三九・狡猾者と間抜け、五三例、同一五三五・金持の農夫と貧しい農夫、四六例。崔仁鶴四八二・甘い糞、餅の木、生命の喇叭、同六六八・両班と召し使い。大成六一八・俵薬師の皮占い、通観四三八・俵薬師。

〔出典〕　劉守華編選『緑袍小将』（一九八五年）所収「張彪打死閻王爺」、余世権・口述、竜化成・採集整理、湖北省十堰市。

32　蛇が大臣を呑みこむ

人の欲望に際限がないことを語る中国のことわざに、「人心足らず、蛇、象を呑む（人心不足蛇呑象）」という一文がある。ここに訳した話の原題は、「人心足らず、蛇、相を呑む（人心不足蛇呑相）」で、「象」を中国語では同音の「相」に変えていて、いわば有名なことわざのパロディになっている。

鍾敬文によると、「一、ある人が小さな蛇を飼う。二、やがて蛇が大きくなって竜となる（このくだりがない場合もある）。三、その人は母親（あるいは身分の高い人）の病気を治療するために、竜に助けを求めて、その肝を切りとる（あるいは目玉をくりぬく）。四、その人は欲ばって満足しないため、ついに竜に食われてしまう」と要約される。話の分布はほぼ漢族地区に限られているようである。

［話型］　鍾敬文・蛇呑相型。エーバーハルト一九・大臣を呑みこんだ蛇、六例。丁乃通二八五D・蛇が限度以上の報恩を拒絶する、二三例。

［出典］　谷万川『大黒狼的故事』（一九二九年）所収「人心不足蛇呑相」、谷万川・採集整理、河北省望都県。

33　人は金の欲で死ぬ

前項とやや似た趣向の話で、「人は金の欲で死に、鳥は食べ物の欲で命を落とす」ということわざが、最後に語られる。しかも、前項とおなじく物語の構成は単純で、教訓も明快である。

鍾敬文によると、「一、ある人が鳥を助けてやる。二、鳥に太陽の国へ連れていってもらい、その人はたくさんの金や宝を手に入れる。三、別の人が、そのことをまねする。四、欲ばったため、鳥とともに（太陽の国で）死ぬ（あるいは鳥は逃げ帰る）」と要約される。

ここに訳した話の発端は、「23　小さなドラ」のそれとおなじモチーフで、唐代の『酉陽雑俎』（九世紀）に新羅国のこととして記された「旁㐌」の話と共通している。この話の分布も、ほぼ漢族地区に限られるようである。

［話型］　鍾敬文・人為財死型。エーバーハルト二六・太陽の国、八例。丁乃通五五五A・太陽の国、三六例。

［出典］　谷万川『大黒狼的故事』（一九二九年）所収「大頭鳥」、谷万川・採集整理、河北省望都県。

34　乞食となる運勢

幽霊屋敷で思いがけない財宝を手に入れる話が、同じ日に生まれた二人の運命の（おそらく生まれた時間のわずかなずれが原因で）くいちがっていく筋立てと交差して、ここに訳した話は展開している。エーバーハルトによると、その一般的な構成は、「一、しゅうとやしゅうとめから追われた相愛の男女が、妖怪の家で一夜を明かす。二、これまで多くの来訪者を苦しめてきた妖怪が現れ、この二人に守っていた財宝を引き渡す。二人は財宝の正当な所有者となる。三、二人は金持で、幸せになる。四、落ちぶれたしゅうとやしゅうとめが、ふたたび二人を迎え入れる」と要約されている。

この話もまた大半は漢族地区で語られているらしく、さらに古い文献に記載された多数の類話が沢田瑞穂によって紹介されている（『金牛の鎖』一九八三年）。

〔話型〕　エーバーハルト一二四・妖怪の家、一三例。丁乃通三二六E*・幽霊屋敷で妖怪をこわがらなかった男、二九例、同七四五A・運命の決められている財宝、四八例。崔仁鶴二五五・トケビが出る古家。大成二五八・宝化物、通観二九五・宝化け物。

〔出典〕　陳慶浩・王秋桂主編『中国民間故事全集』第一巻・台湾（一九八九年）所収「乞丐命」、王詩琅・採集整理、台湾。

35　マトモとマヤカシ

もともと仲のよかった二人の男が、利益を独りじめにしたくて相手を裏切る点では、次項の「36　雲から落ちた刺繍靴」とも共通する。このように兄弟あるいは友人同士の葛藤に、〈聴耳〉のモチーフが加わった話を、鍾敬文は、「一、二人の兄弟（あるいは二人の友人）がいて、兄が悪意をもって弟を追い出す。二、弟は廟の中や木の上で動物（または妖怪）の話を盗み聴きする。三、その話のとおりにやって、弟はたくさんの報酬を得る。四、うらやんだ兄が真似をすると、ついに動物（あるいは妖怪）に食われ、あるいはひどい目にあう」と要約している。

ここに訳した話には、AT六一三の〈二人旅〉での「真実と虚偽」という二者対立そのままの原題がついていることも興味深い。漢族のほか、チベットやモンゴルをふくむ少数民族にも類話の見られることは、古い記載がインドの『パンチャ・タントラ』に出てくることと関係しているかもしれない。

〔話型〕　鍾敬文・偸聴話（聴耳）型。エーバーハルト二八・動物の会話、二一例。丁乃通六一三・二人旅（真実と虚偽）、五四例。崔仁鶴四六四・善良な弟と虎の援助、同四六五・不老草を求めに行く。大成本格新一六・二人旅。

〔出典〕　『民間文学』一九八六年四号所収「理長理短」、陳清漳・採集整理、河北省新楽県。

36　雲から落ちた刺繍靴

日本の甲賀三郎譚は諏訪明神の由来を説く語り物で知られる。ここに訳した話は、その中国版であるが、その異伝には山東省に伝わる「周誠」のようにかなり長い複雑な構成をもつものもある（エーバーハルトの編集した英文の民話集に訳がある）。この話が明代の裁判小説『竜図公案（包公案）』とも関係があり、また語り物として語られる場合もあるためであろう。

エーバーハルトによると、その話は「一、山中にいた木こりが、王女をさらっていく妖怪に手斧で傷を負わせる。二、木こりは自分の兄弟（二人）と王女をさがしにいく。兄弟は王女を助けてから、木こりを妖怪の穴のなかに投げこむ。三、木こりはほかの動物たちの助けをかりて、洞穴から脱出する。四、苦労をかさねたすえに、木こりは王女と結婚する」と要約されている。

発端に出てくる二人の組み合わせが〈二人旅〉に似ていることは、前項の注でもふれた。地下の洞穴で九頭の蛇身をした妖怪を切りきざむあたりはヤマタノオロチ退治の話を思わせ、竜王の子どもを助けて竜宮ですごすあたりは、甲賀三郎が地下で暮らしたあと竜蛇の姿で現れることにかかわっているだろう。呪宝としてのヒョウタンや鼻が長くなることも、中国の昔話にはよく出てくるモチーフである。

［話型］　鍾敬文・雲中落繡鞋型。エーバーハルト一二二・雲から落ちた刺繡靴、一三例。丁乃通三〇一A・失踪した王女をさがす、六八例。崔仁鶴二八四・地下国の怪盗。大成本格新二・甲賀三郎、通観三二九・甲賀三郎。

［出典］　『民間文学』一九五六年一〇号所収「有個討吃的、有個鞭桿子」、孫剣冰・採集整理、一九五四年秋に秦地女ほか二人から採集した話をもとに整理、内モンゴル自治区ウラト前旗。『天牛郎配夫妻』にも収める。

37　生まれつきの運

日本の〈炭焼長者〉型の話だが、中国では女性を主人公とする運命譚の一つのサブタイプとして位置づけられる。鍾敬文が〈夫の福運を享受する娘〉型と呼ぶ運命譚がそれで、「一、金持に三人の娘がいるが、父親は長女と次女の二人をかねてから気に入っている。二、ある日、父親は娘たちに誰のおかげで福運を手に入れるのかとたずねる。〔上の二人は父親のおかげでと答えたのに〕三女だけが父親に逆らって〔自分の持って生まれた福運で手に入れると＝カッコ内飯倉〕答える。三、父親は三女を貧乏な男と結婚させる。四、あるきっかけで貧乏な男が思いがけなく大金を手に入れる。三女の言葉が最後には現実のものとなる」と要約されている。この話は華東、華南の漢族に分布し、さらに周辺の少数民族でも、よく似た型とあまり似ていない型の両方が知られている。

そのうち、大金を入手する方法として山中で金や銀の塊を発見する〈炭焼長者〉型のサブタイプに属する話がもっとも多い。（日本でいう〈炭焼長者・初婚型〉に近い。）しかし、この型の典型的な語り口が、むしろ周辺の少数民族である雲南省白族の「轆角庄」（『少数民族文学集』所収「炭焼き張保君」または『白族民間故事伝説集』所収「王女と炭焼き」に訳がある）や湘西（湖南省西部）苗族の「竈神故事」などに見られることは、その伝承の出自を考える上で注目すべきだろう。白族の伝承は、すでに十六世紀の『南詔野史』にも記録されており、淵源の古いことを思わせる。

ここに訳した話の最後のくだりで父親が娘の夫を殺そうとするのは、やや特異な展開である。隣接する広東省の類話などでは、年月がたってから偶然の機会に父親が三女の家で食べ物をごちそうになり、それが自分の好物であることから娘の料理と分かり、娘がその言葉どおり豊かな暮しをしているのを知るといった筋立てになっている。

また、この〈夫の福運を享受する娘〉型の話は、もう一つのサブタイプとして〈かまどの神の由来〉型へと展開していく〈これは日本でいう〈炭焼長者・再婚型〉に近い。〈炭焼長者〉型の金塊発見のモチーフをあわせ持つものもある)。これについては、次項の「38　かまどの神の由来」の解説を参照。

［話型］　鍾敬文・享夫福女児型。エーバーハルト一九三・乞食と結婚した少女、一九例。丁乃通九二三B・自分の運命によって生きる王女、五七例。崔仁鶴四一九・炭焼き長者。大成一四九A・B、通観一四五A・B。伊藤清司『昔話伝説の系譜』(一九九一年)参照。

［出典］　『民俗』四七号(一九二九年)所収「月亮裡天丹樹的故事」、陳歩文・採集整理、広西チワン族自治区桂平県。

38　かまどの神の由来

中国では〈夫の福運を享受する娘〉と呼ばれる、女性を主人公とする運命譚の一つのサブタイプとして、もう一つの〈炭焼長者〉型のサブタイプときわめて近い関係にある。(前項の「37　生まれつきの運」の解説を参照。)日本の〈炭焼長者・再婚型〉と同じ構造で、十四世紀の『神道集』に見える「釜神事」などの文献伝承ともつながりがあるものと思われる。日本では「カマドガミ」と呼ぶことが多い。

中国では華東から華南にかけての漢族に広く伝わっており、また湘西(湖南省西部)の苗族などでも採集されている。丁乃通の要約によると、「乞食は、以前にはましな暮らしをしていたことがある。自分の追い出した先妻が再婚して豊かな暮らしをしているのに出会っても、それが先妻であることに気づかない。同情した先妻は、乞食にあげる食べ物のなかにこっそりと金貨や銀貨を入れておく。しかし乞食は、それをほかの食べ物と取りかえたり、安く売ってしまったりする。のちに本当のことを知った乞食は、たいてい自殺する。また死後は、かまどの神になったと語る場合が多い」とある。

ここに訳した話のように、張郎・丁香〈それに海棠〉という固有名詞を持つ物語は、山東省のほか、浙江省で再話されたものもあるが、かなり潤色された筋立てとなっていることからすると、あるいは語り物的なテキストがあるのかもしれない。また、主人公の女性が牛の行くにまかせて結婚の相手をさがすくだりは、中国では白族や苗族〈後者は馬〉の〈炭焼長者〉譚と一致し、日本の青森に伝わる同系の話にも見える。

中国では、かまどの神を祭る信仰は、すでに春秋時代にはあったとされ、唐代の『酉陽雑俎』には、張姓であることが見える。年末の十二月二十三日〈華南では二十四日が多い〉に、天へ上って一家の人たちの罪状を報告するさいの手加減をしてもらうために、酒粕や飴を供える風習も古くから行われた。この話のように、うどんを供える風習は、これも古くから収穫祭的な意味あいで行われていたものが、かまどの神の県に結びついたのであろう〈村松一弥「唐土の釜神の事」、都立大人文学部『人文学報』七八号、参照〉。

[話型] エーバーハルト一七七・銀貨の移転、五例。丁乃通八四一A*・金貨を見分けられない乞食、二四例。飯倉「中国のかまど神をめぐる物語」〈『昔話伝説研究』一六号〉参照。

[出典]『民間文学』一九五七年一二号所収「竈王的来歴」、呉子信・採集整理、山東省。

39 幸せをさがしに

この話は、中国語で〈西天問仏〉、つまり阿弥陀仏のいる西方極楽浄土に行き、仏様に自分のかかえている問題の解決法をたずねる話、という呼び方をされている。これとは別に、AT四六一の〈悪魔の三本のひげ〉に一致するタイプの、婚約者のために仏様の三本の金の髪の毛を西天へ取りにいく話も中国にはあり、丁乃通は二七例をあげている。AT四六一Aの〈西天問仏〉は、そのサブタイプに位置づけられている。

鍾敬文によると、「一、ある人がむずかしい問題を解決しようとして、西天へ活仏をさがしにいく。二、その人は途中でいろんな人や動物に会い、それぞれから自分の分からない問題について代わりに活仏から回答をもらってきてほしいと頼まれる。三、その人は西天にいって（あるいは道の途中で）活仏に会い、頼まれたことがらについて、それぞれ十分な回答をもらう。四、その人自身の問題は、ほかの人たちの問題の解決によって解決する」と要約されている。

中国では、漢族だけでなく、周辺の少数民族地区でも広く知られている。この話について何篇か論文を書いている劉守華によると、一九八八年段階ですでにAT四六一と四六一Aをあわせて一一〇例をこえる異文が採集されているという。この世界的に分布する型の話の、どこまでが土着的なものかについては、まだ定説がない。

〔話型〕　鍾敬文・求活仏型。エーバーハルト一二五・天帝への問いかけ、一一例。丁乃通四六一A・天帝による解決と報酬を求めての旅、二〇例。崔仁鶴二四二・飯も食い口もきく仏様――求福の旅。大成本格新九・太陽の三本の髪の毛、通観四八・三つの質問。

〔出典〕『玉石鹿』（一九五五年）所収「找幸福」、倪徳山・採集整理、山東省（推定）。

40　手品師の娘との恋

この話の構成は前項の〈西天問仏〉の話を下敷きにしているように思える。〈西天問仏〉の異文には、傘のなかに嫁さんをかくすくだりをもつ話もある（伊藤貴麿訳「西南へまっしぐら」、『中国民話選』所収）。若者が手品師である恋人を、自分の嫁さんにして連れてくるまでの涙ぐましい奮闘ぶりが、マジックを使う者同士の活劇のなかでくりひろげられる。これは昔話というより、もはや語り物の世界かもしれない。

手品などの曲芸を演ずる人たちが一千人以上も住んでいる河北省呉橋県のような場所が各地にあるというが、この話はどこかそういう村を想像させる。また、国の倉庫から必要なものを盗んでくるところは、『白蛇伝』の一場面を思い起こさせる。

〔出典〕『民間文学』一九八六年四号所収「変戯法的人」、語り手・雷栄芬、李星華・採集整理、河北省唐山市楽亭県。のち『中国童話』(一九八九年)にも収める。

解　説

一　戦時下における柳田国男の発言とその後

「支那は驚くほど豊富な昔話の貯蔵地であるが、往来の久しく親しいものがあったにもかかわらず、われわれは西洋人に先鞭をつけさせて傍観して来た。しかもあの四角い字だけは、はるかに容易に読み得たのである。独り支那と言わず、常民の心の最も奥にひそむものを、これによって突合せて見るということは、五族協和の理想のためにも、必要な仕事であった筈だ。東亜の新しい秩序の礎石も、案外かような処にあったかも知れないのである。」

一九三九年一月に出された『アジア問題講座』第一巻の巻頭言を、柳田国男はこう結んでいた。中国に対する全面的な戦争が起こされたのは、その一年半ほど前であった。新聞や雑誌は、その戦争をめぐるはなばなしい報道で埋められていた。そのなかで柳田は、中国の代表的な昔話を編訳したドイツ人エーバーハルトの本や、ビルマ北部のシャン地方に住んでいたイギリス人ミルン女史の著書を読みながら、「猿と蟹」や「続かちかち山」など『昔話覚書』(一九四三年)所収の論考をつづっていた。

エーバーハルトによって一九三七年に刊行された『中国昔話のタイプ』は、日中戦争以前に記録された中国の昔話を総括してタイプ分けをしたものとして、現在に至るまで国際的に広く利用されている。柳田が手にしたのは、エーバーハルトがそれと同時に編訳した代表的な中国昔話の選集(英文)(一)である。柳田がおなじ論文で言及していたミルン女史の本は、敗戦まぢかい一九四四年に、その日本語訳が出された。だが、エーバーハルトの編訳書は、その気になれば原典となった雑誌をさがしだして、中国語から直接訳出することも可能であったはずなのに、そのようなことを考えた人はいなかったらしい。(ちなみに、エーバーハルトは、解放後の中国で採集された新しい資料を加え、その改訂版ともいうべき本(二)を一九六五年に出している。このような形で新旧の資料を批判的に整理した編著は、日本ではまだ出されていない。)

戦時下の日本では、ただ林蘭の編著など二、三冊が適切な解説を加えることもなく訳出されただけで、たとえば朝鮮の昔話や民謡での孫晋泰や金素雲のような個性的な紹介をやる人は、一人も現れなかった。また日本の占領地で昔話の採集を試みた人もなかったわけではないが、それ以前に植民地の台湾でなされた高山族(旧称高砂族)のそれのような量質ともにすぐれた業績は、残されることがなかった。

そのような事情は、中華人民共和国が成立してからも、根本的には変わらなかった。今ここでその個々に立ち入ってふれることはできないが、柳田が三十余年前に手にしたエーバーハルトの本のような、全体的な視野から選ばれた中国昔話集は、まだ日本ではつくられていないといったことのなかにも、それは示されている。

少数民族に限っていえば、村松一弥編『少数民族文学集』(平凡社、一九六二年)のような本格的な仕事も出てきている。だが、わたし自身その協力者の一人としての立場からみると、全面的な紹介という点では、なお今後に残されている課題も多い。一方、中国で出されている日本向けの雑誌『人民中国』では、一九五八年から文化大革命の始まる六六年五月までに、あわせて一〇一編の民話が紹介された。これは日本の同種のものにくらべると、はるかに体系的で、質的にもすぐれたものであった。

エーバーハルトの『中国昔話のタイプ』の改訂版ぐらいは、なんとか日本の研究者の協力でつくりたいというのが、わたしたちの夢物語だが、あるいはその先を越すような、すぐれた研究が、中国人自身の手によってなされる日は、意外に近いのかもしれない。

中国にかかわる情報の氾濫という点だけからすれば、日中戦争当初の状況も昨今のそれと似かよったものであったのかもしれない。柳田が巻頭言を書いた『アジア問題講座』は、当時の風潮のなかではかなり批判的な立場を反映したものとされていたようだ。しかし今それを読み返すと、その柳田の発言は、なぜか取り返しのつかない事態に対するくりごとのようにも聞こえる。そして、その発言を引き出した状況は、三十余年後の今日、もっと深刻なものとしてわたしたちの前に再現されているのではないか、と思う。

おなじころ、柳田はつぎのようにも語っていた。

「勿論昔話の国内に於ける発達を、細かに見て行くということもよい学問であろうが、是と併行して日本と四囲の諸民族との心の繋がり、もしくは精神生活の帰趨《きすう》ともいうべきものが、下に隠れてどれだけの一致を具えて居たかということを、見つけ出そうとする努力も軽んじてはならぬ。又そういう幻《まぼろ》しを胸に描いて進んで行くということが、この艱難《かんなん》時代の一つの慰安でもあろうと思う。」(『昔話覚書』初版序)

以上は、わたしが二十余年前に書いた文章（三）の再録である。この短文では、そこまでふれられなかったが、柳田は敗戦後まもない一九四六年六月に書いた『昔話覚書』再版の序でも、その意図を、みずからつぎのように説明している。

「三省堂の全国昔話記録が、戦時中にも拘わらず飛ぶように売れてしまい、その一部は確かに外地に滞留する同胞の手に渡って居ることを知って、私はやや美しすぎるといってもよい夢を、胸のうちに描いて居た。(中略)現在は同じ日本の国内ですらも、同じ昔話が西と東、離れた隅々に於て語られて居たことを、想像もしなかった人が実は多いのである。それが何かの拍子にたとえ一つでも、今まで名を聴いたことも無い土地に有るということが判ったとすれば、その驚きは或いは啓示になったかも知れない。遠い昔の平和なる痕跡が、寧《むし》ろ隔離と疎遠とを不自然なものだったと心付かしめる機縁になったかも知れぬのである。手段が誤って居たから失敗に終ったのであろうが、我々が互いに親しく知り、友になろうとした志までは悪いもので無い。寧ろ今までは余りにも関心を欠き、いい加減な推測をして居たことが、この惨澹たる悲劇を生んだと言ってよいのである。」

一九五八年に大学を卒業したわたしは、魯迅や同時代の中国文学が熱っぽい口調で語られていた周囲の空気に、どうしてもなじめなかった。昔話や伝説ならば興味をもてるかもしれないと思って、卒業論文に「孟姜女伝説《もうきょうじょ》」をあつかったわたしにとって、柳田のこれらの発言はまさしく啓示であった。「五族協和」という政策的な用語が使われていたり、「手段が誤って居たから失敗に終った」という表現に引っかかったりしながらも、昔話や伝説の研究が中国との連帯に役立つという「幻《まぼろ》し」に酔っていた。仲間うちで出していたガリ版刷りのパンフレットに訳の分からない文章を書き、柳田に送ったところ、昔話の研究には時間がかかりますという返事をもらい、悲喜こもごもの気持を味わったこともある。

さきの短文を書いてからの二十余年間には、もちろん新しい仕事がまったく出なかったわけではない。(四)しかし、わたしが手本としていた関敬吾『日本の昔ばなし』全三冊(岩波文庫)のように、ハンディで内容の豊富な漢族の民話の紹介書は、まだ現れていない。すぐれた構成と解説をもつ村松一弥編『中国の民話』上下二冊(毎日新聞社、一九七二年)も、少数民族の三〇篇に対し漢族は一六篇しか入っていない。

本書は当初から漢族の代表的な昔話だけを二冊にまとめることを考えていたが、わたしの仕事が遅々として進まないため、話の内容もメルヘン的なものを中心とし、伝説や笑話に近いものはとりあえず省いて、一冊にまとめることにした。

少数民族については、現段階ではどうしても重訳という形にならざるをえず、資料の吟味がしにくいこと、またモンゴル族やチベット族のように独立した文化伝統をもつものと、漢族文化の強い影響下におかれていた民族とを、中華人民共和国の構成員という理由で並列的にあつかうのは無理があると考えたため、別の機会をまつことにした。

(一) Wolfram Eberhard, "Chinese Fairy Tales and Folk Tales," 1937.
(二) Wolfram Eberhard, "Folktales of China," 1965.
(三)『日本読書新聞』一九七一年一一月二九日付、「中国民話の視角」。
(四) 千野明日香・衛藤和子編『日本語訳中国昔話解題目録』(中国民話の会、一九九二年)参照。

二　口承文芸研究の進展と採集者たち

中国での口承文芸研究の先駆者としては、魯迅の弟である周作人(一八八五―一九六七)の名をあげないわけにいかない。柳田国男が一九一〇年に『遠野物語』を出した時、日本に留学していた周作人は、発行所にかけつけて番号入りの一冊を買い求めたという。その数年後、中華民国に改まってまもなく、郷里の紹興で教育行政の仕事にたずさわっていた周作人は、何篇かの口承文芸関係の啓蒙的な文章を書いた(のち『児童文学小論』に収める)。周作人が北京にいる魯迅に頼んで、柳田の編集する『郷土研究』を注文したことも知られている。

組織的な口承文芸研究は、一九一八年の北京大学歌謡徴集処(二〇年に歌謡研究会と改める)の設立に始まる。その動機は、もともと口語による新文学創出の模索と表裏するものであり、周作人はその中心的存在であったが、あまり積極的に動いてはいない。

一九二二年から二五年まで刊行された『歌謡週刊』誌上に、顧頡剛《クーチエカン》(こけつごう)によって「孟姜女《もうきょうじょ》」伝説の論考が発表され、読者への投稿や討論を呼びかけたことによって、地方在住者をふくむ学生や教師、研究者、それに分野を異にする知識人たちの、ある種の熱気をはらんだ共同作業が展開される。それは民国以後の学術史のなかでも特筆すべきものであった。

『歌謡週刊』のあとは、おなじ北京大学研究所の『国学門週刊』や『国学門月刊』が、一九二七年まで引き継ぐ。一方、一九二四年から出ていた『語絲』の誌上にも、編集者の周作人のもとに読者から寄せられた口承文芸についての手紙が掲載されていた。

それらの動きを、柳田国男は、「隣国支那などもいつになったら、無学者の歴史が明かになることかと思って居ると、却って日本人よりは御先きへ、民俗学の国民化が始まろうとして居る」(一九二六年の講演「Ethnology とは何か」)と指摘したのであった。

［鍾敬文《チヨンチンウエン》(しょうけいぶん)(一九〇三—)］(8、9ノ一、9ノ二、10ノ一、17の五話)

広東省海豊県(現、汕尾市)生まれの鍾敬文は、一九二二年から二六年まで、師範学校を出て地元で小学校の教師をしていた。『鍾敬文採録口承故事集』(一九八九年)として刊行され、本書に訳出したのは、この時期に集められた昔話である。また、おなじころ、『歌謡週刊』に孟姜女伝説のことでたびたび投稿し、これにつづく『国学門週刊』にも「陸安伝説」を連載していた。その後、一九二七年秋から中山大学に勤めて民俗学会の結成と『民俗(週刊)』の仕事を手伝い、翌年は杭州に行って妻子匡らと中国民俗学会を作った。一九三四年から三六年にかけて日本に留学し、早稲田大学で学んでいる。共和国成立後は、北京師範大学の教授として後進の育成にあたり、また中国民間文芸研究会の成立に参画したが、五七年には右派として批判された。現在では、中国の口承文芸研究界の長老として指導的地位にある。

［馮沅君《フォンユアンチュン》（ふうげんくん）（一九〇〇―一九七四）］（22の一話）［王統照《ワントンチャオ》（おうとうしょう）（一八九七―一九五七）］（23の一話）

当時の民話採集の動きに、さまざまな分野の知識人が加わっていた二つの例である。馮沅君が、『国学門月刊』に漱繿の筆名で郷里の河南省唐河県の昔話を連載したころは、中法大学で教えるかたわら北京大学研究所国学門で古典文学を研究していた。夫君の陸侃如との共著『中国詩史』はよく知られているが、戯曲史方面の著作も多い。

王統照は、山東省諸城市出身の作家、詩人。一九三五年に郷里に帰ったさい、小学校の校長をしている甥が生徒に書かせた昔話を見せてくれた。その内容が民間文芸としても価値があると考え、児童書局の陳伯吹に相談して出版したという。本書に訳したのは、その一篇。

［谷万川《クーワンチュアン》（こくばんせん）（一九〇五―一九七〇）］（3、32、33の三話）

河北省望都県の出身。一九二四年、北京師範大学付属中学に入学。在学中、『語絲』を編集していた周作人に、自分の採集した昔話を添えて手紙を書いた。これがきっかけとなって周作人に書き送った昔話三五篇が、二九年に『大きな黒いオオカミの話』と題して出版された。そのさい周作人の寄せた序文には、「大きな黒いオオカミにことよせて彼を誘いこみ、彼に本気になってこの革命をやらない文学〔口承文芸をさす＝引用者〕か、あるいはその他の学問にたずさわる決心をしてもらいたいと考えた」前後の事情が、切々と語られている。

昔話の下書きを周作人に託したあと、一九二六年、谷万川は革命に参加するため南下して黄埔軍官学校に入った。反共クーデター後の二九年、北平にもどり、北京師範大学国文系に入学。三〇年に成立した北方左連の一員となったが、同年八月、逮捕されて南京に護送された。ところが、南京の獄中で谷万川は精神に異常をきたし、周作人に悪罵をつらねた手紙を書いたりしたという。三八年に釈放されて郷里にもどってからも、病状は好転しなかった。そして文化大革命さなかの七〇年、病人という周囲の弁明もむなしく、その過激な言動のゆえに「反革命」の罪で処刑されたという(『新文学史料』一九八五年一号)。

谷万川採録の昔話は、伊藤貴麿訳『中国民話選』(講談社文庫)にも九話が訳されている。

＊

さまざまな参加者たちの運命を巻きこみながら、初期の運動が一段落し、昔話の採集や整理が量質ともに進展するのは、一九二七、八年に中山大学の民俗学会から『民間文芸』(週刊二四号)や『民俗』(週刊一二三号)が出るころからである。三一年から三四年まで浙江省で出ていた『民俗学集鐫《しゅうせん》』(二号)や『民間(月刊)』(一巻一二号と二巻一一号)も、これに加わる。これら各地の雑誌などにのったものを、林蘭の名でまとめた昔話集が、北新書局から三十数冊刊行されるのも、一九二八年から三四年にかけてであった。

「(張)清水《チャンチンシュイ》(ちょうせいすい)」(2の一話)「翁国樑《オンクオリアン》(おうこくりょう)」(10ノ三の一話)「陳歩文《チエンブーウエン》(ちんほぶん)」(37の一話)

いずれも『民俗』に掲載されたもので、同誌には中国南部で採集された話が多かった。その『民俗』に、毎号のように執筆していたのが清水。広東省翁源県の生まれで、郷里の昔話や民俗の記録を発表していた。『海竜王的女児』(一九二九年)、『太陽和月亮』(一九三二年)の二冊の昔話集を出している。翁国樑は福建省漳州市の生まれ。『民俗』に発表している十余篇はすべて漳州の民俗について記したもの。漳州で民俗学会を作り、福建の民俗についての叢書を出したほか、『福建漳州伝説』(一九三五年)の著がある。陳歩文は、広西の桂平県が生地らしいが、『民俗』にはこの一篇しか発表されていない。

「婁子匡《ロウツーコアン》(ろうしきょう)(一九一四―　)」(11、20の二話)

浙江省紹興市(旧、山陰県)の出身。母方のおじに勧められ早くから口承文芸に関心を抱いた。『紹興歌謡』(一九二八年)と『紹興故事』(陳徳長と共編、一九二九年)は、中学在学中に記録したものでヽ「11 タニシ女房」は後者に収める。一九三〇年、鍾敬文らと杭州で中国民俗学会を結成し、三五年に出した『新年風俗志』には周作人、顧頡剛、エーバーハルトが序文を寄せている。日中戦争下の重慶でも、顧頡剛らと中国民俗学会の分会を作り、『風物志集刊』を刊行した。共和国の成立した四九年には台湾に移り、以後、同地で民俗学の研究をつづけ、また民俗学関係旧著の復印刊行に尽力した。

「20『年』という獣」は、婁子匡著『歳時漫談』(一九六七年)に引かれているが、もとの採集者は記されていない。

[孫佳訊《スンチアシュン》(そんかじん)(一九〇八―)](4、12、13、14の四話)

江蘇省灌雲県(現、連雲港市)生まれ。くわしい経歴は分からないが、大学生のころから昔話の採集を始めたらしい。昔話集は『娃娃石』(一九二九年)のほかにも、共和国成立後をふくめ、数冊あるという。林蘭編の昔話集に収められたなかでも、量質ともにすぐれた仕事をしている一人であるが、整理のさい文学的加工の傾向が強いのは気にかかる。

*

日中戦争と内戦による混乱期をへて、一九四九年に中華人民共和国が成立した。

翌一九五〇年に中国民間文芸研究会が結成され、五五年からは雑誌『民間文学』の刊行も始まった。その過渡的な時期に、昔話の採集と整理を進めていたのは、それまで中国共産党の根拠地で働いていた人たちであった。整理にあたっての方針にも、時代の風潮は否応なしに影響を与えていたにちがいない。整理者の経歴は分からないが、「15 母恋いの洲」や「30 十人兄弟」には、その影が見てとれる。

〔董均倫《トンチユンルン》（とうきんりん）（一九一五―　）〕（7、24の二話）

山東省威海市の出身。北京の外国語専門学校を出てから、一九三八年に延安へ行き、抗日軍政大学で学ぶ。四五年以降の内戦期には文芸工作者として創作に従事した。共和国成立後は山東省の農村で昔話の採集をする。『半湾鎌刀《れんとう》』（一九四九年）、『伝麦種』（五二年）につづき、以後は妻の江源《チアンユアン》（こうげん）（一九二六―　）と連名で、『宝山』（五四年）、『石門開』（五五年）、『玉仙園』（五八年）など、多くの昔話集を出している。ソ連のバジョーフの仕事に再話の方法を学んだと言い、文学的加工の傾向は強いものの、『聊斎志異《りょうさいしい》』の流れをくむ山東地方の物語の世界を語り伝えている。本書に訳したのは初期の短い話だけだが、代表的な物語は、飯倉照平・鈴木健之共訳『山東民話集』（一九七五年、平凡社・東洋文庫）に紹介されている。

〔孫剣氷《スンチエンビン》（そんけんひょう）（一九二一―　）〕（1、28、36の三話）

江蘇省豊県（現、徐州市）の出身。一九四一年から四四年まで延安の魯迅芸術学院で学ぶ。共和国成立以後は、長く編集出版関係の仕事に従事する。一九五四年、内モンゴル自治区のウラト前旗にある漢族入植地で昔話を採集した成果は、『天牛郎配夫妻』（一九八三年）で見ることができる。本書の訳はすべてこれによる。昔話の語り口を忠実に記録するという点で、近年の中国ではもっともすぐれた仕事と思われ、秦地女という語り手の発掘も注目された。しかし、その記録した昔話は、いくつかのタイプが結合したものが多く、物語の内容としては衰退した段階にあるのではないかと考えられる。孫剣氷には、ほかに雲南省に住むサニ族（イ族の支系）の叙事詩『アシマ』の整理方法を鋭く論じた「アシマ試論」（一九五六年）がある。

〔李星華《リーシンホア》（りせいか）（一九一一―七九）〕（40の一話）

河北省楽亭県の出身。軍閥張作霖に殺害された李大釗の遺児。一九三九年、延安に入る。共和国成立後の五六年、中国科学院文学研究所の組織した雲南調査に参加し、のち『白族民間故事伝説集』（一九五九年）として刊行される採集をおこなった。日本では、君島久子訳『中国少数民族の昔話』（一九八〇年、三弥井書店）として紹介されている。「40 手品師の娘との恋」は、その李星華がめずらしく郷里に伝わる漢族の昔話を採集したもの。

［陳清漳《チエンチンチャン》（ちんせいしょう）（一九二三―　）］（35の一話）
河北省保定市の出身。一九三九年から中国共産党の文芸工作に従事。四九年、延安の魯迅芸術学院で学ぶ。共和国成立後は、内モンゴル自治区で長く文化関係の仕事につき、モンゴル族の叙事詩『嘎達梅林』の整理や昔話の採集にもたずさわっている。

＊

十年におよんだ文化大革命の激動をへて、一九七九年に雑誌『民間文学』が復刊し、それ以後、中国民間文芸研究会の活動も全国的な規模でさかんになった。その活動の充実に見合うかのように、八七年に中国民間文芸研究会は中国民間文芸家協会と改名した。

一九八四年に国の施策として提議された、民間故事（昔話）、歌謡、諺語（ことわざ）の全国的な集成を作るための作業は、しだいに具体化され、県段階の刊行物はかなりの量にのぼっている。九五年までには各省や市段階の資料編纂もおえて、二〇〇〇年までには出版を終える予定であると聞く。

本書には、この時期の採集成果はほとんど取り入れていない。県段階の資料の一部をかいまみた限りでいえば、従来の「民間故事」の枠からは除外されていたような、「鬼話（亡霊の登場する話）」や「仙話（神仙の登場する話）」などが大胆に採録されている。語り物や民間芸能と題材を共有する話もかなり多く、いわば民衆の伝承世界がまるごと切り取られているといった感じを受ける。その点ではたいへん興味深い。

従来の記録と似た内容の昔話も、重複をかまわずに収録する方針をとるというから、その分布を調べるのには有力な手助けとなるにちがいない。しかし、語り口に忠実で、すぐれた整理がどこまでなされるかは、むしろ今後の課題に属しているというべきだろう。

［劉守華《リユウショウホア》（りゅうしゅか）］（一九三五―　）（27、31の二話）

湖北省沔陽《べんよう》県（現、仙桃市）の農村に生まれる。一九五七年に華中師範学院（現、華中師範大学）を出て、現在同校教授。五六年から口承文芸の研究に従事。諸外国との比較や道教との関係などの研究書をふくみ、十余冊の著書がある。湖北省各地での民間故事集成の作業に指導的な役割をになっている。「27　きこりと虎」は劉守華みずからが採録したもの、「31　エンマ様をぶち殺した農夫」は、その監修した湖北省の昔話集から取った。

このほか、「10ノ二　タバコの葉となった恋人」は、山西省臨汾地区の民間文学集成の一冊から取ったものである。

三　おわりに

中国でよく知られている昔話を、一般の読者のためにもおもしろく、また比較研究のためにも参考になるような内容で訳してみたいと思った。本書は、その第一段階の試みである。巻末にのせた注記が話によってかなり精粗があるのは、訳者の不勉強を棚にあげていえば、この分野での調査や研究があまり進んでいないことにも原因がある。この拙い一冊をきっかけにして、努力のわりには報われることの少ない仕事に手をそめてくださる方が、一人でも多く現れることを期待している。

一々お名前はあげないが、この何年か、わたしのかかわってきた中国民話の会および日本口承文芸学会の方々の直接間接の激励と協力をいただいて、この本はできあがったといってよい。今後とも、引きつづいてのご助力とご批判をお願いしたい。

この本の企画と進行について、怠惰な訳者をたえず叱咤してくださった都築令子さん、また最後の仕上げに力を添えてくださった中本直子さんに、お礼を申しあげたい。

一九九三年七月二日

飯倉照平

中国《ちゆうごく》民《みん》話《わ》集《しゆう》

1993 年 9 月 16 日　第 1 刷発行
2025 年 7 月 29 日　第 10 刷発行

編訳者　飯倉《いいくら》照平《しようへい》

発行者　坂本政謙

発行所　株式会社 岩波書店
〒101-8002 東京都千代田区一ツ橋 2-5-5
案内 03-5210-4000　営業部 03-5210-4111
文庫編集部 03-5210-4051
https://www.iwanami.co.jp/

印刷 製本・法令印刷　カバー・精興社

ISBN978-4-00-320391-0　Printed in Japan

読書子に寄す

——岩波文庫発刊に際して——

岩波茂雄

真理は万人によって求められることを自ら欲し、芸術は万人によって愛されることを自ら望む。かつては民を愚昧ならしめるために学芸が最も狭き堂宇に閉鎖されたことがあった。今や知識と美とを特権階級の独占より奪い返すことはつねに進取的なる民衆の切実なる要求である。岩波文庫はこの要求に応じそれに励まされて生まれた。それは生命ある不朽の書を少数者の書斎と研究室とより解放して街頭にくまなく立たしめ民衆に伍せしめるであろう。近時大量生産予約出版の流行を見る。その広告宣伝の狂態はしばらくおくも、後代にのこすと誇称する全集がその編集に万全の用意をなしたるか。千古の典籍の翻訳企図に敬虔の態度を欠かざりしか。さらに分売を許さず読者を繋縛して数十冊を強うるがごとき、はたしてその揚言する学芸解放のゆえんなりや。吾人は天下の名士の声に和してこれを推挙するに躊躇するものである。このときにあたって、岩波書店は自己の責務のいよいよ重大なるを思い、従来の方針の徹底を期するため、すでに十数年以前より志して来た計画を慎重審議この際断然実行することにした。吾人は範をかのレクラム文庫にとり、古今東西にわたって文芸・哲学・社会科学・自然科学等種類のいかんを問わず、いやしくも万人の必読すべき真に古典的価値ある書をきわめて簡易なる形式において逐次刊行し、あらゆる人間に須要なる生活向上の資料、生活批判の原理を提供せんと欲する。この文庫は予約出版の方法を排したるがゆえに、読者は自己の欲する時に自己の欲する書物を各個に自由に選択することができる。携帯に便にして価格の低きを最主とするがゆえに、外観を顧みざるも内容に至っては厳選最も力を尽くし、従来の岩波出版物の特色をますます発揮せしめようとする。この計画たるや世間の一時の投機的なるものと異なり、永遠の事業として吾人は微力を傾倒し、あらゆる犠牲を忍んで今後永久に継続発展せしめ、もって文庫の使命を遺憾なく果たさしめることを期する。芸術を愛し知識を求むる士の自ら進んでこの挙に参加し、希望と忠言とを寄せられることは吾人の熱望するところである。その性質上経済的には最も困難多きこの事業にあえて当たらんとする吾人の志を諒として、その達成のため世の読書子とのうるわしき共同を期待する。

昭和二年七月

《イギリス文学》〔赤〕

ユートピア　トマス・モア　平井正穂訳
完訳 カンタベリー物語 全三冊　チョーサー　桝井迪夫訳
ヴェニスの商人　シェイクスピア　中野好夫訳
十二夜　シェイクスピア　小津次郎訳
ハムレット　シェイクスピア　野島秀勝訳
オセロウ　シェイクスピア　菅泰男訳
リア王　シェイクスピア　野島秀勝訳
マクベス　シェイクスピア　木下順二訳
ソネット集　シェイクスピア　高松雄一訳
ロミオとジューリエット　シェイクスピア　平井正穂訳
リチャード三世　シェイクスピア　木下順二訳
対訳 シェイクスピア詩集 —イギリス詩人選(1)　柴田稔彦編
から騒ぎ　シェイクスピア　喜志哲雄訳
冬物語　シェイクスピア　桒山智成訳
言論・出版の自由 —アレオパジティカ 他一篇　ミルトン　原田純訳
失楽園 全二冊　ミルトン　平井正穂訳

ロビンソン・クルーソー 全二冊　デフォー　平井正穂訳
奴婢訓 他一篇　スウィフト　深町弘三訳
ガリヴァー旅行記　スウィフト　平井正穂訳
トリストラム・シャンディ 全三冊　ロレンス・スターン　朱牟田夏雄訳
ウェイクフィールドの牧師 —むだばなし　ゴールドスミス　小野寺健訳
幸福の探求 —アビシニアの王子ラセラスの物語　サミュエル・ジョンソン　朱牟田夏雄訳
対訳 ブレイク詩集 —イギリス詩人選(4)　松島正一編
対訳 ワーズワス詩集 —イギリス詩人選(3)　山内久明編
湖の麗人　スコット　入江直祐訳
キプリング短篇集　橋本槙矩編訳
対訳 コウルリッジ詩集 イギリス詩人選(7)　上島建吉編
高慢と偏見 全二冊　ジェーン・オースティン　富田彬訳
ジェイン・オースティンの手紙　新井潤美編訳
マンスフィールド・パーク 全三冊　ジェイン・オースティン　新井潤美・宮丸裕二訳
シェイクスピア物語 全二冊　チャールズ・ラム　メアリー・ラム　安藤貞雄訳
エリア随筆抄　チャールズ・ラム　南條竹則編訳
デイヴィッド・コパフィールド 全五冊　ディケンズ　石塚裕子訳

炉辺のこほろぎ　ディケンズ　本多顕彰訳
ボズのスケッチ 短篇小説篇 全二冊　ディケンズ　藤岡啓介訳
アメリカ紀行 全二冊　ディケンズ　伊藤弘之・下笠徳次・隈元貞広訳
イタリアのおもかげ　ディケンズ　伊藤弘之・下笠徳次・隈元貞広訳
大いなる遺産 全二冊　ディケンズ　石塚裕子訳
荒涼館 全四冊　ディケンズ　佐々木徹訳
鎖を解かれたプロメテウス　シェリー　石川重俊訳
アイルランド 歴史と風土　オフェイロン　橋本槙矩訳
ジェイン・エア 全二冊　シャーロット・ブロンテ　河島弘美訳
嵐が丘 全二冊　エミリー・ブロンテ　河島弘美訳
サイラス・マーナー　ジョージ・エリオット　土井治訳
アルプス登攀記 全二冊　ウィンパー　浦松佐美太郎訳
アンデス登攀記 全二冊　ウィンパー　大貫良夫訳
ジーキル博士とハイド氏　スティーヴンスン　海保眞夫訳
南海千一夜物語　スティーヴンスン　中村徳三郎訳
若い人々のために 他十一篇　スティーヴンスン　岩田良吉訳
怪談 —不思議なことの物語と研究　ラフカディオ・ハーン　平井呈一訳

ドリアン・グレイの肖像　オスカー・ワイルド　富士川義之訳

サロメ　ワイルド　福田恆存訳

嘘から出た誠　ワイルド　岸本一郎訳

童話集 幸福な王子 他八篇　オスカー・ワイルド　富士川義之訳

分らぬもんですよ　バァナード・ショウ　市川又彦訳

ヘンリ・ライクロフトの私記　ギッシング　平井正穂訳

南イタリア周遊記　ギッシング　小池滋訳

闇の奥　コンラッド　中野好夫訳

密偵　コンラッド　土岐恒二訳

対訳 イエイツ詩集　高松雄一編

月と六ペンス　モーム　行方昭夫訳

読書案内―世界文学　W・S・モーム　西川正身訳

人間の絆 全三冊　モーム　行方昭夫訳

サミング・アップ　モーム　行方昭夫訳

モーム短篇選 全二冊　行方昭夫編訳

アシェンデン―英国情報部員のファイル　モーム　中島賢二・岡田久雄訳

お菓子とビール　モーム　行方昭夫訳

ダブリンの市民　ジョイス　結城英雄訳

荒地　T・S・エリオット　岩崎宗治訳

オーウェル評論集　小野寺健編訳

パリ・ロンドン放浪記　ジョージ・オーウェル　小野寺健訳

カタロニア讃歌　ジョージ・オーウェル　都築忠七訳

動物農場―おとぎばなし　ジョージ・オーウェル　川端康雄訳

対訳 キーツ詩集―イギリス詩人選(10)　宮崎雄行編

キーツ詩集　中村健二訳

オルノーコ 美しい浮気女　アフラ・ベイン　土井治訳

解放された世界　H・G・ウェルズ　浜野輝訳

大転落　イヴリン・ウォー　富山太佳夫訳

回想のブライズヘッド 全二冊　イーヴリン・ウォー　小野寺健訳

愛されたもの　イーヴリン・ウォー　中村健二・出淵博訳

対訳 ジョン・ダン詩集―イギリス詩人選(2)　湯浅信之編

フォースター評論集　小野寺健編訳

白衣の女 全三冊　ウィルキー・コリンズ　中島賢二訳

アイルランド短篇選　橋本槙矩編訳

灯台へ　ヴァージニア・ウルフ　御輿哲也訳

狐になった奥様　ガーネット　安藤貞雄訳

フランク・オコナー短篇集　阿部公彦訳

たいした問題じゃないが―イギリス・コラム傑作選　行方昭夫編訳

真昼の暗黒　アーサー・ケストラー　中島賢二訳

文学とは何か―現代批評理論への招待 全二冊　テリー・イーグルトン　大橋洋一訳

D・G・ロセッティ作品集　南條竹則・松村伸一編訳

真夜中の子供たち 全二冊　サルマン・ラシュディ　寺門泰彦訳

英国古典推理小説集　佐々木徹編訳

《アメリカ文学》〔赤〕

- ギリシア・ローマ神話 付インド・北欧神話　ブルフィンチ　野上弥生子訳
- 中世騎士物語　ブルフィンチ　野上弥生子訳
- フランクリン自伝　松本慎一　西川正身訳
- スケッチ・ブック 全二冊　アーヴィング　齊藤昇訳
- アルハンブラ物語 全二冊　アーヴィング　平沼孝之訳
- ウォルター・スコット邸訪問記　アーヴィング　齊藤昇訳
- ブレイスブリッジ邸　アーヴィング　齊藤昇訳
- エマソン論文集 全二冊　エマソン　酒本雅之訳
- 完訳 緋文字　ホーソーン　八木敏雄訳
- 黒猫・モルグ街の殺人事件 他五篇　ポオ　中野好夫訳
- 対訳 ポー詩集 ―アメリカ詩人選(1)　加島祥造編
- 黄金虫・アッシャー家の崩壊 他九篇　ポオ　八木敏雄訳
- ポオ評論集　八木敏雄編訳
- 森の生活 (ウォールデン) 全二冊　ソロー　飯田実訳
- 市民の反抗 他五篇　H・D・ソロー　飯田実訳
- 白鯨 全三冊　メルヴィル　八木敏雄訳
- ビリー・バッド　メルヴィル　坂下昇訳
- ホイットマン自選日記 全二冊　杉木喬訳
- 対訳 ホイットマン詩集 ―アメリカ詩人選(2)　木島始編
- 対訳 ディキンソン詩集 ―アメリカ詩人選(3)　亀井俊介編
- 不思議な少年　マーク・トウェイン　中野好夫訳
- 王子と乞食　マーク・トウェーン　村岡花子訳
- 人間とは何か　マーク・トウェイン　中野好夫訳
- ハックルベリー・フィンの冒険 全二冊　マーク・トウェイン　西田実訳
- いのちの半ばに　ビアス　西川正身訳
- 新編 悪魔の辞典　ビアス　西川正身編訳
- ビアス短篇集　大津栄一郎編訳
- ねじの回転 デイジー・ミラー　ヘンリー・ジェイムズ　行方昭夫訳
- ワシントン・スクエア　ヘンリー・ジェイムズ　河島弘美訳
- ノリス マクティーグ 死の谷 全二冊　石田英二　井上宗次訳
- シスター・キャリー 全二冊　ドライサー　村山淳彦訳
- 響きと怒り 全二冊　フォークナー　平石貴樹　新納卓也訳
- アブサロム、アブサロム! 全二冊　フォークナー　藤平育子訳
- 八月の光 全二冊　フォークナー　諏訪部浩一訳
- 武器よさらば 全二冊　ヘミングウェイ　谷口陸男訳
- オー・ヘンリー傑作選　大津栄一郎訳
- アメリカ名詩選　亀井俊介　川本皓嗣編
- 魔法の樽 他十二篇　マラマッド　阿部公彦訳
- 青白い炎　ナボコフ　富士川義之訳
- 風と共に去りぬ 全六冊　マーガレット・ミッチェル　荒このみ訳
- 対訳 フロスト詩集 ―アメリカ詩人選(4)　川本皓嗣編
- とんがりモミの木の郷 他五篇　セアラ・オーン・ジュエット　河島弘美訳
- 無垢の時代　イーディス・ウォートン　河島弘美訳
- 暗闇に戯れて ―白さと文学的想像力　トニ・モリスン　都甲幸治訳

《ドイツ文学》〔赤〕

ニーベルンゲンの歌 全二冊 相良守峯訳
若きウェルテルの悩み ゲーテ 竹山道雄訳
ヴィルヘルム・マイスターの修業時代 全三冊 ゲーテ 山崎章甫訳
イタリア紀行 全三冊 ゲーテ 相良守峯訳
ファウスト 全二冊 ゲーテ 相良守峯訳
ゲーテとの対話 全三冊 エッカーマン 山下肇訳
スペインの太子 ドン・カルロス シルレル 佐藤通次訳
ヒュペーリオン —希臘の世捨人 ヘルダーリーン 渡辺格司訳
青い花 ノヴァーリス 青山隆夫訳
夜の讃歌・サイスの弟子たち 他一篇 ノヴァーリス 今泉文子訳
完訳 グリム童話集 全五冊 金田鬼一訳
黄金の壺 ホフマン 神品芳夫訳
ホフマン短篇集 池内紀編訳
ミヒャエル・コールハース チリの地震 他一篇 クライスト 山口裕之訳
影をなくした男 シャミッソー 池内紀訳
流刑の神々・精霊物語 ハイネ 小沢俊夫訳

ブリギッタ・森の泉 他一篇 シュティフター 宇多五郎 高安国世訳
みずうみ 他四篇 シュトルム 関泰祐訳
沈鐘 ハウプトマン 阿部六郎訳
地霊・パンドラの箱 ルル二部作 F・ヴェデキント 岩淵達治訳
春のめざめ F・ヴェデキント 酒寄進一訳
花・死人に口なし 他七篇 シュニッツラー 番匠谷英一 山本有三訳
ゲオルゲ詩集 手塚富雄訳
リルケ詩集 高安国世訳
ドゥイノの悲歌 リルケ 手塚富雄訳
ブッデンブローク家の人びと 全三冊 トーマス・マン 望月市恵訳
魔の山 全二冊 トーマス・マン 関泰祐 望月市恵訳
トニオ・クレエゲル トオマス・マン 実吉捷郎訳
ヴェニスに死す トオマス・マン 実吉捷郎訳
講演集 ドイツとドイツ人 他五篇 トーマス・マン 青木順三訳
講演集 リヒァルト・ヴァーグナーの苦悩と偉大 他一篇 トーマス・マン 青木順三訳
車輪の下 ヘルマン・ヘッセ 実吉捷郎訳
デミアン ヘルマン・ヘッセ 実吉捷郎訳

シッダルタ ヘッセ 手塚富雄訳
幼年時代 カロッサ 斎藤栄治訳
ジョゼフ・フーシェ —ある政治的人間の肖像 シュテファン・ツワイク 高橋禎二 秋山英夫訳
変身・断食芸人 カフカ 山下肇 山下萬里訳
審判 カフカ 辻瑆訳
カフカ短篇集 池内紀編訳
カフカ寓話集 池内紀編訳
ドイツ炉辺ばなし集 —カレンダーゲシヒテン ヘーベル 木下康光編訳
ウィーン世紀末文学選 池内紀編訳
ティル・オイレンシュピーゲルの愉快ないたずら 阿部謹也訳
チャンドス卿の手紙 他十篇 ホフマンスタール 檜山哲彦訳
ホフマンスタール詩集 川村二郎訳
インド紀行 全二冊 ボンゼルス 実吉捷郎訳
ドイツ名詩選 生野幸吉 檜山哲彦編
聖なる酔っぱらいの伝説 他四篇 ヨーゼフ・ロート 池内紀訳
ラデツキー行進曲 全二冊 ヨーゼフ・ロート 平田達治訳
ボードレール —ベンヤミンの仕事2 他五篇 ベンヤミン 野村修編訳

パサージュ論 全五冊　ヴァルター・ベンヤミン　今村仁司・三島憲一・大貫敦子・高橋順一・塚原史・細見和之・村岡晋一・山本尤・横張誠・與謝野文子・吉村和明訳
ジャクリーヌと日本人　ヤーコプ　相良守峯訳
ヴォイツェク ダントンの死 レンツ　ビューヒナー　岩淵達治訳
人生処方詩集　エーリヒ・ケストナー　小松太郎訳
終戦日記一九四五　エーリヒ・ケストナー　酒寄進一訳
独裁者の学校　エーリヒ・ケストナー　酒寄進一訳
第七の十字架 全二冊　アンナ・ゼーガース　山下肇・新村浩訳

《フランス文学》〔赤〕

ラブレー第一之書 ガルガンチュワ物語　渡辺一夫訳
ラブレー第二之書 パンタグリュエル物語　渡辺一夫訳
ラブレー第三之書 パンタグリュエル物語　渡辺一夫訳
ラブレー第四之書 パンタグリュエル物語　渡辺一夫訳
ラブレー第五之書 パンタグリュエル物語　渡辺一夫訳
エセー 全六冊　モンテーニュ　原二郎訳
ラ・ロシュフコー箴言集　二宮フサ訳
ブリタニキュス ベレニス　ラシーヌ　渡辺守章訳
いやいやながら医者にされ　モリエール　鈴木力衛訳
守銭奴　モリエール　鈴木力衛訳
完訳ペロー童話集　新倉朗子訳
ラ・フォンテーヌ寓話 全二冊　ラ・フォンテーヌ　今野一雄訳
カンディード 他五篇　ヴォルテール　植田祐次訳
哲学書簡　ヴォルテール　林達夫訳
ルイ十四世の世紀 全四冊　ヴォルテール　丸山熊雄訳
美味礼讃 全二冊　ブリア-サヴァラン　関根秀雄・戸部松実訳

近代人の自由と古代人の自由・征服の精神と簒奪 他一篇　コンスタン　堤林剣・堤林恵訳
恋愛論 全二冊　スタンダール　杉本圭子訳
赤と黒 全二冊　スタンダール　桑原武夫・生島遼一訳
艶笑滑稽譚 全三冊　バルザック　石井晴一訳
レ・ミゼラブル 全四冊　ユーゴー　豊島与志雄訳
ライン河幻想紀行　ユーゴー　榊原晃三編訳
ノートル＝ダム・ド・パリ 全二冊　ユーゴー　辻昶・松下和則訳
モンテ・クリスト伯 全七冊　アレクサンドル・デュマ　山内義雄訳
三銃士 全二冊　デュマ　生島遼一訳
カルメン　メリメ　杉捷夫訳
愛の妖精（プチット・ファデット）　ジョルジュ・サンド　宮崎嶺雄訳
ボオドレール悪の華　鈴木信太郎訳
ボヴァリー夫人 全二冊　フローベール　伊吹武彦訳
感情教育 全二冊　フローベール　生島遼一訳
紋切型辞典　フローベール　小倉孝誠訳
サラムボー 全二冊　フローベール　中條屋進訳
未来のイヴ 全二冊　ヴィリエ・ド・リラダン　渡辺一夫訳

風車小屋だより　ドーデー　桜田佐訳
サフォ　パリ風俗　ドーデー　朝倉季雄訳
プチ・ショーズ　—ある少年の物語　ドーデー　原千代海訳
テレーズ・ラカン　全二冊　エミール・ゾラ　小林正訳
ジェルミナール　全三冊　エミール・ゾラ　安士正夫訳
獣人　全二冊　エミール・ゾラ　川口篤訳
氷島の漁夫　ピエール・ロチ　吉氷清訳
マラルメ詩集　渡辺守章訳
脂肪のかたまり　モーパッサン　高山鉄男訳
メゾンテリエ　他三篇　モーパッサン　河盛好蔵訳
モーパッサン短篇選　高山鉄男編訳
わたしたちの心　モーパッサン　笠間直穂子訳
地獄の季節　ランボオ　小林秀雄訳
対訳ランボー詩集　—フランス詩人選(1)　中地義和編
にんじん　ルナアル　岸田国士訳
ジャン・クリストフ　全四冊　ロマン・ローラン　豊島与志雄訳
ベートーヴェンの生涯　ロマン・ロラン　片山敏彦訳

ミレー　ロマン・ロラン　蛯原徳夫訳
狭き門　アンドレ・ジイド　川口篤訳
法王庁の抜け穴　アンドレ・ジイド　石川淳訳
モンテーニュ論　アンドレ・ジイド　渡辺一夫訳
ヴァレリー詩集　ポール・ヴァレリー　鈴木信太郎訳
ムッシュー・テスト　ポール・ヴァレリー　清水徹訳
エウパリノス　魂と舞踏　樹についての対話　ポール・ヴァレリー　清水徹訳
精神の危機　他十五篇　ポール・ヴァレリー　恒川邦夫訳
ドガ　ダンス　デッサン　ポール・ヴァレリー　塚本昌則訳
シラノ・ド・ベルジュラック　ロスタン　辰野隆・鈴木信太郎訳
海の沈黙・星への歩み　ヴェルコール　河野與一・加藤周一訳
地底旅行　ジュール・ヴェルヌ　朝比奈弘治訳
八十日間世界一周　ジュール・ヴェルヌ　鈴木啓二訳
海底二万里　全二冊　ジュール・ヴェルヌ　朝比奈美知子訳
火の娘たち　ネルヴァル　野崎歓訳
パリの夜　—革命下の民衆　レチフ・ド・ラ・ブルトンヌ　植田祐次編訳
シェリ　コレット　工藤庸子訳

シェリの最後　コレット　工藤庸子訳
生きている過去　レニエ　窪田般彌訳
シュルレアリスム宣言・溶ける魚　アンドレ・ブルトン　巖谷國士訳
ナジャ　アンドレ・ブルトン　巖谷國士訳
ジュスチーヌまたは美徳の不幸　サド　植田祐次訳
とどめの一撃　ユルスナール　岩崎力訳
フランス名詩選　安藤元雄・入沢康夫・渋沢孝輔編
繻子の靴　全二冊　ポール・クローデル　渡辺守章訳
A・O・バルナブース全集　全二冊　ヴァレリー・ラルボー　岩崎力訳
心変わり　ミシェル・ビュトール　清水徹訳
悪魔祓い　ル・クレジオ　高山鉄男訳
失われた時を求めて　全十四冊　プルースト　吉川一義訳
子ども　全二冊　ジュール・ヴァレス　朝比奈弘治訳
星の王子さま　サン＝テグジュペリ　内藤濯訳
プレヴェール詩集　小笠原豊樹訳
ペスト　カミュ　三野博司訳
サラゴサ手稿　全三冊　ヤン・ポトツキ　畑浩一郎訳

《別冊》

増補 フランス文学案内　渡辺一夫・鈴木力衛

増補 ドイツ文学案内　手塚富雄・神品芳夫

ことばの花束 —岩波文庫の名句365—　岩波文庫編集部編

愛のことば —岩波文庫から—　岩波文庫編集部編

世界文学のすすめ　大岡信・奥本大三郎・川村二郎・小池滋・沼野充義編

近代日本文学のすすめ　大岡信・加賀乙彦・菅野昭正・曾根博義・十川信介編

近代日本思想案内　鹿野政直

近代日本文学案内　十川信介

ポケットアンソロジー この愛のゆくえ　中村邦生編

スペイン文学案内　佐竹謙一

一日一文 英知のことば　木田元編

声でたのしむ 美しい日本の詩　大岡信・谷川俊太郎編

《歴史・地理》〔青〕

新訂 魏志倭人伝・後漢書倭伝・宋書倭国伝・隋書倭国伝 ―中国正史日本伝1　石原道博編訳
新訂 旧唐書倭国日本伝・宋史日本伝・元史日本伝 ―中国正史日本伝2　石原道博編訳
ヘロドトス 歴史 全三冊　松平千秋訳
トゥーキュディデース 戦史 全三冊　久保正彰訳
ガリア戦記　カエサル 近山金次訳
タキトゥス 年代記 ―ティベリウス帝からネロ帝へ 全二冊　国原吉之助訳
ランケ世界史概観 ―近世史の諸時代　鈴木成高・相原信作訳
ランケ自伝　林健太郎訳
歴史における個人の役割　プレハーノフ 木原正雄訳
古代への情熱 ―シュリーマン自伝　シュリーマン 村田数之亮訳
大君の都 ―幕末日本滞在記 全三冊　オールコック 山口光朔訳
アーネスト・サトウ 一外交官の見た明治維新 全二冊　坂田精一訳
ベルツの日記 全二冊　トク・ベルツ編 菅沼竜太郎訳
武家の女性　山川菊栄
インディアスの破壊についての簡潔な報告　ラス・カサス 染田秀藤訳
ラス・カサス インディアス史 全七冊　長南実訳 石原保徳編

インディアスの破壊をめぐる賠償義務論 ―十二の疑問に答える　ラス・カサス 染田秀藤訳
コロンブス 全航海の報告　林屋永吉訳
大森貝塚 ―付 関連史料　E・S・モース 近藤義郎・佐原真編訳
ナポレオン言行録　オクターヴ・オブリ編 大塚幸男訳
中世的世界の形成　石母田正
日本の古代国家　石母田正
平家物語 他六篇　石母田正 髙橋昌明編
歴史随想集 クリオの顔　E・H・ノーマン 大窪愿二編訳
日本における近代国家の成立　E・H・ノーマン 大窪愿二訳
旧事諮問録 ―江戸幕府役人の証言 全二冊　旧事諮問会編 進士慶幹校注
ローマ皇帝伝 全二冊　スエトニウス 国原吉之助訳
アリランの歌 ―ある朝鮮人革命家の生涯　ニム・ウェールズ キム・サン 松平いを子訳
さまよえる湖 全二冊　ヘディン 福田宏年訳
老松堂日本行録 ―朝鮮使節の見た中世日本　宋希環 村井章介校注
十八世紀パリ生活誌 ―タブロー・ド・パリ 全二冊　メルシエ 原宏編訳
ヨーロッパ文化と日本文化　ルイス・フロイス 岡田章雄訳注
ギリシア案内記 全二冊　パウサニアス 馬場恵二訳

オデュッセウスの世界　フィンリー 下田立行訳
東京に暮す ―一九二八～一九三六　キャサリン・サンソム 大久保美春訳
ミカド ―日本の内なる力　W・E・グリフィス 亀井俊介訳
増補 幕末百話　篠田鉱造
幕末明治 女百話 全二冊　篠田鉱造
日本中世の村落　清水三男 大山喬平・馬田綾子校注
トゥバ紀行　メンヒェン＝ヘルフェン 田中克彦訳
徳川時代の宗教　R・N・ベラー 池田昭訳
ある出稼石工の回想　マルタン・ナド 喜安朗訳
革命的群衆　G・ルフェーヴル 二宮宏之訳
植物巡礼 ―プラント・ハンターの回想　F・キングドン－ウォード 塚谷裕一訳
日本滞在日記 ―一八〇四―一八〇五　レザーノフ 大島幹雄訳
モンゴルの歴史と文化　ハイシッヒ 田中克彦訳
歴史序説 全四冊　イブン＝ハルドゥーン 森本公誠訳
ダンピア 最新世界周航記 全二冊　平野敬一訳
ローマ建国史 全三冊（既刊上巻）　リーウィウス 鈴木一州訳
元治夢物語 ―幕末同時代史　馬場文英 徳田武校注

岩波文庫の最新刊

バルガス＝リョサ作／旦 敬介訳
世界終末戦争（上）
十九世紀のブラジルに現れたコンセリェイロおよびその使徒たちと、彼らを殲滅しようとする中央政府軍の死闘を描く、ノーベル賞作家、円熟の巨篇。（全三冊）
〔赤七九六-八〕　定価一五〇七円

大田洋子作
屍の街・夕凪の街と人と
自身の広島での被爆体験をもとに、原爆投下後の惨状や、人生を破壊され戦後も苦しむ人々の姿を描いた、原爆文学の主要二作。（解説＝江刺昭子）
〔緑二三七-一〕　定価一三八六円

ブーニン作／高橋知之訳
ミーチャの恋・日射病 他十篇
人間を捕らえる愛の諸相を精緻な文体で描いた亡命ロシア人作家イワン・ブーニン（一八七〇―一九五三）。作家が自ら編んだ珠玉の中短編小説集、初の文庫化。
〔赤六四九-一〕　定価一一五五円

太宰 治作／安藤 宏編
惜別・パンドラの匣
日本留学中の青年魯迅をモデルに描く「惜別」と、結核療養所を舞台としたみずみずしい恋愛小説「パンドラの匣」、〈青春小説〉二篇。（注＝斎藤理生、解説＝安藤宏）
〔緑九〇-一二〕　定価一二二一円

……今月の重版再開……

山田 準・五弓安二郎訳註
佐藤一斎 言志四録
定価一五〇七円
〔青三一-一〕

山本義彦編
清沢洌評論集
定価一二一〇円
〔青一七八-一〕

定価は消費税10％込です　2025.7